로빈후드 마케팅

기업전략에서 발견한 10가지 공익마케팅 법칙

나남
nanam

옮긴이_박세연

고려대 철학과를 졸업한 뒤, 글로벌 IT 기업인 이메이션에서 브랜드 매니저로 일했다.
현재 바른번역 회원이며 마케팅과 경영·철학 분야의 전문번역가로 활동하고 있다.
주요 역서로는 《왜 예술가는 가난해야 할까》, 《우아한 아이디어가 세상을 지배한다》,
《동기부여의 기술》, 《시크릿 코드》, 《새로운 혁신의 시대》, 《기부자의 7가지 얼굴》
등이 있다.

아름다운재단 기부문화총서 5

로빈후드 마케팅
기업전략에서 발견한 10가지 공익마케팅 법칙

2015년 4월 15일 발행
2015년 4월 15일 1쇄

지은이 • 캐티야 안드레센
옮긴이 • 박세연
발행자 • 趙相浩
발행처 • (주) 나남
주소 • 413-120 경기도 파주시 회동길 193
전화 • (031) 955-4601(代)
FAX • (031) 955-4555
등록 • 제 1-71호(1979.5.12)
홈페이지 • http://www.nanam.net
전자우편 • post@nanam.net

ISBN 978-89-300-8802-2
ISBN 978-89-300-8655-4(세트)
책값은 뒤표지에 있습니다.

아름다운재단 기부문화총서 5

로빈후드 마케팅

기업전략에서 발견한 10가지 공익마케팅 법칙

캐티야 안드레센 지음 | 박세연 옮김

나남
nanam

ROBIN HOOD MARKETING

Stealing Corporate Savvy to Sell Just Causes

by Katya Andresen

지나친 표현이라고 할지 모르겠으나 우리나라의 비영리단체들은 그동안 경영되지 않았다. 경영의 요체는 효율성 추구로 이윤을 극대화하는 것인데, 우리 비영리단체들은 그동안 자선 또는 공익사업이라는 미명 아래 일상적으로 관리되었을 뿐 대부분 효율과는 거리가 멀게 운영되었다는 의미에서다. 특히 효율 추구의 결과물인 이윤의 개념은 비영리단체와는 무관한, 기업의 영역으로 치부한 것이 사실이다. 그러나 이윤의 반대개념이 손실이라는 점을 감안한다면 그것은 비영리단체로서도 결코 외면해서는 안 될 중요한 목표일 수밖에 없다.

경영기법 중에서도 이윤 극대화의 직접적 수단이 되는 마케팅은 유난히 비영리단체 종사자들의 관심을 끌지 못했다. 그러나 결론적으로 말하자면 마케팅은 비영리단체에게도 생존을 위한 최고의 비결이 될 수 있다. 소비자 지향성을 강조하는 마케팅은 일찍이 피터 드러커가 강조했듯이 영업을 소용없게 만들 정도로 고객 창출에 폭발적인 위력을 발휘하는 경영철학이기 때문이다.

5

이 책은 마케팅 전략을 비영리의 틀에서 쉬운 언어로 설명한다. 저자는 10가지 로빈후드 법칙을 다양한 사례를 통해 제시하면서 비영리 단체들이 따라야 할 전략방향을 밝힌다.

이 책에는 대한민국 비영리기관들의 장밋빛 미래가 담겨 있다고 감히 말할 수 있다. 모든 비영리단체 종사자들이 이 책을 통해 성공적인 마케팅 전략을 수립하기를 기원하면서 일독을 권한다.

예종석 아름다운재단 이사장 · 한양대학교 경영대학 교수

"이제 세상을 바꾸러 갑니다.
모두들 신발 끈을 꽉 조이세요!"

어느 날 캐티야는 함께 점심을 먹다 말고 갑자기 내게 《로빈후드 마케팅》서문을 써 달라고 부탁했다. 앞에 놓인 음식을 몇 숟가락 더 먹고 나서 나는 흔쾌히 승낙했다. 드디어 우리 사회를 위해 땀 흘리는 모든 '실천가'들을 위한 지침서가 완성된 것이다. 책을 받아 들고 읽어 나가는 동안, 그녀가 말하는 로빈후드 원칙들이 내 마음속으로 스며드는 느낌을 받았다.

나는 스스로의 경험을 이야기하고자 한다. 내 이야기는 기업과 협력 관계를 맺고 그들의 마케팅 기술을 배우려는 노력이 공익단체의 필수 과제라고 주장하는 이 책의 주제와 정확하게 맞아떨어지기 때문이다.

10년 전 나는 루마니아에서 글로벌 광고회사의 임원으로 바쁜 나날을 보내고 있었다. 내가 하는 일은 음료수, 담배, 휴대폰 등 다양한 제품을 위한 광고를 만드는 것이었다. 다시 말해 청소년에게 음료수를 더 많이 마시게 하고, 담배를 더 많이 피우게 하고, 가장 핵심적으로는 별로 필요하지도 않은 물건들을 더 많이 사게끔 만들기 위해 교묘한

7

전략을 세우는 것이었다. 그야말로 유행을 만들어 내는 기계인 셈이다. 하지만 바쁜 와중에도 문득문득 내가 정말 옳은 일을 하는지 의심이 들기 시작했다. 그 생각은 나를 점점 지치게 만들었다.

그러던 어느 날, 지금까지 만난 고객들과는 전혀 다른 세상에 사는 사람이 우리 사무실을 찾아왔다. 그는 미셸 홀셔(Michael Holscher)라는 인물로, PSI라는 NGO의 루마니아 지부장을 맡고 있었다. 그는 우리에게 '욕망을 따를 때, 자신의 행동을 돌아보세요'(Do what you want but know what you do)라는 에이즈 예방 캠페인의 론칭을 도와 달라고 했다. 당시 루마니아는 에이즈 위험 수위가 그다지 심각한 지역은 아니었지만 홀셔는 루마니아의 젊은이들을 지키기 위해 서둘러 대책을 마련해야 한다고 생각하고 있었다. 나는 그의 제안을 기꺼이 받아들였다. 물론 기존의 광고 수주와 비교하면 수익이 거의 남지 않는 프로젝트였지만 그동안 쌓아온 나의 능력을 지금까지와는 전혀 다른 분야에서 발휘할 기회가 드디어 찾아온 것이었다. 잘할 수 있을지 걱정은 되었지만 사탕가게에 들어선 아이처럼 마음이 콩닥거리기 시작했다.

우리의 목표는 루마니아에 있는 다른 공익단체의 다양한 활동과 차별화를 이루는 마케팅 캠페인을 만들어 내는 것이었다. 먼저 이런 질문이 머릿속에 떠올랐다. '루마니아 청소년들은 뭘 좋아하지?' 아마도 음악, 텔레비전, 스포츠, 패션, 그리고 친구들이 아닐까? 그렇다면 우리가 해야 할 일은 코카콜라의 마케팅 캠페인과 별반 다르지 않다. 즉, 청소년들이 좋아하는 것을 분석하고, 브랜드를 구축하고, 포지셔닝하고, 전략적인 협력관계를 맺고, 유통 채널을 마련하고, 언론과의 협력을 통해 홍보활동을 추진해야 한다.

홍보작업을 위해 우리는 젊은이들이 열광하는 유명 스타들을 동원하기로 했다. 당시 루마니아에서 가장 인기 있는 밴드인 홀로그래프 (Holograf)를 섭외했고, 그들은 기꺼이 에이즈 예방을 주제로 노래까지 만들어 주기로 했다. 이렇게 만들어진 노래는 넘버원 히트곡이 되었으며, 그 덕분에 우리 캠페인 역시 젊은이들의 지대한 관심을 받을 수 있었다. 더불어 우리는 홀로그래프의 CD에 콘돔과 에이즈 및 성병예방에 관한 정보를 동봉했다. 하지만 이보다 근본적인 방안은 젊은이들이 건전한 라이프스타일을 실천하도록 만드는 것임을 잘 알고 있었다. 그래서 보다 새로운 사회적 유행을 만들기 위해 획기적인 시도를 하기로 결정했다. 우리는 한 방송국의 협조를 얻어 '당신과의 잠자리' (In Bed with You)라는 다큐멘터리 시리즈를 제작했는데, 이 프로그램에는 여러 유명 스타들이 등장해서 건강하고 절제된 라이프스타일에 대한 이야기를 들려주었다. 한편으로는 젊은이들을 모아 놓고 다양한 형태의 파티를 벌여, 그들이 자연스럽게 고민을 털어놓는 코너도 제작했다. '러브 폴리스 수색대'(Love Police Cadets)라는 코너에서는 젊은이들이 많이 몰려 있는 흑해 해변으로 직접 찾아가 콘돔을 사용하지 않거나 방탕한 라이프스타일을 즐기는 젊은이들을 '체포'하는 장면을 연출하기도 했다.

이 시도는 기업들이 소비자들을 대상으로 벌이는 마케팅 캠페인과 별반 다르지 않았다. 나는 이런 생각이 들었다. '공익사업에 기업들을 끌어들일 수 있지 않을까? 모든 공익활동에 기업의 마케팅 전략을 적용할 수 있지 않을까? 기업들과의 협력관계가 큰 도움이 되지 않을까?'

기업들과 탄탄한 협력관계를 맺을 수 있다면, 그것은 분명 윈윈전략이 될 수 있을 것 같았다. 당시 PSI 역시 더 많은 젊은이들에게 다가가기 위해 예산은 물론 다양한 기업들의 지원을 필요로 하고 있었다. 반면 많은 기업과 언론사는 공익적인 이미지를 구축하는 데 큰 관심을 보이고 있었다. 이와 같은 생각을 바탕으로 우리는 PSI 마케팅 캠페인에 일부 기업 고객들을 후원자로 끌어들였다. 이들의 도움을 통해 PSI는 캠페인 규모를 더욱 키워 나갈 수 있었다.

　PSI 프로젝트를 마무리하고, 잠시 휴식을 취하면서 생각을 정리하기 위해 남아프리카로 휴가를 떠났다. 그런데 거기서 내가 느낀 점은 루마니아인은 정말 혜택받은 사람들이라는 사실이다. 최소한 남아프리카처럼 에이즈의 공포가 온 사회를 뒤덮고 있지는 않기 때문이었다. 남아프리카 지역의 14살짜리 소녀들은 4명 중 1명이 에이즈에 감염되어 있다. 이 소녀들은 아마 20살이 되기도 전에 죽을 것이다. 그리고 그 위험은 다음 세대까지 이어질 것이다. 수많은 소녀들이 가난을 견디지 못해 중년 남자와 선생님, 부자 아저씨에게 몸을 맡기면서까지 음식을 구하는 상황이었다. 이토록 아름다운 나라에서 그런 일이 벌어지다니, 예전에는 상상조차 할 수 없었다. 가는 곳마다 장례식이 벌어졌다. 흑인들이 모여 사는 양철 지붕의 오두막 촌에는 집집마다 에이즈 환자들이 있었다. 물론 가족은 절대 에이즈가 아니라고 극구 부인했다. 에이즈에 걸렸다고 알려지면 마을에서 쫓겨나야 하기 때문이다.

　문득 아래를 내려다보니 내 발에는 구찌 신발이 신겨져 있었다. 그 순간 무언가를 해야겠다고 결심했고, 그때 떠오른 아이디어가 바로 '유스에이즈'(YouthAIDS)라는 단체를 설립하는 것이었다. 루마니아에서 했던 일을 이제는 전 세계로 넓혀 볼 수 있지 않을까? 자선콘서트인

라이브 에이드(Live Aid)는 무려 3억 달러 넘게 기부금을 모았고, 퀸시 존스가 주축이 된 '위 아더 월드'는 하룻밤 새 9천만 달러를 모으지 않았던가? 대중문화와 마케팅의 힘을 빌리면 더욱 엄청난 일을 할 수 있지 않을까?

돌아오자마자 나는 유스에이즈 설립에 착수했고, 이후 유스에이즈는 PSI의 주요 프로젝트 중 하나로 자리 잡았다. 워싱턴에 기반을 둔 유스에이즈는 60여 개국의 젊은이들을 대상으로 에이즈에 대한 경각심을 일깨우고 관련 정보를 홍보하고 있다. 내가 참여한 루마니아에서의 PSI 프로젝트가 성공한 비결은 마케팅 캠페인을 대대적으로 벌인 데 있었다. 즉, 스포츠, 방송, 음악, 패션 등 젊은이들이 열광하는 대상을 중심으로 한 비즈니스 마케팅 전략, 우리의 영원한 국제 홍보대사인 애슐리 주드(Ashley Judd)와 같은 유명스타 그리고 윈윈전략을 기반으로 한 기업과의 폭넓은 협력관계를 활용할 수 있었기 때문에 가능한 일이었다.

유스에이즈의 가장 중요한 기업 파트너로 ALDO를 꼽을 수 있다. ALDO는 1985년부터 에이즈 예방에 앞장선 기업이다. 당시만 해도 에이즈 예방사업에 관심을 기울이는 단체는 거의 없었다. 신발업계 대기업인 ALDO에서 사업부 책임자를 맡고 있던 로버트 오펜하임(Robert Hoppenheim)은 800개에 달하는 매장 중 일부 지역을 둘러보는 출장 중에 〈US 위클리〉의 기사를 읽게 되었다. 그리고 그 일을 계기로 ALDO가 당시 증가하던 공익단체들의 목소리를 집결시키는 구심점이 되어야겠다고 결심했다. 그 기사에는 '섹스앤더시티'에도 출연한 바 있는 크리스틴 데이비스(Kristin Davis)가 나왔는데, 그는 유스에이즈에서 만든 헬로키티 티셔츠를 입고 있었다. 티셔츠 속의 헬로키티는 이렇게 말하고 있었다.

'겉으로는 웃고 있지만, 속으로는 열 받은.' 그 순간 오펜하임은 우리에게 전화를 걸어서 이렇게 이야기했다. "이제 우리가 나설 때가 온 것 같습니다." 그는 머뭇거림을 모르는 사람이었다. 우리는 오펜하임의 제안을 즉석에서 받아들였다. 이후 첫 회의 자리에서 ALDO의 설립자인 앨도 밴사던(Aldo Bensadoun)은 나를 바라보며 이렇게 이야기했다. "바로 지금이 우리 모두를 위해 지구상에서 HIV를 몰아내야 할 때라고 생각합니다."

우리는 ALDO와 함께 세계적인 규모로 마케팅 캠페인을 벌여 나갔다. 이를 통해 수백만 달러의 기부금을 모았고, 3개월 만에 5억 개에 달하는 인쇄 기사들을 내보내면서, 그동안 침묵의 살인자라 불렸던 에이즈의 기세를 꺾을 수 있었다. ALDO의 풍부한 마케팅 예산을 기반으로 공격적인 캠페인을 하면서 메시지의 전달 범위를 확대하고 캠페인의 인지도를 크게 높일 수 있었다. 또한 크리스티나 아길레라, 셀마 헤이엑, 애슐리 주드, 페넬로페 크루즈, LL 쿨 J, 신디 크로포드, 일라이저 우드와 같은 톱스타들을 동원해 지구촌 젊은이들의 큰 관심을 모을 수 있었다. 이들 스타들은 얼굴과 손에 테이프를 붙이고 행사장에 등장했다. 그것은 사람들의 이목을 집중시키고, '보고, 듣고, 말하세요'(See, Hear, Speak)라는 메시지가 들어 있는 기념 태그를 홍보하기 위한 것이었다. 그 아이디어는 랜스 암스트롱의 손목밴드로부터 영감을 얻은 것이다. 하지만 우리는 전 세계 젊은이들이 에이즈에 대해 더 많은 관심을 기울일 수 있도록 보다 획기적인 무언가를 만들어 내고 싶었다. 내 머릿속에 또 다른 질문이 떠올랐다. '지속적인 관심을 불러일으키기 위해 기념 태그를 판매하는 것보다 더 좋은 방법이 없을까?'

우리는 대형 간판을 제작하고, 잡지와 택시에 광고를 싣고 버스를 캠페인 광고로 도배하는 색다른 시도를 했다. 광고 속에 "HIV에 감염된 사람들 대부분이 감염 사실을 모르고 있습니다", "매년 8천 명의 사람들이 죽어가고 있습니다"와 같이 자극적인 문구를 넣고, 세계적인 패션사진가인 피터 린드버그(Peter Lindbergh)의 충격적인 흑백사진을 실었다. 또한 ALDO의 비즈니스 파트너십을 통해 아웃도어 기업과 출판사로부터 수백만 달러에 달하는 광고 지면을 기부받기도 했다. 캠페인을 시작한 지 3달 만에 기념 태그는 무려 22만 5천 개나 팔려 나갔다. 심지어 캠페인을 하지 않은 국가에서도 주문이 들어왔다. 이제 우리의 메시지가 전 세계를 누비게 된 것이다.

며칠 전 나는 ALDO의 담당자들과 함께 식사를 했다. 그들은 최근 수많은 경쟁기업들이 참석한 시상식에서 '풋웨어 산업상'을 수상했다. 단지 신발을 많이 팔아서가 아니라 마케팅 캠페인을 통해 수만 명의 사람들에게 의미 있는 메시지를 전달하고 이를 통해 브랜드 인지도와 매출을 크게 올린 성과 때문이었다. 식사를 마친 뒤 그들은 나를 매장으로 데려가 카우보이 부츠를 선물해 주었다. 그 부츠는 요즘 내가 가장 아끼는 패션 아이템이 되었다.

부츠를 신을 때마다 ALDO와 함께한 일들이 떠오른다. 내가 가장 아끼는 보물이어서라기보다 ALDO와의 마케팅 캠페인이 《로빈후드 마케팅》의 핵심 주제, 즉 '기업처럼 행동하고 청중의 관점에서 바라보라'는 메시지를 고스란히 담아내고 있기 때문이다. 마케팅 캠페인이란 결국 우리의 청중, 파트너 그리고 우리가 다가가야 하는 모든 사람의 신발을 신고 걸어야 하는 작업이다. 《로빈후드 마케팅》 또한 청중의 신발을 신고 더 멀리 그리고 더 빨리 목표를 향해 달려가라고 외치고 있다. 독자 여러분들도 이 책이 그 무엇과도 바꿀 수 없는 소중한 안내서라는 사실을 발견할 것이다.

즐거운 여행이 되기를!

2006년 2월 워싱턴 D. C. 에서
케이트 로버츠(Kate Roberts) 유스에이즈 설립자 · PSI 부사장

아름다운재단 기부문화총서 5

로빈후드 마케팅

기업전략에서 발견한 10가지 공익마케팅 법칙

차 례

마케팅은 공익단체의 필수 과제일까?

지금 우리가 떠올리는 로빈후드의 모습은 수많은 이들의 욕망이 오랜 세월 동안 만들어 낸 창작물이다. 원래 로빈후드는 곤경에 처한 귀족 출신이 아니라, 평범한 농부의 신분이었다. 그리고 우리가 알고 있는 것처럼 셔우드 숲이 아니라, 반스데일 숲에서 주로 활동했다. 게다가 노르만 침략자에 맞서 싸우는 색슨 족 또는 영국인이라는 이미지는 영국 소설가 월터 스콧(Walter Scott)이 그의 소설 《아이반호》(*Ivanhoe*, 1819)에서 로빈후드를 단역배우로 출연시키고 나서야 모습을 드러냈다.

배트맨, 조로, 스칼렛 핌퍼넬의 원조라고 할 수 있는 로빈후드는 원래 링컨 그린으로 짠 허름한 녹색 옷을 입고 돌아다녔다. 하지만 시간이 흐름에 따라 그의 모습은 계속 변화했다. 이는 사람들이 중요시하는 질서, 명예, 정의의 개념이 변화한다는 사실을 반영하는 것이다.[1]

— 폴라 캐서린 마모어(Paula Katherine Marmor)

우리는 이따금 강렬한 인상에 놀랄 때가 있다. 나의 경우, 캄보디아에서 보았던 거대한 콘돔 인형이 그랬다. 당시 복잡한 프놈펜의 시티 파크에서 열린 세계 에이즈의 날 기념행사를 취재하기 위해, 그곳에서 나는 펄럭이는 현수막과 팸플릿, 바쁘게 일하는 의료 관계자들 사이를 비집고 행사장 곳곳을 누비고 있었다.

그때 어디선가 술렁이는 느낌이 들어 곧장 그 진원지로 달려갔다. 거기에는 '넘버원'이라는 문구가 선명하게 새겨진 거대한 콘돔 풍선이 하늘 높이 솟아 있었고, 콘돔 맨 끝에는 웃는 얼굴 하나가 그려져 있었다. 그 주위로 많은 사람들이 모여들었고 주최 측으로 보이는 사람들은 넘버원 콘돔 샘플, 넘버원 로고가 찍힌 티셔츠, 모자, 반바지 등의 기념품을 나누어 주었다. 사람들은 하나라도 더 받기 위해 아우성이었다.

그 장면은 신선한 충격이었다. 당시는 1990년대 중반으로, 나는 캄보디아에서의 에이즈(AIDS) 확산 실태를 알아보기 위해 다양한 사람들을 만나던 중이었다. 꽤 오랫동안 의료종사자들은 물론, 맥주 한 병 값도 안 되는 돈으로 사창가를 찾던 겁 없는 남성들과 그런 남편으로부터 에이즈 감염을 걱정하는 여성들을 만났다. 놀랍게도 캄보디아 사람들 대부분이 에이즈를 심각한 질병으로 생각하지 않았다. 에이즈에 대해 어느 정도 들어본 사람들조차 자신과는 무관하거나 아니면 불가항력인 질병으로 여기고 있었다. 더욱 심각한 일은 에이즈에 대해 얼마나 알고 있든 간에 주기적으로 사창가를 찾는 대다수의 캄보디아 남성들이 콘돔을 꺼린다는 사실이었다. 취재하는 내내 나는 에이즈가 수그러들 것이라는 희망적인 단서를 하나도 발견할 수 없었다.

그런 상황인데, 시티 파크에서 군중의 머리 위로 불어오는 후텁지근한 바람을 타고 거대한 콘돔 인형이 춤을 추며 에이즈의 심각성을 경고

하는 것이었다. 그런데도 공포, 절망, 창피와 같은 부정적인 느낌의 메시지는 전혀 없이, 오히려 즐거움과 자신감이 넘쳤다. 풍선에 적힌 '넘버원'이라는 문구는 캄보디아 사람들 모두가 좋아하는 단어다. 사실 넘버원이 되기 싫은 사람이 있을까?

자세히 알아보니 콘돔 풍선을 설치한 단체는 PSI (Population Services International) 라는 미국의 NGO 단체였다. PSI는 인류의 건강증진을 위해 획기적인 마케팅 아이템을 개발하는 것으로 유명하다. PSI는 캄보디아에서 '넘버원'을 하나의 브랜드로 런칭하면서 그들 특유의 비즈니스 마인드와 결과중심적인 접근방식으로 넘버원 브랜드를 널리 알려 나갔다. 에이즈 확산을 막기 위해 꼼꼼한 리서치 작업을 바탕으로 다양한 제품을 선보였으며, 강력한 영업조직을 통해 본격적인 유통망까지 갖추었다. PSI의 영업사원들은 일반 기업에 뒤지지 않을 공격적인 홍보전략과 튼튼한 유통망을 통해 지속적으로 마켓을 확보하고 있었다.

며칠 뒤 PSI 영업팀과 함께 프놈펜의 남부지역을 돌아다니면서 나는 그들의 전반적인 마케팅 시스템을 눈으로 확인할 수 있었다. 그들은 매춘 밀집지역인 지저분한 '스베이 파크'를 집중적으로 공략했는데, 실제로 캄보디아의 많은 남성들이 스베이 파크 지역의 홍등가를 찾았다. PSI가 에이즈 예방을 위한 첫 번째 공략지역으로 이곳을 택한 이유도 그래서였다. 그들은 그곳에서 품질 좋은 콘돔 100개들이 한 상자를 단 1달러에 팔았다. 영업팀 직원들은 지역상황을 고려한 브랜드 포지셔닝을 통해 계속해서 매출을 늘려 나갔다.

거기서 내가 만난 업주들은 모두 넘버원 콘돔을 판매했다. 그들은 넘버원 콘돔이 외국 브랜드 이미지라서 마음에 들어 했고, 무엇보다

가격이 저렴하고 이윤을 많이 남길 수 있어서 꽤 만족스러워 했다. 홍등가를 드나드는 캄보디아 남자들 대부분이 넘버원이라는 브랜드를 한 번쯤은 보았을 것이다. 그 브랜드 인지도 때문에 많은 이들이 기꺼이 돈을 지불하고(싸기는 하지만) 넘버원 콘돔을 사용해 보았을 것이다. 덕분에 홍등가 여성들의 에이즈 감염 위험이 크게 줄었다. 결론적으로 넘버원 콘돔은 홍등가에 있는 모든 사람들, 즉 업주·남성 손님·여성 종사자들 모두에게 좋은 일을 한 셈이다. 이것은 그 사람들의 개인적인 가치와도 밀접한 관계를 맺는다.

현재 넘버원 콘돔은 캄보디아의 모든 홍등가에서 판매 중인데, 최근 캄보디아 정부는 성매매 업소에서의 콘돔 사용을 의무화하는 법을 시행했다. 이에 힘입어 홍등가 지역의 에이즈 감염률은 크게 떨어졌다. 이제 PSI는 캄보디아 가정을 중심으로 에이즈 감염 및 확산을 예방하기 위한 대책을 마련하고 있다.

우리는 PSI가 콘돔 판매와 같이 결과중심적인 해결책은 물론이고 금욕과 순결에 관한 교육 프로그램에도 신경을 쓴다는 사실에 주목할 필요가 있다(매춘산업이 광범위하게 퍼져 있고 콘돔에 대한 이해가 부족한 캄보디아의 실정에서 교육은 특히 중요한 의미가 있다). 이러한 노력과 함께 PSI는 사람, 지역, 행사 등 한 문화권에서 총체적으로 공략을 펼친다. 또한 드라마 제작에서부터 종교 지도자들과 더불어 건전한 라이프스타일을 알리는 행사에 이르기까지 다양한 활동을 하고 있다.

이렇게 해서 PSI의 캠페인은 아무런 의미가 없는 강압적인 슬로건, 정부 주도의 무미건조한 순결 캠페인 혹은 단지 콘돔을 무료로 배포하는 행사보다 훨씬 수준 높은 성과를 내고 있다.

PSI의 전반적인 활동의 바탕에는 비즈니스 마케팅 기술을 공익활동에 적용하는 크로스오버 전략이 있다. 이들은 언제나 청중에게 초점을 맞춘다. 대형 콘돔 풍선이 수많은 군중을 끌어모은 것처럼, 공익사업 역시 실질적인 효과를 얻기 위해서는 소비자 중심의 마케팅 전략이 필요하다.

　　그때 나는 어떤 깨달음을 얻었다. 기자의 신분으로 여러 열악한 지역을 돌아다녔으니 이제 사회를 위해 일할 수 있는 곳으로 가야겠다는 결심을 한 것이다. 물론 이 생각은 전부터 조금씩 하던 것이기도 했지만, 직업적인 깨달음이자 공익사업 분야에서 지금껏 쌓아온 비즈니스 감각을 발휘해 보고 싶다는 욕구이기도 했다. 그동안 나는 설교보다는 설득이, 잔소리보다는 격려가 더욱 효과적이라는 믿음을 갖고 있었다. 하지만 한때 공익활동에 회의를 느껴 비영리단체를 떠났다가 다시 예전의 그 길로 돌아가려 한 것이다.

　　그 후 나는 기업들의 노하우를 훔쳐 이를 공익사업에 적용하는 일에 힘썼다. 그리고 그것이 참으로 가치 있는 노력이라는 확신이 생겼고 이 책까지 쓰기로 결심했다. 나는 이 책을 통해 대규모 공익단체의 리더에서 마케팅 전략에 익숙하지 않은 자원봉사자에 이르기까지, 비영리단체에서 일하는 사람들이 기업의 노하우를 이해하고 업무에 적용할 수 있도록 돕고 싶다. 나의 노력이 그들에게 분명 큰 도움이 될 것이라고 믿는다. 기본적인 마케팅 개념을 이해하고 이를 실천함으로써 성과를 크게 올린 많은 공익단체를 이미 두 눈으로 직접 목격했기에 드는 확신이다.

　　이런 성공 사례가 많아질수록 세상은 더욱 살기 좋은 곳이 될 것이

다. 현재 미국에서도 약 8,400만 명이 공익분야에서 자원봉사를 한
다. 그리고 10가구 중 9가구가 공익사업과 인연을 맺고 있다.[2] 또한
1,200만 명이 넘는 미국인들이 NPO(Non Profit Organization), 비영리
단체에 소속되어 있다.[3]

　　로빈후드 마케팅의 목표는 바로 이 사람들의 잠재력을 최대한으로
끌어올림으로써 우리 사회에 긍정적인 변화를 몰고 오는 것이다. NPO
에서 일하는 사람들의 경쟁력이 2배로 커진다면 우리 사회는 어떻게 변
할까? 앞으로 얼마나 많은 사람들이 NPO 활동에 참여하여 자원봉사를
하고 기부를 하고 라이프스타일을 바꿀 수 있을까?

　　이를 위해 이제 공익단체들이 변해야 할 때가 왔다.

"왜 번거롭게 마케팅까지 해야 하죠?"—마케팅의 진실

마케팅이란 기업이 목표를 달성하기 위해 활용하는 구체적인 방안을
뜻한다. 이를테면 특정 제품이 소비자의 욕구를 충족시킬 수 있다는
사실을 보여줌으로써 그 제품을 선택하도록 만드는 기술을 말한다. 반
면 공익단체의 관점에서 볼 때의 마케팅이란 우리가 원하는 행동(제
품)을 사람들이 실천(구매)하도록 설득하는 것을 뜻한다. 즉, 사람들
이 콘돔을 사용하고, 자원봉사활동을 하고, 기부를 하고, 담배를 끊
고, 새로운 입법안을 지지하도록 만드는 기술을 의미한다. 이 과정에
서 시간과 돈을 투자하고, 불편함을 참고, 나쁜 습관을 고치고, 정치
적 권리를 행사하려는 노력은 소비자가 지불하는 가격에 해당된다. 여
기서 마케팅의 역할은 사람들에게 혜택을 제시함으로써 그들이 기꺼
이 가격을 지불하도록 만드는 것이다.

하지만 NPO에 몸담은 대다수의 사람들은 어떨까? 여전히 마케팅은 그다지 중요한 작업이 아니라고 여긴다. 그들은 우리 사회를 위해 실천하는 사람들은 아무런 대가를 바라지 않는다고 주장한다. 그리고 이렇게 묻는다.

"이처럼 숭고한 일을 하는데, 왜 번거롭게 마케팅까지 해야 하죠?"

또 이렇게도 말한다.

"우리가 무슨 일을 하는지 이해한다면 사람들은 당연히 참여하려고 할 겁니다."

우리의 로빈후드 화살은 이렇게 잘못된 생각을 겨냥한다. 그건 일종의 미신이다. 단지 옳은 일을 한다는 믿음만으로는 결코 사람들을 설득할 수 없다. 만약 그게 가능했다면 우리가 사는 세상은 이미 지상낙원이 되어 있어야 하지 않을까?

하지만 나를 포함하여 공익사업 분야에서 일하는 수많은 사람들은 미신을 떨쳐 버리지 못한다. 사람들이 우리의 고귀하고 중대한 목표를 이해한다면, 조금이나마 관심을 가져준다면, 즉각 우리 편이 되어 행동에 앞장설 것이라고…. 적어도 무의식중에라도 그렇게 믿는다. 그 때문에 우리는 셔우드 숲에서 그만 길을 잃고 말았다.

결국 우리는 대중이 아니라 우리 스스로의 생각에만 집착했던 것이다. 우리의 숭고한 목표에 도취된 나머지 스스로 머리를 써야 한다는 사실을 잊었다.

비즈니스적인 마케팅에 도전하기 위해서는 지금까지 우리가 한 것보다 훨씬 냉정하게 주변을 둘러보아야 한다. 사명이나 신념이 아니라 대중의 관점, 경쟁자들의 행동, 마켓의 현실에 주목해야 한다. 그리고 안으로 쏠려 있던 시선을 이제는 바깥으로 돌려야 한다. '옳은 일이기 때문에 당연히 해야 한다'라는 관성적인 생각에서 '내가 할 수 있는 모든 일들을 찾아야 한다'라는 창조적인 생각으로 넘어가야 한다.

　로빈후드의 모습도 세상의 흐름을 따라 변화했다. 첫 부분에 소개한 로빈후드에 관한 인용문을 떠올려 보자. 로빈후드라는 존재는 언제나 우리가 원하는 모습을 취한다. 이 영웅은 우리가 사는 사회, 문화와 시대를 고스란히 반영한다. 이러한 차원에서 로빈후드는 바로 우리의 바람이다.

"인류애도 비누처럼 팔 수 있을까?"—로빈후드 마케팅의 배경

1950년대 초 게하르트 위브라는 교수는 이런 질문을 던졌다. "인류애(*brotherhood*)도 비누처럼 팔 수 있을까?" 그는 미국의 유명 여론조사기관지인 〈계간 여론〉(*Public Opinion Quarterly*)에서 "그것은 충분히 가능한 일"이라고 결론 내렸다. [4] 또 비즈니스적인 접근방식을 취함으로써 공익 캠페인의 성공 가능성을 높일 수 있다고 주장했다. 드디어 로빈후드 마케팅의 역사적인 선두주자가 나타난 것이다.

　그 이후로 수십 년 동안 마케팅이 발전함에 따라 위브의 개념도 크게 달라졌고 마침내 1971년, 마케팅의 대가인 필립 코틀러와 제럴드 잘트먼이 '소셜 마케팅'(*social marketing*)이라는 새로운 용어를 주장하기에 이른다. [5] 하지만 그들은 곧 사회적인 저항에 부딪혔다.

　문제는 NPO에서 일하는 대부분의 사람들이 마케팅이란 개념을 생소하게 여긴다는 사실이었다. 마케팅은 광고라고 생각하고, 무엇보다 공익단체에서는 효과가 별로 없을 것이라는 비판의 목소리도 터져 나왔다.

하지만 시간이 흐르면서 이러한 생각들은 잘못된 것으로 밝혀졌다. 현재 세계적으로 여러 분야의 NPO들이 마케팅 개념을 도입했으며, 그 과정에서 나타난 다양한 성공 사례들을 알려 나가고 있으니 말이다. 최근 일부 대학에서는 소셜 마케팅을 정식과목으로 채택했고, 학자 및 사회운동가들도 책과 잡지, 강연을 통해 소셜 마케팅을 핵심 주제로 다룬다. 여기서 다루는 주제들은 이미 검증된 전문분야의 사례 및 학술적인 연구성과에 기반을 둔다. 비즈니스 마인드를 바탕으로 하는 소셜 마케팅은 오늘날 실제로 주목할 만한 성과를 내놓았다. 그럼에도 대부분의 공익단체가 아직까지도 마케팅 전략을 제대로 실천하지 못하는 것이 현실이기도 하다. 내가 활동했던 여러 단체에서도 많은 사람들이 마케팅적인 접근방식을 꺼리거나 이를 활용하는 데 소극적인 모습을 보였다.

그 이유는 무엇일까? 가장 중요한 원인은 아마도 공익단체가 추구하는 숭고한 목표에 비해 마케팅 전략은 다소 가볍고 세속적이라고 생각하기 때문일 것이다. 공익단체에서 일하는 사람 중 적지 않은 이들이 기업의 경영 스타일을 부정적으로 바라보며, 그들을 따라 하는 것을 탐탁지 않게 여긴다. 이런 선입견 때문에 공익단체들은 목표를 실천하는 과정에 마케팅 전략을 활용하는 것이 부적절하다고 여기고, NPO에서 일하는 대다수의 사람들은 아직까지도 기업의 마케팅 기술을 도입하려는 움직임을 석연치 않게 바라본다.

《로빈후드 마케팅》에서 나는 1세대 로빈후드 마케터들과 그 뒤를 이어 혁신적인 인물들이 만들어 낸 마케팅 접근방식 및 원칙을 기반으로 한 다양한 성공 사례를 살펴보려 한다. 이를 통해 공익단체를 위한 소셜 마케팅의 개념을 분명하게 제시할 것이다.

로빈후드 마케팅의 10가지 법칙 — 로빈후드 마케팅의 접근방식

이 책은 마케팅 법칙 10가지를 제시하는데, 대부분 비즈니스분야에서 가지고 온 것들이다. 각 장마다 1가지 법칙을 소개하며, 언론 관계를 다룬 9장을 제외하고는 모든 장의 첫 부분에 유명 기업들의 실제 마케팅 사례를 제시한다. 그중 대부분은 광고에 관한 것이다. 이는 광고가 마케팅의 전부여서가 아니라(사실 광고는 마케팅의 한 요소일 뿐이다), 가장 시각적이고 익숙하며 이해하기 쉬운 마케팅의 한 측면이기 때문이다.

각 장 본문에서는 미국의 대형 비영리단체들부터 지역위원회, 영리와 비영리의 경계에 있는 조직에 이르기까지 다양한 공익단체가 실천하는 '로빈후드 법칙'의 구체적인 사례를 보여 줄 것이다. 그중 많은 부분이 실제 내 경험을 통한 것이다. 나는 지금까지 세계적으로 활동분야를 넓혀가면서 일했다. 수십 년 동안 미국의 케어 인터내셔널(CARE International), 우크라이나의 ISC(Institute for Sustainable Communities) 등 다양한 공익단체에서 마케팅 업무를 추진했고, 로이터 캄보디아와 AP 마다카스카르에서 특파원으로도 활동한 적이 있다.

각 장의 후반부에는 공익분야에서 실제로 로빈후드 법칙을 활용할 수 있는 구체적인 방법을 제시한다. 그리고 로빈후드 법칙을 실천함으로써 성공을 일구어 낸 인물들과의 인터뷰를 실었다. 경쟁적인 포지셔닝에서 스토리텔링에 이르기까지, 폭넓은 마케팅 기법을 다양한 공익활동에 적용하는 전문가들을 만났다.

그리고 로빈후드 법칙에 들어가기에 앞서 마케팅 활동을 구성하는 주요 요소들로 이루어진 '마케팅 화살촉'을 먼저 살펴볼 것이다. 이 요소들을 하나씩 살펴봄으로써, 과녁의 중심을 한 번에 뚫고 들어갈 수 있는 강하고 날카로운 화살을 만들 수 있을 것이다.

1장에서는 공익단체들이 마케팅을 통해 다양한 목표와 프로젝트의 성과를 효과적으로 달성할 수 있다는 사실을 설명한다. 여기서 목표란 우리가 타깃으로 삼는 사람들, 즉 '청중'(audience)에게서 실질적인 행동을 이끌어내는 것을 말한다. 그렇기 때문에 '행동'(action)은 마케팅 화살촉의 맨 끝부분을 차지한다.

다음 2장에서는 청중에 주목하는데, 여기서 우리는 욕망과 가치에 따라 자발적으로 움직이는 사람들의 행동을 살펴본다. 3장에서는 청중을 둘러싼 복잡한 마켓 환경과 그들에게 영향을 주는 요인을 확인하고, 이를 활용할 수 있는 방법에 대해 알아본다.

4장에서는 경쟁과 협력의 개념에 대해 논의하며, 5장은 협력관계를 통해 효과적으로 마케팅을 추진하는 방법을 다룬다. 6~9장에서는 메시지를 만들어 내고 이를 전달하는 과정을 살피는데, 청중과 마켓의 가치에 주목함으로써 화살촉을 보다 탄탄하고 날카롭게 만들 수 있다. 그래야만 우리의 메시지가 청중의 가슴을 뚫고 들어갈 수 있는 것이다. 마지막으로 10장에서는 로빈후드 법칙들을 정리하면서, 실제 환경에서 이를 어떻게 적용할 수 있는지 검토해 볼 것이다.

여러분은 이제 로빈후드 법칙을 모두 조합하여 전반적인 마케팅 계획을 세워 볼 수 있을 터이다. 하지만 특정한 마케팅의 기능을 필요로 하는 독자도 있을 텐데, 이들을 위해 몇 가지 팁을 주고자 한다.

각 장의 첫 부분에 그 장에서 다루는 내용을 요약했다. 시간이 넉넉지 않다면, 그 부분을 먼저 훑어보고 그중에서 마음에 와 닿는 장부터 읽어보는 방법을 권한다. 예를 들어, 메시지를 만들고 전달하는 과정에 관심이 높은 독자라면 1, 2, 6, 7, 8장에 주목하길 바란다. 언론과의 관계에 관심이 있다면 7~9장을 먼저 읽어보는 게 좋겠다. 포지셔닝 작업이나 협력관계 구축이 시급하다면 3~5장을 권한다. 그리고 장기적인 협력관계를 위한 사전이 필요하다면 7~9장이 가장 유용할 것이다.

마케팅과 속임수의 차이―마케팅과 윤리

주제로 들어가기에 앞서, 이 책을 읽는 동안 마케팅과 속임수의 차이가 무엇인지 궁금한 독자들이 있을 것 같다. 분명 중요한 의문이다. 진정한 마케팅 작업을 위해 우리가 누구인지, 무엇을 제안하는지, 그리고 대중은 무엇을 원하는지에 관한 질문 사이에서 중심을 잃지 말아야 한다.

이 대목에서 나는 업무적·윤리적 차원에서 마케팅이란, 사람들을 이용하는 게 아니라 그들에게 긍정적인 영향을 주는 활동이라는 점을 강조하고 싶다. 공익단체들은 모두 우리 사회에 도움을 주는 목표를 내세운다. 기부를 하고, 플라스틱을 재활용하고, 금연을 하고, 가난한 사람들을 도와 달라고 외친다.

하지만 아무리 윤리적으로 목표가 좋아도 그 실천 과정 전부가 사회에 도움이 된다는 보장은 없다. 이를테면 공익단체들이 사회적인 자원을 효율적으로 활용하지 못하고 낭비한다면 이는 오히려 우리 사회를 후퇴시키는 결과를 초래할 수 있지 않을까?

예를 들어 보자. 받아들일 마음이 전혀 없는 사람들에게 지루한 설교를 늘어놓는 행동은 사회적으로 엄청난 낭비이자 어쩌면 비윤리적 행위라고도 할 수 있다. 공익단체에서 일하는 사람들은 가능한 한 많은 사람들을 설득하고 효과적으로 행동을 이끌어내는 데 책임감을 가져야 한다. 사람들의 관심을 자극하고 설득하지 못한다면, 바로 비윤리적인 일을 하고 있는 것이다. 말하자면 우리 단체에서 일하는 많은 사람들의 시간과 노력 그리고 더욱 소중한 후원자들의 지원과 국민의 혈세를 낭비하는 셈이다.

한편으로 우리는 스스로에게 진실해야 한다. 마케팅 작업을 위해서는 정서적 · 물리적 차원에서 사람들에게 다가가야 한다. 그렇다고 해서 우리의 목표를 타협해서는 안 된다. 마케팅의 전반적인 과정 안에서 늘 목표의식을 지니고 있어야 하며, 이를 당당하게 드러내야 한다. 또 현실적으로 가능한 범위를 솔직하게 제시할 수 있어야 한다.

바로 이러한 차원에서 공익단체의 마케팅은 소비자를 이용하려고만 드는 사악한 마케팅과는 다르다. 여기서 우리의 차별화된 경쟁력을 발견할 수 있다. 우리는 정의와 신뢰를 추구하며 이는 끝까지 간직해야 할 가장 소중한 것이다.

우리의 목표와 청중의 요구 사이에서 공통점을 찾아내는 것은 일종의 깨달음이 아닐까? 그 깨달음의 순간을 우리는 '아하!'의 순간이라고 한다. 바로 그 '아하!'의 순간을 통해 새로운 방식으로 세상을 바라보고, 효율성을 높일 수 있는 창조적인 기술을 발견하게 된다.

이 책에서는 수많은 '아하!'의 순간을 소개한다. 이를 통해 공익단체에서 일하는 많은 사람들이 자신만의 '아하!'의 순간을 발견하기를 바란다. 앞으로 소개할 수많은 성공 사례들이 바로 그 순간에서 비롯되었기 때문이다.

• 청중 : 이 책에서 청중은 공익마케팅을 실행하는 조직의 타깃 그룹이나
      잠재적 참여자, 잠재적 기부자의 의미로 쓰였다.
      일반대중 > 청중 > 기부자

청중

환경　마켓　경쟁자　파트너

메시지　이익교환　메시지 다듬기　메시지 전달하기

행동

Chapter 1

행동을 이끌어내라

The Heart of Robin Hood Marketing
Focus on Getting People to Do Something Specific

≫→ 로빈후드 법칙 No.1 활용법 ←≪

- 마케팅 목표를 분명하게 세우자.
- 이를 위해 청중에게서 이끌어 내고 싶은 구체적인
  행동을 정의하고, 그 행동이 충분히 구체적이고
  실현 가능한지 그리고 장애물은 없는지 테스트하자.

'Just do it'

마케팅 역사상 가장 유명한 슬로건 중 하나인 '저스트 두 잇'(Just do it) 을 통해 나이키는 최고의 브랜드 인지도를 쌓았다. '저스트 두 잇'이라 는 말을 들으면 어떤가? 나이키의 날렵한 로고, 마이클 조던이 날아오 르는 모습, 그리고 한계를 극복하고 승리를 쟁취하는 영광의 이미지가 떠오르지 않는가?

그 이미지를 내 것으로 만들기 위해, 소비자들은 지금 당장 운동을 시작하기보다 우선 '나이키 신발부터 사야지'라고 생각한다. 1988년에 시작된 '저스트 두 잇' 광고를 통해 나이키는 당시 경쟁자였던 리복을 꺾고 단숨에 마켓 리더로 올라섰다. 그동안 운동에 열광하던 사람들은 단지 예쁘기만 한 운동화들을 하나둘 벗어던지기 시작했다.

이후 '저스트 두 잇' 광고는 스미스소니언 협회(Smithsonian Institu- tion, 1846년 워싱턴에 설립된 과학학술협회 — 옮긴이)에 오르는 영예를 안았으며, 오늘날까지도 최고의 마케팅 사례로 손꼽힌다.

그렇다면 이 간단한 슬로건이 그토록 놀라운 성공을 거둔 원동력은 어디에 있을까? 그것은 나이키가 운동화 자체가 아니라 소비자들에게 초점을 맞추었다는 사실에 있다. 나이키 공동 설립자인 빌 보어만은 종종 이렇게 이야기한다. "육체를 가진 여러분 모두는 운동선수입니 다."[1] 이에 따르면 우리 모두는 자연스럽게 나이키의 고객이 된다. 또 한 '저스트 두 잇'의 주인공이 되는 셈이다.

이 카피를 만든 '댄 비든'(Dan Weiden)이라는 광고대행사는 소비자 들, 그리고 나이키가 원하는 소비자의 행동에 뚜렷하게 초점을 맞추었다. 다시 말해 그들은 소비자가 자신을 운동선수라고 생각하고 더욱 멋진 자아상을 꿈꾸며 그래서 나이키 신발을 선택하도록 하는 행동에 집중했다.[2]

> 마케팅의 핵심은 조직의 목표가 아니라 청중에게 초점을 맞추는 것이다. 나이키는 운동화 매출이 아니라 운동화를 사는 소비자에게 초점을 맞추었다. 공익단체들 역시 조직이나 목표가 아니라 청중에게서 이끌어내고자 하는 구체적인 행동에 집중해야 한다.

그렇다고 해서 우리의 목표보다 청중을 위에 놓아야 한다는 말은 아니다. 나이키는 물론 모든 기업과 단체는 저마다의 목표를 가지고 있다. 그 목표는 조직의 존재 이유이자 조직이 나아가야 할 길을 밝혀 주는 등대이기도 하다. 마케팅은 그 목표를 달성하기 위한 하나의 수단일 뿐이다. 하지만 단지 소리 높여 외친다고 해서 목표를 달성할 수 있는 것은 아니다. 청중으로부터 구체적인 행동을 이끌어내기 위해 필요한 것이 바로 마케팅 기술이다.

로빈후드 법칙 1
우리의 거대한 목표가 아닌 청중의 구체적인 행동에 주목하라.

나이키의 기업 이념은 세상의 모든 운동선수들(나이키의 정의에 따르면, 모든 사람)이 승리와 영광의 느낌을 꿈꾸도록 만드는 것이다. 참으로 멋진 이념 아닌가! 이를 실현하기 위해 나이키는 그들의 비즈니스 감각을 총동원하고 있다.

하지만 기업의 이념과 마케팅의 목표는 다르다. 그렇다면 나이키의 마케팅 목표는 무엇일까? 다시 말해 나이키는 소비자에게서 어떤 행동을 이끌어내길 원했을까? 물론 나이키 운동화가 많이 선택되기를 바랐을 것이다. 소비자들이 나이키 운동화를 선택함으로써 멋진 스포츠맨이 된 듯한 느낌을 받고, 마이클 조던이나 타이거 우즈와 동급이 된 듯한 뿌듯함을 느낄 수 있도록 나이키는 적극적으로 마케팅 기술을 활용했다.

소비자들은 나이키의 '저스트 두 잇'을 실천한다. 즉, 나이키는 소비자들이 매장에서 그들의 브랜드를 선택하도록 만들었다. 현실적으로 이 행동을 실천하기는 그리 어렵지 않다. 나이키가 주장하는 것은 매일 아침 조깅하라는 것이 아니다. 대신 매일 10킬로미터를 달리는 사람들이 신고 있는, 또는 10킬로미터를 달리도록 자극하는, 나이키 운동화를 사라고 말한다. 이런 차원에서 나이키의 마케팅 목표는 그들의 기업 이념과는 다르다. 그들은 기업의 이념을 실현하기 위한 방편으로 마케팅 기술을 활용한 것이다.

마케팅 캠페인을 추진하는 전체 과정에서 가장 중요한 것은 청중을 설득하고 그들로부터 행동을 이끌어낼 수 있는 메시지를 전달하는 것이다. 공익단체의 관점에서 보자면, 사람들이 우리의 목표를 모두 지지할 것이라는 생각으로 메시지를 전달해서는 안 된다. 이를테면 건강한 삶을 위해 오늘 아침부터 당장 10킬로미터씩 달리라고 강요해서는 안 된다는 말이다.

공익단체들은 저마다 숭고한 목표를 세우지만 그 목표가 숭고하다고 해서 청중에게 무조건 받아들이라고 해서는 곤란하다. 이 장에서 말하는 '로빈후드 법칙 1'의 의미는 사람들에게 10킬로미터를 달리라고 강요하는 대신, 먼저 동네 한 바퀴를 가벼운 마음으로 산책하도록 권유함으로써, 최종 목표를 달성하기 위한 기반을 다지는 것이다.

결론으로부터 시작하기

지금도 수많은 공익단체들이 더욱 훌륭한 목표를 세우기 위해 노력한다. 그리고 이렇게 만들어진 목표를 실현하기 위해 세부적인 전략과 계획을 짠다. 여러분도 이러한 업무를 진행하고 있지는 않은가? 이와 같은 전통적인 프로세스는 단체의 목표 그리고 합의를 통한 의사결정 시스템을 가장 중요하게 여긴다.

많은 공익단체가 그 프로세스를 기반으로 내부 구성원의 의견을 모으고 합의를 바탕으로 최종적인 의사결정을 내린다. 마케팅 전략은 그 부산물로 나온다. 이 프로세스는 오늘날 대부분의 공익단체가 표준으로 삼고 있는데, 전반적인 특징은 시선이 내부로 향한다는 점이다.

마케터들은 가장 먼저 소비자로부터 이끌어내고자 하는 행동에 초점을 맞춘다. 그리고 다음으로 이를 위한 구체적인 전략을 짠다. 그러나 공익 단체 대부분은 이와는 정반대로 일을 진행한다. 즉, 단체의 목표에 초점을 맞추고, 이를 실현하기 위한 구체적인 계획을 수립한다. 하지만 마케팅 기술을 활용하기 위해서는 반드시 청중의 행동을 출발점으로 삼아야 한다.

이와는 반대로, 기업의 마케팅 프로세스는 외부를 향한다. 마케팅의 출발점은 언제나 소비자와 그들의 행동이다. 기업의 마케팅 기술을 도입하고자 한다면, 공익단체도 항상 청중과 마켓에 초점을 맞추어야 한다. 즉, 단체의 목표가 아니라 청중의 행동을 향해야 한다. 가난한 사람들을 돕고, 건강검진의 중요성을 홍보하고, 공교육 시스템을 강화하는 것과 같은 단체의 목표를 훌쩍 뛰어넘을 수 있어야 한다. 그리고 구체적이면서 실현 가능한 행동에 주목해야 한다. 그러면 이러한 질문이 자연스럽게 나오게 된다. "청중이 우리가 만들어 놓은 실천 단계를 따라가도록 하려면 어떻게 해야 할까? 어떻게 해야 그들을 설득할 수 있을까?" 그 해답을 찾는 것이 바로 마케팅의 역할이다. 여기서 그 해답을 함께 찾아나가도록 하자.

Just do what?

청중으로부터 행동을 이끌어내기 위해 공익단체들은 보통 2가지 접근 방식을 취한다. 첫째, 청중의 생각을 바꾼다. 둘째, 엄청난 양의 정보를 전달한다. 하지만 기존의 프로세스와는 정반대로 출발해야 한다는 관점에서, 이 2가지 접근방식은 전혀 도움이 되지 않는다. 심지어 악영향을 미칠 수도 있다.

> 청중의 생각에 도전하지 말자. 우리는 그들의 입장에서 바라보도록 노력해야 한다. 우리의 세계관을 강요해서는 청중으로부터 행동을 이끌어낼 수 없다.

마케팅의 최종 목표인 청중의 행동을 이끌어내기 위해 우리와 똑같은 모습을 한 수많은 '미니미'(mini me)로 구성된 부대가 필요한 것은 아니다. 광신자 집단도 필요 없다. 우리의 목표를 열렬히 지지하는 '건강전도사'나 '환경지킴이'와 같은 신도들을 모집해야 하는 것도 아니다. 물론 이러한 집단이 도움은 되겠지만 현실적으로 그 가능성은 지극히 낮다. 정작 우리가 해야 할 일은 청중으로부터 특정한 행동을 이끌어내는 것이다.

말하자면 사람들이 50달러를 온라인으로 기부하거나, 야채와 과일을 하루에 다섯 접시 이상 먹거나, 환경에 악영향을 미치는 개발 사업에 반대하도록 만들기만 하면 된다. 물론 청중은 우리가 벌이는 캠페인의 진정한 목표를 잘 모를 수도 있다. 그래도 상관없다. 또한 청중이 행동하는 이유가 우리와는 전혀 다른 것일 수도 있다. 그것 역시 중요하지 않다. 중요한 것은 청중으로부터 구체적인 어떤 행동을 이끌어낼 수 있느냐 하는 것이다. 청중이 우리 목표를 얼마나 정확하게 이해하고 있는가에 상관없이, 그들이 실제로 작은 행동 하나를 실천함으로써 목표를 달성하는 데 조금이나마 기여했다면 그것으로 충분하다.

사람들은 작은 정보만으로도 얼마든지 우리가 원하는 행동을 실천할 수 있다. 지나치게 방대한 정보는 청중을 설득하는 과정에서 오히려 방해가 되기도 한다. 저명한 사회 심리학자인 엘리엇 애런슨은 '희석효과'(*dilution effect*)라는 개념을 통해, 관련 없는 정보가 핵심을 흐리게 하고 설득력을 약화시킬 수 있음을 설명한다.

 모든 정보를 제공할 필요는 없다. 사람들은 자신과 직접적으로 관련 있는 정보만을 원한다.

이를 단적으로 보여 주는 사례를 하나 살펴보자. 2001년에 9·11 테러와 탄저균 테러가 잇달아 발생하면서 전문가들이 모여 미국 보건 시스템의 문제점을 주제로 토론회를 열었다. 이 분야의 전문가들은 실제로 공공보건 시설 및 운영체제를 현대화하기 위해 오랫동안 많은 노력을 기울였지만, 사회적 관심을 끌어내거나 예산을 확보하는 데 별 성과를 거두지 못했다.

최소한 2001년 8월까지만 해도 미국인들은 그들의 활동에 주목하지 않았다. 하지만 9·11 테러와 탄저균 테러가 상황을 단번에 뒤집었다. 미국 사회의 모든 관심이 일순간에 시민의 안전과 건강을 지키기 위한 정부의 대응에 쏠렸다. 텔레비전과 신문들은 일제히 생화학 테러에 관한 기사를 다루기 시작했고, 사회적 관심과 정부의 지원 부족으로 공공보건 시스템이 제 기능을 수행하지 못한다고 비판의 목소리를 높였다. 이 같은 사회적 움직임에 따라 미국 시민들도 점차 공공보건 전문가들의 말에 귀를 기울이기 시작했다. 그 이후로도 계속해서 더 많은 사람들이 공공보건 분야에 관심을 기울이고 사회적인 대책 마련에 주목하게 되었다.

9·11 테러 이후 한층 악화된 비행공포증을 꾹 참으며, 기대에 부푼 마음을 안고 공공보건 컨퍼런스가 열리는 서부지역으로 날아간 적이 있다. 당시 수많은 미국 시민들과 마찬가지로 나 또한 공공보건 분야에 관심이 생겨서, 국민 건강을 위해 힘쓰는 사람들의 이야기를 직접 듣고 싶었다.

그들의 노력은 너무도 오랫동안 사회적 관심을 받지 못했고 그저 당연한 것으로만 취급받았다. 게다가 툭하면 예산 삭감의 도마 위에 오르곤 했다. 하지만 드디어 변화의 순간이 찾아왔고, 이처럼 중요한 시점에 나는 컨설턴트의 자격으로 그 컨퍼런스에 참여하게 되었다.

컨퍼런스 개막식 첫날 저녁, 공공보건 분야의 한 후원자가 9·11 테러와 탄저균 테러가 이 분야 전문가들의 활동을 어떻게 바꿔놓았는지에 대해 이야기해 보자고 제안했다. 나는 전문가들의 입에서 시민과 정치인의 행동을 이끌어내기 위한 중대한 전략이 쏟아져 나올 것이라는 기대감에 서둘러 연필과 메모지를 꺼냈다.

곧바로 공공보건 분야 정부기관에서 일하는 사람들의 발언이 이어졌다. 참고로, 그전만 해도 치명적인 전염병이 발생했을 때 이를 해결하기 위한 체계적인 보고 시스템 및 장비와 인력이 사회적으로 마련되어 있지 않았으며, 이 사실은 나 또한 잘 알고 있었다.

한 전문가가 마이크를 잡았다. 그는 이렇게 강조했다.

이번 탄저균 테러 역시 심각한 사건이기는 하지만, 우리는 여기에 머물러서는 안 됩니다. 탄저균보다 시민 건강에 더 중대한 영향을 미치는 것이 있습니다. 바로 흡연입니다. 그럼에도 시민들은 아직도 탄저균에만 주목하고 있습니다.

그러자 박수가 터져 나왔다. 다음 발표도 이와 비슷한 내용으로 이어졌다. 전문가들은 한 명씩 돌아가면서 일반인들의 인식이 얼마나 잘못되었는지에 대해 역설했다. 그들은 계속해서 이렇게 질문을 해댔다. "시민들은 왜 공공보건 시스템을 거시적인 관점에서 바라보지 않습니까? 그들은 왜 공공보건 분야의 다양한 측면을 거들떠보지 않습니까? 왜 아무도 비만과 흡연의 위험성에 대해서는 이야기하지 않습니까?"

결국 컨퍼런스는 끝까지 이런 분위기로 이어졌다. 그야말로 어처구니가 없었다. 그래서 컨퍼런스가 끝나자마자 그냥 호텔방으로 올라와서는 음료수를 꺼내고 텔레비전을 켰다. 화면 속에서는 광고가 흘러나왔다. 거기서 GM은 '미국이 다시 살아날 수 있도록' 국산차를 사달라고 애원하고 있었다.

나는 그 광고를 유심히 보았다. GM은 국가의 미래를 위해 미국 시민의 결단이 필요하다고 외쳤다. 하지만 정작 그 말을 해야 할 사람들은 자동차 기업이 아니라 아래층 회의장에 있는 공공보건 전문가들이었다. GM은 차를 팔기 위해 애국심에 호소하고 있었다.

나는 이번 컨퍼런스에서 전문가들로부터 국민이 공공보건 시스템에 더 큰 관심을 갖게 할 만한 다양한 아이디어를 듣고 싶었다. 하지만 국민의 관심에 호소한 것은 그 전문가들이 아니라, 사륜구동 자동차가 애국심이라는 깃발을 달고 석양 속으로 달려가는 모습을 보여 주는 GM의 광고였다.

9·11 테러와 탄저균 테러 이후 수많은 후원자와 정치인 그리고 국민이 공공보건 시스템에 관심을 집중하고 있었다. 그 절호의 기회에 컨퍼런스에 참여한 전문가들은 도대체 왜 불평만 늘어놓은 것일까?

이유는 간단했다. 그들은 미국 시민이 아니라 전문가 자신들의 생각에 초점을 맞추었기 때문이다. 그러하기에 컨퍼런스 자리에서 시민이 공공보건 분야의 예산 확충을 지지하도록 만드는 것과 같이, '저스트 두 잇'을 실천할 수 있는 직접적이면서도 구체적인 아이디어를 전혀 내놓지 못한 것이다. 그들은 시민들이 자신과 똑같이 생각하기를 바라고 있었다. 시민들이 자신들의 숭고한 목표를 거시적인 관점에서 이해하기를 원하고 있었다.

결론적으로 말해서 전문가들이 원한 것은 시민으로부터 특정한 행동을 이끌어내는 것이 아니라 시민들의 기존 생각을 몽땅 쓰레기통으로 던져버리는 것이었다. 하지만 그러한 요구는 미국 시민 모두에게 매일 아침 10킬로미터씩 조깅을 하라고 강요하는 것과 다를 바 없지 않을까?

보통 사람들은 결코 전문가의 시각에서 문제를 바라보지 않는다. 사람들은 모두 저마다의 고유한 세계관을 갖고 있다. 그렇다면 우리에겐 2가지 선택만이 남는 셈이다. 즉, 사람들의 세계관을 완전히 뜯어고치려는 시도를 계속하든지, 아니면 청중에게서 시작하는 것이다. 청중에게서 시작한다는 말은 그들의 입장에 서서 어떤 일을 실천하도록 설득한다는 의미다.

물론 '미국이 다시 살아날 수 있도록!'이라고 외치면서 애국심에 호소하는 게 반드시 올바른 접근방식이란 말은 아니다. 또한 국가적인 비극을 이용하여 특정 집단의 목표를 달성해야 한다는 말도 아니다. 다만 청중에게 가치관을 바꾸기를 강요할 게 아니라, 청중이 자신의 가치관을 바탕으로 특정 행동을 자연스럽게 실천할 수 있도록 유도해야 한다는 점을 말하고 싶을 뿐이다.

당연한 이야기지만, 그 과정에서 우리의 목표를 잃어버려서는 안 될 것이다. 중요한 것은 청중의 관점으로부터 시작해야 목표를 달성하기 위한 가장 효과적인 방법을 찾을 수 있다는 사실이다.

컨퍼런스의 경위를 한발 물러서서 살펴보자. 당시 미국 사회의 관심은 온통 테러에 대한 위험과 사회적인 대책 마련에 집중되었다. 그리고 공공보건 분야의 전문가들은 그들의 목표(이 경우, 시민의 건강과 안전)를 주제로 컨퍼런스를 벌였다. 당시는 시민의 관심을 모으고 지지를 얻어 구체적인 행동을 이끌어낼 수 있는 절호의 기회였다. 그렇다면 과연 그 전문가들은 시민으로부터 어떠한 행동을 이끌어내고 싶었을까?

2001년 당시 내가 공공보건 분야에서 전문가로 활동했다면, 낙후된 공공보건 시스템을 개선하기 위한 예산 마련을 목표로 세웠을 것이다.

그리고 정부기관 및 민간단체들의 후원을 모아 첨단장비를 도입하고 관련 교육 프로그램에 집중했을 것이다. 또한 정부 예산 규모를 확대하기 위해 정치인에게 요청했을 것이다. 시민에게는 개선사업에 적극적인 참여와 함께 지지를 호소했을 것이다.

최소한 컨퍼런스에 모인 전문가들처럼 자신의 숭고한 목표를 정확하게 이해하고 이를 받아들이라고 요구하지는 않았을 것이다. 어느 날 갑자기 담배를 끊고 식습관을 바꾸고 운동을 시작하라고 강요하지도 않았을 것이다. 대신 공공보건 사업을 위해 소액이나마 기부하고, 사회운동에 서명하고, 정치인들에게 예산 확충을 건의해 달라고 요청했을 것이다.

내가 시민으로부터 이끌어내려는 행동은, 공공보건 개선사업으로 모두가 혜택 받을 수 있다는 사실을 이해함으로써 자발적으로 사회운동에 참여하게끔 하는 것이다. 사회적인 관심을 이끌어내고 이를 바탕으로 공공보건 시스템을 개선할 수 있다면 그것으로 충분하다. 물론 이 개선사업을 거시적인 차원에서 이해하는 시민들은 그리 많지 않을 것이다. 하지만 여기서 중요한 것은 시민으로부터 충분한 도움을 받고 이를 통해 목표를 달성하는 것이다.

어쨌든 컨퍼런스의 사례는 해피엔딩으로 끝났다. 적어도 당시로서는 만족스러운 결과를 얻었다. 컨퍼런스를 통해 공공분야 전문가들의 모임과 활동을 사회적으로 널리 알릴 수 있었다. 시민과의 연결고리도 만들 수 있었다. 이후 발표된 다양한 조사 결과를 보면 그 성과를 확인할 수 있다.

복잡한 상황을 최대한 단순화해야 한다. 그렇지 않으면 마켓에서 팔리지 않는다.

　지나친 단순화 작업에 우려를 제기하는 사람들이 많지만 나는 단순화 작업은 효과적인 의사소통을 위한 전제조건이라고 믿는다. 현대인들은 매일매일 정보의 무차별 폭격에 시달린다. 사회보장, 공공보건 시스템, 줄기세포 연구, 지역산책로 건설 등 그 어떤 사업을 우리가 벌인다 하더라도, 시민들에게 이와 관련된 세세한 정보를 알려줄 필요는 없다.

　엘리엇 애런슨과 로버트 치알디니 같은 사회심리학자들은 거시적인 차원에서 정보의 과잉현상을 연구했다. 두 심리학자는 사람들이 데이터를 걸러냄으로써 정신적인 에너지를 절약하고, 보다 단순한 인식적인 접근방식을 선호하는 일반적인 경향에 대해 밝혔다.[3]

　이들의 주장에 따르면, 메시지의 주제를 최대한 간단하고 분명한 형태로 압축하지 못하면 사람들은 좀처럼 관심을 가지지 않으려 한다. 메시지를 보다 간단하고 쉽게 전달했을 때, 더 많은 사람들이 관심을 기울이고 우리가 요청하는 행동을 실천할 확률이 높아진다는 말이다. 그렇게 된다면 우리는 그들에게 자세한 정보를 추가 제공하고 또 다른 행동을 요청할 수 있다.

　이러한 접근방식은 공익단체에게 실제로 매우 큰 의미가 있다. 일단 작은 행동이 시작되면 차츰 관성의 힘을 얻어가면서 더욱 중대한 행동으로 발전할 수 있는 법이기 때문이다. 시간이 지날수록 청중은 우리의 목표에 더 많은 관심을 가지게 되고 그러면서 한층 높은 수준의 행동을 실천에 옮기려고 한다. 그 과정에서 자연스럽게 더 많은 정보를 요구하고 나중에는 우리와 동등한 수준으로 오른다.

하지만 처음부터 이 수준을 요구해서는 안 된다. 값비싼 나이키 운동화를 샀다고 오늘 아침부터 당장 10킬로미터를 달리라고 해서는 곤란하니까.

구체적이고 실현 가능한 행동 이끌어내기

한 공익단체가 사람들의 어떤 행동을 끌어내기 위해 노력하고 있다고 생각해 보자. 예를 들어, 한 금연단체가 캠페인을 통해 보다 쉽게 담배를 끊도록 도와준다고 하자. 이 경우 청중은 누구일까? 당연히 흡연자가 될 것이다. 그렇다면 흡연자들에게 어떠한 행동을 요구할 수 있을까? 담배를 끊는 것이 몸에 좋다고 떠드는 것은 아무런 쓸모가 없지 않을까? 그걸 몰라서 담배를 끊지 않는 사람은 없다. 그 대신 금연보조제를 제공하는 프로그램을 홍보하고, 무료 전화 서비스를 통해 상담을 받아보라고 권할 수 있을 것이다.

다음으로 후원자들을 어떻게 설득해야 할까? 금연 프로그램을 보다 확대하기 위해서는 우선 충분한 자금을 모아야 한다. 이를 위해 생명보험회사와 같은 금융기업을 후원자로 선택할 수 있다. 기업에게 우리가 추진하는 금연 프로그램을 소개하고 기부를 요청할 수 있다. 또는 금연 프로그램을 신청한 사람들에게 보험 계약 시 혜택을 주는 아이디어도 제안해 볼 수 있겠다.

여기서 한 걸음 더 나아갈 수도 있다. 다양한 기업을 대상으로 금연 프로그램을 실시하여 금연에 성공한 직원들에게 혜택을 주도록 권장할 수 있다. 그리고 정치인을 대상으로 사무실 및 공공장소에서의 흡연을 금지하는 법안을 요청할 수도 있을 것이다. 또한 연구기관들에게 금연보조제와 무료상담을 조합한 금연 캠페인의 성과를 조사하고 그 결과를 공식적으로 발표해 달라고 요청하거나 언론사와의 인터뷰까지 부탁할 수도 있다. 나아가 금연 프로그램에 관한 뉴스레터를 발행하거나 자원봉사 차량을 만들어 금연 프로그램을 홍보하는 아이디어도 생각해 볼 수 있다. 모든 아이디어들은 청중의 가치관에 기반을 두었으면서도 구체적이고 실현 가능한 행동을 이끌어낼 수 있다.

이제 다른 경우를 생각해 보자. 삶의 질을 높이고 지역 치안을 강화하기 위해 공동체 기구를 만든다고 하자. 이를 위해 우리 단체는 주민회의 및 자율감시 시스템을 통해 주민 간의 협력과 의사소통을 원활하게 하고, 주민회의에서 나온 주요 안건을 시의회에 전달하는 역할을 맡고자 한다. 그렇다면 공동체 기구의 운영을 위해 우리는 어떤 행동을 요청해야 할까?

단지 공동체 기구 설립에 대해서 이야기하는 것보다는 거기에 가입하고 회의에 참석하며 주민을 위한 사업을 지지하고 자율감시 프로그램에 참여하는 등의 구체적인 행동을 제시하는 편이 훨씬 효과적이다.

여기서 우리 단체에게는 주민 외에 또 다른 중요한 청중이 있다. 바로 시의회 의원들이다. 우리는 그들에게 지역의 주요 문제점을 알리면서 과속방지턱 설치나 지나친 개발 방지를 요청할 수 있다. 또한 경찰도 우리의 청중이 될 수 있다. 이를테면 자율감시 프로그램을 통해 드러난 문제점들을 그들에게 알려 주고 해결방안 마련을 적극적으로 요청할 수 있을 것이다.

위의 경우처럼, 문제를 확인하고 해결방안을 모색하는 과정에 참여할 수 있는 모든 사람 및 기관을 고려하는 작업이 무엇보다 중요하다.

'저스트 두 잇' 전략을 활용하기 위한 6단계

하나. 최종적인 마케팅 목표 세우기

마케팅 목표를 세우기 위해 내가 즐겨 쓰는 방법 한 가지를 소개한다. 목표를 세울 때 나는 제일 먼저 마케팅 캠페인을 통해 무엇을 얻고자 하는지를 생각한다. 그리고 반복적으로 이 질문을 던져본다. "무엇 때문에?" 이렇게 함으로써 청중과 그들의 행동에 더 가까이 다가갈 수 있다. 예를 들어 보자. 예전에 나는 사회보장제도 개선사업을 추진하던 한 공익단체에서 마케팅을 주제로 강의한 적이 있다.

나는 가장 먼저 마케팅 캠페인을 추진하는 이유가 무엇인지 물었다. 그들은 현 사회보장제도의 문제점과 그 해결방안을 사람들에게 알리는 것이라고 대답했다. 하지만 내가 보기에 이는 목표라기보다 그 단체의 사명에 가까운 것이었다. 그래서 나는 이 방법을 사용하여 "무엇 때문에?"라는 질문을 던졌다. 그들은 다시 충분한 정보를 제공하여 사람들이 각자의 입장에서 '합리적인 결정을 내릴 수 있도록' 하기 위해서라고 대답했다. 하지만 이것 역시 충분한 대답이 아니었다. 나는 다시 물었다. "무엇 때문에?" 도대체 왜 일반 시민들이 잉여레벨과 누진 물가지수, 또 보험통계적인 접근방식에 대한 정보를 이해해야 한단 말인가? 왜 전문분야에 관한 '합리적인 결정'을 내려야 한단 말인가? 그들이 진정으로 시민에게서 이끌어내고 싶은 행동은 무엇인가? 그리고 그러기 위해서 무엇을 해야 하는가?

"무엇 때문에?"라는 질문이 계속되자 마침내 일부 직원들은 "우리 단체를 민영화하는 법안에 반대한다는 내용의 이메일을 시민들이 자발적으로 정치인들에게 보내 주기를 바란다"고·대답했다. 또 다른 직원들은 "시민들이 사회보장제도 개선사업을 적극적으로 지지해 주기를 바란다"고 했다. 그러자 다른 직원들도 구체적인 아이디어와 행동을 내놓기 시작했다.

반복적으로 "무엇 때문에?"라는 질문을 던짐으로써 나는 그들이 비로소 청중과 청중의 행동에 주목할 수 있도록 만들었다. 그리고 그들은 이렇게 시선을 전환하면서 청중에게 제공해야 할 정보의 유형을 대폭 수정했다. 강의가 끝나갈 무렵 마케팅 목표는 '시민에게 많은 정보를 주는 것'에서 '사회보장제도 개선을 위해 정치인에게 메일을 쓰고 전화를 거는 것'으로 바뀌었다.

공익단체에서 일하는 많은 사람들은 아직도 '사람들이 우리가 하는 일을 더 잘 이해하면 좋겠어'라거나 '시민들이 정말 중요한 것이 무언지를 깨달으면 좋겠어'라는 바람을 갖고 있다. "무엇 때문에?"라는 질문은 특히 이들에게 효과적이다. 이 질문을 계속해서 던짐으로써 사고의 전환에 도달할 수 있기 때문이다. 청중에게서 이끌어내고 싶은 구체적인 행동에 이를 때까지, 계속해서 이 질문을 던져 보도록 하자.

둘. 모든 청중 범주를 고려하기

마케팅 목표를 달성하기 위해 우리는 다양한 청중으로부터 행동을 이끌어내야 한다. 앞서 살펴본 사례들처럼, 직접적인 관련이 있는 사람들부터 별다른 관심이 없는 사람들에 이르기까지 다양한 청중의 범주를 모두 고려해야 한다.

이를테면 오피니언 리더나 다양한 단체의 결정권자들과 같이 사회적으로 영향력을 발휘하는 사람들은 물론이고 우리가 도우려는 사람들까지 모두 그 대상에 포함시켜야 한다. 또한 경쟁자 및 협력관계 파트너는 물론 실질적인 후원자와 잠재적 후원자들 역시 청중의 일부가 될 수 있다. 여기에 언론, 기업, 정치인, 정부기관 및 조사기관들까지 포함시킬 필요가 있다. 이처럼 범위를 가능한 한 확대하여 포괄적인 청중 리스트를 작성하는 노력이 중요하다.

다음으로 청중의 범주를 가능한 구체적으로 정의하자. '모든 시민' 또는 '일반 대중'은 절대 청중이 될 수 없다. 18~24세의 남성, 지역모임 회원들, 주요 신문사의 건강 관련 기자들, 또는 전립선암 검사가 필요한 남성의 아내 등과 같이 구체적인 자격요건을 만족시켜야만 청중이라고 할 수 있다.

이를 위해 공통적인 특성과 행동을 중심으로 한 범주의 기준을 구체적으로 정해야 한다. 이렇게 정의된 청중 범주별로 서로 다른 마케팅 전략을 구사하는 것이다. 청중의 특성을 정확하게 파악하고 적절한 기준을 마련한 뒤, 이를 지속적으로 수정해 나감으로써 합리적으로 청중의 범주를 정의할 수 있다. 그리고 범주별로 특별한 마케팅 전략을 적용해야 한다. 이와 관련해서는 차후에 다시 한 번 자세하게 다루겠다.

셋. 청중 범주별로 요청하는 행동을 정의하기

행동은 최대한 구체적으로 정의해야 한다. 막연한 생각을 전달하기보다 구체적인 행동을 제시하는 것이 더 큰 효과를 만들어 내기 때문이다. 예를 들어, 부모에게 자녀의 독서를 도와주라고 하는 것보다 매일 15분간 책을 읽어 주라고 권하는 편이 훨씬 효과적이다.

이를 위해 누가, 무엇을, 언제, 얼마나 많이, 얼마나 자주 행동해야 하는지를 생각해야 한다. 청중에게 지속적으로 다가감으로써 이 행동을 조금씩 수정해 나가는 노력을 기울여야 한다. 여기서 가장 중요한 것은, 구체적인 행동을 제시함으로써 청중이 첫걸음을 떼도록 만드는 것이다.

행동이 구체적이어야 하는 2가지 이유가 있다. 첫째, 마케팅 목표를 현실적으로 가능하고 뚜렷하게 다듬을 수 있다는 점인데, 공익단체 종사자들은 그 과정을 통해 마케팅의 목표를 더욱 잘 이해할 수 있다. 또 캠페인을 실제로 추진하기에 앞서 동료 사이의 의견 차이를 확인할 수 있다. 즉, 일을 추진하는 과정에서 뒤늦게 발생할 수 있는 오해와 혼란의 위험을 사전에 줄일 수 있다.

둘째, 청중에게 설득력 있게 다가갈 수 있다. 구체적인 행동은 실천하기는 쉽지만 거절하기는 어렵다. 만약 지나가는 사람들에게 암과의 투쟁에 함께 동참하자고 부탁한다면 그들은 어떤 반응을 보일까? 아마도 대부분은 그렇게 하겠다고 대답은 할 테지만 이를 위해 과연 무엇을 할 수 있겠는가? 아무도 뭘 해야 할지 감을 잡지 못한다. '투쟁에 동참'하고 싶어도 어떻게 시작해야 할지 모르는 것이다. "정말 무서운 병이죠. 저 역시 동의합니다." 이렇게 말하고 나서 일상생활로 돌아가면 모두 잊어버리고 말 것이다.

우리가 세운 행동 계획이 과연 얼마나 구체적인지 확인해 볼 수 있는 방법을 소개하고자 한다. 바로 청중이 행동을 실천하는 장면을 영화처럼 떠올려 보는 것이다. 장면이 쉽게 떠오르지 않는다면 그 행동에는 문제가 있다. 이럴 경우 청중 역시 실천 과정에서 애를 먹기 십상이다.

우리의 말을 이해하고 우리가 판매하는 물건을 사고 싶어도 사람들은 막상 어떻게 해야 할지 막막하다. 그렇다면 즉각 그 행동을 구체적이고 쉽게 다듬을 필요가 있다. 사람들에게 기부하라고 말만 해서는 안 된다.

기부를 하려면 전화를 걸어야 할지 웹사이트를 방문해야 할지, 결제 방법은 어떻게 할지 등에 관한 상세한 정보까지 모두 마련해 두어야 한다. 위생관리를 철저히 하라고 말할 때도 마찬가지다. 손을 씻어야 하면 언제, 얼마나 자주, 얼마나 오래 씻으라는 것인지에 관련된 모든 정보를 함께 제시해야 한다.

넷. 실행 가능성 테스트하기

다음으로 우리가 요청하는 행동이 현실적으로 충분히 실현 가능한 것인지 고민할 필요가 있다. 이를 위해서 우리의 목표가 아니라 사람들이 실제로 행동에 옮길 방법을 염두에 두어야 한다.

"재활용을 실천합시다"라든가 "지구를 살립시다"라는 외침에 사람들은 그저 고개만 끄덕일 뿐이다. 하지만 시청에서 바퀴가 달린 새로운 재활용 쓰레기통을 나누어 주고 여기에 종이나 박스, 신문 등을 버린 뒤 매주 화요일마다 골목에 놓아두라고 요청한다면 나는 이를 기꺼이 실천할 것이다. 마찬가지로 실업난을 해소하자는 주장 또한 공허한 외침이다. 하지만 어떤 단체가 실직자들을 위해 입지 않는 정장을 기부해 달라고 요청한다면, 나는 거기에 응할 참이다.

사람들은 불가능해 보이는 일은 시작조차 하지 않는다. 반면 쉽고 간편해 보이는 일은 곧바로 시도해 본다. 본격적으로 행동에 옮기기에 앞서 쉬운 일부터 시도해 볼 수 있다면 더욱 쉽게 실천에 옮길 것이다. 쉬운 시도 단계에서 생각만큼 만족스럽지 못하면 바로 거기서 멈출 수 있으니 한 번에 중대한 결정을 요구하는 것보다 얼마든지 취소가 가능한 결정을 제시하는 편이 낫다.

환경을 살리고 실업 문제를 해결하는 일에 반대할 사람은 없다. 하지만 이를 위해 과연 무엇을 할 수 있을까? 아이를 유치원에 데려다 주고 버스를 타고 9시까지 출근하기 위해 서두르다 보면 아마도 까마득히 잊어버리고 말 것이다. 이처럼 사람들은 대부분 거창한 주제를 일상생활 속으로 끌어들이려 하지 않는다.

이 대목에서 쉬운 일만 요청하는 것이 거대한 프로젝트를 추진하지 못하는 무능함에 대한 변명이 아니냐는 지적이 나올 수도 있다. 하지만 쉬워 보이는 행동을 요청한다고 해서 우리의 기대 수준을 낮추라는 뜻은 결코 아니다.

다만 현실적으로 볼 때, 한꺼번에 거창한 주제를 들이대는 것보다는 작은 행동을 단계적으로 제시하는 편이 더 많은 변화를 이끌어낼 수 있다는 사실을 강조하고 싶은 것이다. 로버트 치알디니는 풍부한 조사 자료를 바탕으로, 탄원서에 서명하는 것처럼 간단한 일을 행동으로 옮겼던 사람들은 그렇지 않은 사람들에 비해 이후 이보다 어려워 보이는 행동을 실천할 가능성이 더욱 높다는 사실을 밝혀냈다.[4] 첫 단계 행동이 탄원서 서명보다 더 공식적인 일이라면 이러한 경향은 더욱 뚜렷하게 나타난다.

이처럼 '작은 실천'과 '첫걸음'이 나중에 보다 큰 효과를 발휘할 수 있는 이유는 작은 행동을 실천하는 과정에서 자아상을 바꿀 수 있기 때문이다. 간단한 서명 한 번만으로도 사람들은 스스로를 공공보건 분야에 관심이 많으며 적극적으로 의견을 피력하는 사람이라고 생각하게 된다. 사람에게는 과거의 행동을 합리화하려는 경향이 있기 때문이다. 특히 그 행동이 사회적으로 큰 의미가 있는 경우 이 성향은 더 강하게 드러난다. 일단 어떠한 행동을 했다면 그것이 의미 있는 일이었다고 스스로에게 확신을 시킨다. 게다가 그 행동으로 어떤 보상까지 받았다면 자아상을 수정하게 될 가능성은 더욱 높아지며, 이에 따라 향후 추가 행동을 실천할 확률도 그만큼 증가하게 된다.

다섯. 장애물 제거하기

청중이 우리가 요청하는 행동을 실천하기 위해 먼 거리를 이동하고, 많은 시간을 투자하고, 힘들게 무엇을 찾아다녀야 한다면, 이 상황을 미리 확인하고 대책을 마련해야 한다. 교통수단을 지원하거나, 처리 시간을 단축하고, 서비스 지역의 목록을 제공하는 등 다양한 방법을 통해 장애물을 제거할 수 있다.

물론 노력만으로는 해결하기 힘든 장애물도 있을 수 있다. 그럴 때는 우리가 제시하는 행동의 내용 자체를 다시 생각해 보아야 한다. 청중이 우리가 요청하는 행동을 실천하다가 어려움을 겪고 부정적인 이미지만 안고 돌아가느니 차라리 다른 행동을 요청하는 편이 나을 테니 말이다.

사전에 장애물을 파악하려면 청중의 관점으로 돌아가야 한다. 예를 들어, 어떤 단체가 백신 접종의 필요성을 부모에게 홍보하고 있다고 가정하자. 캠페인의 성공을 위해 이 단체는 스스로에게 다음과 같은 질문을 던져 보아야 할 것이다. "부모들은 접종 장소에 대한 정보를 가졌는가? 접종에 필요한 시설과 약품 및 인력은 충분히 확보되었는가? 접종에 대한 부모의 관심이 기대보다 크게 증가할 경우 대안이 마련되었는가?"

이와는 달리 고의적으로 장애물을 만드는 경우도 분명 존재한다. 예를 들어, 특정 단체가 여성들에게 유방암 진단의 중요성을 홍보하는 캠페인을 벌인다고 하자. 많은 여성들이 진단을 받기 위해 갑자기 병원에 몰려들었고 이로 인해 대기시간이 엄청나게 길어졌다. 일부 지역에서는 예약을 하고 검사를 받기까지 몇 달씩 기다려야 하는 상황이 벌어진다. 문제 해결을 위해 이 단체는 정부기관 및 병원들과 함께 시설을 확충하는 대안을 내놓았지만 상황이 호전될 기미는 좀처럼 보이지 않는다.

이와 같은 병목현상은 유방암 검진 시스템 개선을 위해 사회적인 압력을 조성할 목적으로 고의적으로 만들어낸 것일 수도 있다. 이처럼 의도적으로 장애물을 만듦으로써 이 단체는 정부 및 관련 기관에 유방암 검진차량 도입 등과 같은 방안을 서둘러 내놓도록 촉구하고 사회적 관심과 기부를 신속하게 이끌어낼 수 있다.

여섯. 행동을 유연하게 변화시키기

우리는 청중과 마켓에 대한 새로운 정보를 바탕으로 마케팅 전략과 청중의 행동을 계속해서 고쳐나가야 한다(마켓 상황에 대해서는 다음에 보다 자세하게 다룰 것이다). 공익단체는 이를 위해 조직적인 유연성을 잃지 말아야 한다.

청중이 우리가 요구하는 행동을 실천하고 있을 때 거기서 머물지 말고, 다음 단계를 위한 새로운 전략 구상에 들어가야 한다. 어떤 목표를 달성했을 때 곧바로 다음 목표를 수립해야 한다는 사실을 항상 잊지 말자.

Interview 1

인류애를 비누처럼 판매하는 방법   윌리엄 노벨리

"인류애를 비누처럼 팔 수 있습니까?"라는 게하르트 위브의 질문에 살아 있는 대답을 보여 주는 사람이 있다. 윌리엄 노벨리가 바로 그다. 처음에 그는 유니레버(Unilever)에 입사하여 세제 제품의 마케팅 업무를 담당했다. 몇 년 뒤 '웰스 리치 그린'(Wells Rich Greene)이라는 광고대행사로 옮긴 그는 거기서 "인류애를 비누처럼 팔 수 없을까?"라는 의문에 맞닥뜨린다. 그는 이렇게 말한다.

"유니레버를 그만두고 광고대행사에 입사하면서 저는 여러 분야의 일을 담당하게 되었습니다. 세제, 애완동물 사료, 어린이용 시리얼 등 다양한 제품의 마케팅 업무를 맡았죠. 그로 인해 처음으로 방송이라는 새로운 세상에 발을 들여놓게 되었습니다. 그리고 곧 방송사의 프로젝트에 합류하여 프로그램 시청률을 올리는 일을 맡게 되었고요. 공영방송국이 광고대행사와 협력하는 일은 당시로서는 생소했죠. 거기서의 첫 업무는 '세서미 스트리트'와 '조안 간즈 쿠니' 같은 어린이 방송 담당 프로듀서와 함께 프로그램 회의에 참석하는 것이었습니다. 그 프로듀서는 제가 일반 기업의 마케팅 기술이라고만 여겼던 것들을 이미 방송 프로그램에 도입했습니다. 덕분에 저는 마케팅 기술이 비단 비즈니스분야뿐만 아니라 다양한 분야에 폭넓게 활용될 수 있다는 사실을 깨닫게 되었죠. 그때의 깨달음이 결국 현재의 직업으로 이어지게 되었습니다."

위트 있고 매력적인 스타일에다 업무 능력도 뛰어난 노벨리는 그 깨달음을 통해 자신의 사명을 발견했다. 이후 그는 마케팅 기술을 공익분야에 적용한다는 취지에서 '평화봉사단'(Peace Corps.)이라는 단체의 마케팅을 이끌었다. 그리고 잭 포터(Jack Porter)와 함께 워싱턴에 '포터 노벨리'(Porter Novelli)라는 홍보 회사를 설립하여 이를 세계 최고의 기업으로 발전시켰다. 이 회사를 기반으로 노벨리는 비즈니스분야의 전문 지식을 공익사업에 적용하는 모험을 실행했다.

"사업 초기에 우리는 스스로를 고혈압과 암을 다루는 세일즈맨이라고 불렀습니다. 어느 날 필립 코틀러와 제럴드 잘트먼이 쓴 소셜 마케팅에 관한 글을 읽었는데 그것은 최초로 소셜 마케팅의 기반을 마련한 역작이었습니다. 제가 세제를 팔면서 배운 마케팅 기술을 공익분야에 적용하려고 노력했다면 두 사람은 이러한 노력을 위한 학술적인 토대를 마련한 셈이죠. 그 순간 학술과 실천을 하나로 묶어야 한다는 생각이 들었습니다. 이후 저는 학술적인 자료를 적극 받아들여 제가 하는 사업에 적용하기 위해 많은 노력을 기울였습니다."

국제구호 및 개발 단체인 국제원조구호기구(CARE)의 부사장으로서, 미국 청소년금연캠페인(Campaign for Tobacco-Free Kids)의 대표로서, 그리고 최근 미국 은퇴자협회(American Association for Retired People)의 CEO로서 노벨리는 계속 아이디어를 실천해 나가고 있다. 이런 노력을 통해 노벨리는 인류애 역시 비누와 똑같이 판매할 수 있다는 사실을 우리들에게 확인해 준다.

Q. 공익사업 마케팅의 목표는 무엇입니까?
A : 아직까지 많은 공익단체들이 기존의 접근방식에 미련을 두고 있습니다. 여전히 자신의 생각을 사람들에게 강요하죠. 그들은 이렇게 말합니다. "청소년 임신율을 어떻게 낮춰야 할까? 이런저런 정보들을 전달해야겠군." 하지만 정보와 행동 사이에는 괴리가 존재합니다. 공익단체의 역할은 사람들에게 정보를 제공하는 것이 아니라 설득을 통해 행동을 이끌어내는 것임을 잊지 말아야 합니다. 간혹 이와 같이 말하는 사람들도 있습니다. "사람들을 움직이게 하는 것은 우리의 일도 아닐뿐더러 우리에겐 그럴 만한 여력도 없습니다." 이런 말을 들을 때면 공익단체의 일이 비행기를 타고 공중에서 전단지를 살포하는 것과 뭐가 다른가 하는 생각에 빠지게 됩니다. 하지만 우리의 임무는 분명 최종적인 행동을 이끌어내는 겁니다. 즉, 우리는 '판매를 완료'(close the sales)해야 합니다. 가령 해양오염 실태를 사회적인 이슈로 만들고 싶다면 청중에게서 어떤 행동을 끌어내고 싶은지 스스로 물어봐야 합니다. 여러분은

과연 무엇을 원하고 있습니까? 사람들이 직접 바다에서 헤엄치기를 바랍니까? 아니면 이 문제와 관련하여 정치인에게 편지를 쓰고 전화를 걸기를 원합니까?

Q. 인류애(공익적 가치)를 비누(판매)와 같이 마케팅할 수 있을까요?

A : 영리기업은 제품을 개발할 때, 잠재적인 시장수요를 조사합니다. 보통의 사람들은 "그냥 더 좋은 제품을 만들면 주문이 쇄도할 것이다"라고 말합니다. 그러나 이것은 마케팅이 아닙니다. 마케터는 쥐덫 제품이 아니라 고객에게서 시작합니다. 집에 쥐가 있는 사람들은 쥐를 잡아 없애기를 원할까? 현재의 쥐 방역 시스템에 대해 이 사람들이 얼마나 만족하고 있나? 쥐를 없애기 위해 얼마까지 돈을 벌 용의가 있나?

일반적으로 비영리단체들은 뚜렷하게 제품 중심적입니다. 마켓 중심적 사고가 없다는 것입니다. 이것이 비영리단체를 더 어렵게 만들고 있다고 생각합니다.

Q. 판매완료(원하는 변화 이끌어내기)의 구체적 방법을 어떻게 찾아야 할까요?

A : 저는 긍정적인 차원에서의 '일탈'을 좋아합니다. 공익단체는 그런 긍정적 행동을 하는 사람들이 누구인지, 그 동기가 무엇인지를 연구해야 합니다. 마케팅에서 중요한 원칙은 현재의 고객과 비슷한 특성을 가진 사람들이 가장 가능성 있는 미래의 고객이라는 사실입니다. 세제를 팔고 싶다면 지금 세제를 사는 소비자에 주목해야 합니다. 이들이 바로 가장 잠재성 높은 미래의 소비자이기 때문입니다. 금연 프로그램도 마찬가지입니다. 전에 금연을 시도했던 사람들이 한 번도 시도하지 않은 사람들보다 금연에 도전할 가능성이 더 높습니다. 운동도 그렇습니다. 주말마다 소파에 들러붙어 있는 사람보다 워킹 슈즈를 산 사람이 운동을 하러 나갈 가능성이 높습니다. 여기서 한발 더 나아가 사회적인 차원에서 의미 있는 변화를 이루고자 한다면, 한 개인이 아니라 그들을 둘러싼 제반 환경으로까지 시선을 확대해야 합니다. 사람들은 사회 속에서 더불어 살아갑니다. 청소년들 대부분이 담배를 피우는 마을에서 태어난 아이들은 분명 더 일찍 담배를 배우게 될 것입니다. 이 아이들에게 담배를 끊으라고 하는 잔소리는 효과가 없습니다. 하지만 주변의 많은 사람들, 그리고 오프라 윈프리와 같은 유명 스타들이 계속해서 금연을 외친다면 그건 분명 효과가 있습니

다. 언론이나 정치인들도 이러한 측면에서 사회적인 영향력을 행사할 수 있습니다. 이처럼 개인을 둘러싼 조직이나 사회 전반의 분위기가 사람들의 생각과 행동에 큰 영향을 줄 수 있습니다.

Q. 청중을 어떻게 관리해야 합니까?

A : 공익단체는 일반 기업보다 훨씬 복잡한 이해관계에 얽혀 있습니다. 그 속에는 다양한 이해관계자와 청중이 양파 껍질처럼 층을 형성하고, 가장 중심에는 공익단체 이사회가 존재합니다. 공익활동을 하는 사람들에게는 이사회 멤버들 역시 정보를 전달하고 이해시키고 설득해야 하는 대상입니다. 그 다음 층에는 직원이 있습니다. 그들은 나름대로의 사명의식과 이를 향한 열정을 지니고 있으며 함께 일해야 할 동료입니다. 다음으로는 자원봉사자, 일반 회원, 그리고 청중의 층이 둘러싸고 있습니다. 우리는 차례대로 이들 모두와 함께 협력해야 합니다. 다시 말해 이사회를 시작으로 맨 마지막의 청중에 이르기까지 점차적으로 협력을 확대해 나가야 합니다.

Interview 2

청중의 행동을 자극하는 법

레슬리 맥쿼이그

레슬리 맥쿼이그(Leslie McCuaig)는 현재 의류 관련 해외 원조 사업을 추진하고 있다. 그녀를 아는 사람들은 모두 그녀가 다양한 방법을 총동원하여 최고의 성과를 올리고 있다고 칭찬을 아끼지 않는다. 그녀는 '국제개발위원회'(International Development)에서 주요 프로젝트들을 추진하면서 소련연방 시절에 미국과의 컨소시엄 관련 문제를 해결하는 일을 맡기도 했다.

그 후 그녀는 지속 가능한 지역사회연구소(Institute for Sustainable Communities) 사업에 참여했다. 여기서 그녀는 UCAN[우크라이나 시민실천연합(Ukraine Citizen Action Network)]이라는 프로젝트를 맡아 우크라이나에 있는 다양한 단체와 시민들이 국가의 경제적·정치적·사회적 문제를 해결하는 과정에 참여할 수 있도록 돕는 일을 이끌었다.

그 과정에서 나는 레슬리와 함께 마케팅 기술의 활용을 시도했다. 이 인터뷰에서 그녀는 아직은 미약하지만 지속적으로 성장하고 있는 우크라이나 시민사회를 더욱 활성화하기 위한 UCAN의 프로젝트를 소개한다.

Q. 민주주의처럼 추상적이고 거창한 주제들에 어떻게 접근하고 있습니까?
A : 그러한 주제들은 단계별 전략을 활용해야 합니다. 하지만 아직까지도 많은 공익단체들은 이상주의를 고집하죠. 세계의 기아를 해결하는 것은 분명 중요한 숙제입니다. 그러나 이를 실천하기란 결코 쉬운 일이 아닙니다. 이를 위해서는 현실적으로 실천할 수 있고 객관적으로 성과를 확인할 수 있는 세부적인 실천 단계를 마련해야 합니다. 우리는 구체적인 단계를 밟고 조금씩 올라서야 합니다.

Q. 우크라이나에서는 특히 어떤 접근방식을 활용했나요?

A : UCAN 프로젝트를 추진하면서 민주주의와 인권에 초점을 맞추는 정치적 접근방식은 가급적 피하고자 했습니다. 민주주의를 발전시킨다는 것은 너무나 추상적인 과제입니다. 그렇기 때문에 사람들은 선거와 같이 분명하게 확인할 수 있는 방법에만 의존하려는 경향이 있습니다. 하지만 선거 제도가 빛을 발하기 위해서는 시민들이 민주주의에 참여할 수 있다는 전제를 기반으로 해야 하죠. 여기서 우리는 다음과 같은 질문을 던져봅니다. "민주주의란 과연 무엇을 의미하는가?" 이 질문에 대한 분명한 대답 한 가지는 민주주의란 4년에 1번 실시하는 선거 제도만은 아니라는 사실이죠. 진정한 민주주의란 모든 구성원들의 정치 참여를 보장하는 제도를 의미합니다.

다시 말해 민주주의란 이미 정해진 정치적 절차에 형식적으로 참여하는 게 아니라, 제도적인 기반 위에서 타인과 교류함으로써 공동체의 문제를 해결하는 과정에 실질적으로 참여하는 것입니다. 이런 관점에서 민주주의를 바라봄으로써 우리는 스스로의 역할을 '모든 시민이 교류하는 과정에서 나타나는 장애물을 확인하고 이를 제거하는 것'이라 정의하게 되었습니다.

당시 우크라이나의 정치적 상황에서 가장 심각한 장애물은 시민들이 정치 참여를 해도 된다는 사실을 모른다는 것이었습니다. 소련 붕괴 이후 수많은 법과 제도가 크게 바뀌었음에도 대다수의 시민들은 이를 알지 못했습니다. 게다가 자신들이 참여한다고 해도 사회가 크게 달라지지 않을 것이라는 생각을 떨쳐 버리지 못했습니다. 공산 치하에서 살아오면서 정치적 자신감을 크게 상실한 상태였으니까요.

우리는 시민들의 이러한 인식을 변화시키자고 마음먹었습니다. 사회적인 참여를 통해 놀라운 성과를 직접 체험한 사람들의 사례를 모으고 이를 알려 나갔습니다. 우리의 모든 노력은 그들의 정치적인 자신감을 높이는 데 크게 기여했습니다. 이것이야말로 민주주의를 구축하는 핵심 과제가 아닐까 합니다.

Q. 사람들의 행동을 실제로 이끌어낸 좋은 사례가 있을까요?

A : 2004년, 우크라이나는 대통령 선거를 치렀습니다. 하지만 결국 심각한 부정선거로 막을 내렸죠. 이에 항의하여 눈보라가 치는 궂은 날씨에도 불구하고 수많은 시민들이 제 사무실이 있던 키예프 거리로 나와 며칠 동안이나 시위를 벌였습니다. 그들은 민주주의의 존엄성이 짓밟혔다고 느끼고 있었습니다. 그래서 자신들의 정치적 목소리를 직접 드러내기 위해 거리로 쏟아져 나온 겁니다. 이 시위는 소련연방 시절의 수동적인 태도가 그동안 얼마나 달라졌는지를 단적으로 보여 주는 사례였습니다. '오렌지 혁명'이라고도 하는 우크라이나 시민들의 시위는 개인의 행동이 어떻게 사회적인 변화로 이어질 수 있는지를 보여 주었습니다. 민주주의를 이룩하는 것은 조직이 아니라 바로 시민 개개인입니다.

Chapter 2

우리의 가치가 아닌, 청중의 가치에 주목하라

Robin Hood Reconnaissance
Appeal to Your Audiences? Values, Not Your Own

>»→ **로빈후드 법칙 No.2 활용법** ←«<

- 리서치를 통해 청중의 가치와 조화를 이루고 동기를 부여할 수 있는 정보를 모으자. 리서치의 목표는 청중에게 즐겁고 쉽고 흥미로운 보상을 줄 수 있는 행동을 발견하는 것이다.
- 리서치에 끝은 없다. 소중한 정보를 발견하는 노력은 결코 정적이거나 일회적인 활동이 아니다. 청중의 생각과 행동을 끊임없이 쫓아다녀야 한다. 그들의 생각과 행동이 어떻게 변화하는지 확인하고, 어떻게 달라질 것인지 예측하자.

'눕는 순간 편안함의 차이를 느낄 수 있습니다'

2000년 여름, 유명 침대회사인 썰타(Serta)는 매장과 언론을 통해 새로운 마케팅 캠페인을 벌였다. 이는 당시 경쟁업체인 썰리(Sealy) 및 시몬스(Simmons)와 차별화하기 위해서였다. 그들은 캠페인에 귀여운 '양'을 등장시켰다. '사람들이 썰타 침대에서 금방 잠드는 바람에 이 양들은 할 일을 잃어버렸다. 아무도 잠자리에서 자신들을 불러 주지 않자 풀이 죽은 양들이 일거리를 찾아 돌아다니고 있다.'

당시 침대를 파는 매장들은 썰타, 썰리, 시몬스 등 브랜드에 관계없이 다양한 침대들을 취급하고 있었다. 이런 상황에서 차별화를 위해 썰타는 매장에 있는 썰타 침대 위에 귀여운 양 인형을 놓아둔 것이었다.

양 캠페인으로 썰타의 브랜드 인지도는 크게 높아졌다. 썰타는 소비자들이 매트리스에 대해서는 별로 신경 쓰지 않는다는 사실을 발견했다. 사실 지금도 우리 대부분은 침대에 어떤 브랜드의 매트리스가 깔려 있는지 잘 모른다. 사람들이 정작 중요하게 여기는 것은 하루를 마치며 맞이하는 편안하고 안락한 숙면이다. 깊고 편안한 잠을 원하는 소비자의 심리를 읽어낸 썰타는 매트리스가 아니라 숙면에 대해 이야기를 시작했다.

"눕는 순간 편안함의 차이를 느낄 수 있습니다."

중요한 것은 우리의 가치가 아닌 청중의 가치다. 청중의 가치에 근접할수록 행동을
이끌어낼 가능성은 더욱 높아진다.

그리고 썰타는 (양 이미지를 통해) 숙면에 도움을 주는 침대 브랜드를 쉽고 재미있게 기억할 수 있게 하였다. 여기에 썰타는 숙면에 도움을 주는 침대가 어떤 브랜드인지 쉽게 기억할 수 있는 방법을 개발했다. 2장에서 우리는 사람들의 욕망과 가치에 호소하는 썰타의 간단한 마케팅 전략을 훔쳐 낼 것이다.

1장에서는 청중과 행동에 초점을 맞추는 노력의 중요성에 대해 알아보았다. 여기서 행동은 마케팅 화살촉의 맨 끝부분, 즉 마케팅의 최종 목표다. 2장에서 소개하는 썰타 캠페인은 화살촉의 기반을 이루는 청중의 욕망과 가치에 호소함으로써 마케팅 목표를 달성하는 과정을 보여준다. 물론 썰타는 스프링과 매트 재질 등 제품의 세부적인 사항에도 많은 신경을 썼을 것이다. 하지만 그보다는 소비자들이 진정으로 원하는 '숙면'에 더욱 초점을 맞추었다.

로빈후드 마케팅은 기업 마케팅보다 훨씬 어렵다. 그렇기 때문에 우리는 썰타의 노력을 뛰어넘을 수 있어야 한다. 우리가 파는 것은 단순히 침대가 아니다. 그와는 반대로 사람들이 베개도 없이 딱딱한 바닥에서 기꺼이 잠을 자도록 설득해야 한다.

그러나 베개 없이 바닥에서 자는 것이 '옳은 일'이라 해서 사람들이 그대로 따르지는 않을 것이다. 우리는 잠을 못 자서 졸린 눈을 한 청중

에게도 바닥 잠은 대단한 행동이라고 설득할 수 있어야 한다. 이는 청중의 욕망과 가치에 대한 관심에서 비롯된다.

청중을 이해하기

청중의 욕망과 가치를 이해하기 위해서는 수색대가 필요하다. 여기서 우선, 욕망과 가치는 필요성과 다르다는 사실을 명심하자. 생명을 살리고 도움을 주는 교육사업과 문맹퇴치, 백신접종 등의 다양한 사업을 벌이는 동안 공익단체들은 우리 사회의 필요성을 충족시킬 수 있는 방법을 연구했다. 하지만 사람들에게 필요한 것과 실제로 원하는 것은 다르다. 그 차이는 상당히 크다.

　나의 2살짜리 딸아이를 예로 들면, 딸아이에게는 양치질이 꼭 필요하다. 하지만 딸아이가 원하는 것은 양치질이 아니라 '도라' 인형이다. 엄마인 나는 딸아이와 전쟁을 치르지 않고 양치질을 하도록 만들고 싶다. 그래서 내가 선택한 해결책은 더 비싼 가격을 주고서라도 도라 인형이 달린 칫솔을 사는 것이었다.

 청중의 생각을 바꿀 수는 없다. 하지만 행동은 바꿀 수 있다. 그 비결은 그들의 욕망을 충족시키는 새로운 방법을 제시하는 것이다.

청중을 바꾸려는 노력은 헛된 시도로 끝나고 만다. 연령대에 관계없이, 사람들은 변화를 달가워하지 않는다. 엘리엇 애론슨과 로버트 치알디니와 같은 사회심리학자들은 사람들이 자신의 인식 틀을 기준으로 새로운 정보와 경험을 선택하고 가공함으로써 기존의 가치체계를 지속적으로 강화한다고 주장한다.[1]

사람들은 모두 자신의 가치관과 정체성, 자율성을 지키려 하기 때문에 새로운 정보가 들어와도 그에 맞게 재해석을 한다. 새로 들어온 정보가 기존의 인식 틀과 조화를 이루지 못하면 이를 거부하거나 또는 정보의 출처를 신뢰할 수 없다고 무시해 버린다.

하지만 자신이 좋아하고 믿는 사람으로부터 정보가 주어지는 경우, 인식의 틀을 수정하면서까지 이를 기꺼이 받아들이려 한다. 물론 사람들의 가치관이 쉽게 변하지는 않는다. 예를 하나 들어 보자.

나는 요즘 우리 집의 안전이 걱정되어 보안 시스템 서비스를 신청하기로 했다. 그런데 이웃집 사람은 얼마 전 집에 도둑이 들었는데도 경보 시스템이 제대로 울리지 않았다는 이야기를 들려주었다. 그 이웃은 경보 시스템 대신 차라리 창문에 잠금장치를 설치하는 편이 낫다고 했다. 결국 나는 경보 시스템 대신 잠금장치를 설치하기로 했다. 이처럼 내가 생각을 바꾸었다고 해서 기존의 가치관, 즉 안전에 대한 관심까지 바꾼 것은 아니다. 다만 더욱 안전하고 경제적인 방법을 선택한 것뿐이다. 하지만 애초에 이웃이 안전에 대한 내 생각을 지나친 걱정이라고 했다면 나는 아마도 그의 조언을 받아들이지 않았을 것이다. 대신 좀 이상한 사람이 아닌가 하고 그를 의심했을 것이다. 그러나 이웃이 내게 더욱 안전한 방법을 제시했기에 나는 기꺼이 그의 말을 따른 것이다.

메시지는 받아들이는 과정에서 왜곡되기 마련이다. 우리의 신념이 강력하다고 해도 청중이 가진 인식의 틀을 뚫기에는 역부족이다. 그러므로 마케터는 청중이 지닌 사고의 틀을 인정해야 한다.

청중의 가치관을 인정하는 것은 존경을 표하는 일이기도 하다. 당신의 생각이 틀렸으니 어서 고치라고 하는 건 청중을 무시하는 짓이다. 이런 접근방식은 아무런 효과를 내지 못한다. 우리는 청중과의 관계 형성을 통해 시작해야 한다.

관계 형성은 우리의 목표이기도 하다. 청중을 설득해야 한다는 조급함 때문에 그들의 가치관을 무시하는 실수를 범하지 말자. 사람들은 누구나 존중받고 이해받기를 바란다. 그들의 가치관과 정체성을 그대로 받아들임으로써 존중받고자 하는 인간의 기본 욕구를 충족시킬 수 있다.

청중이 존재하고 생각하는 공간으로 직접 찾아감으로써 설득력을 높일 수 있다. 친근하게 다가갈수록 사람들은 우리를 더욱 긍정적인 시각으로 바라볼 것이기 때문이다.[2] 우리가 먼저 관심을 기울여야 청중도 우리에게 관심을 기울인다. 이러한 노력이 선행되어야 행동을 이끌어낼 수 있다.

1장의 내용을 다시 한 번 떠올려 보자. 청중의 생각을 인정한다는 것이 '목표와 타협을 하라'는 건 아니다. 다만 협상 테이블로 청중을 끌어들이는 노력이 필요하다는 말이다. 다시 말해 마케팅이란 테이블 맞은편에 앉아 있는 청중을 이해하는 작업이다.

마케터는 이렇게 시작해서는 곤란하다. "안녕하세요. 먼저 제가 누구인지 말씀드릴게요." 진정한 마케터라면 청중의 생각과 욕망(가끔 아주 놀라울 때도 있지만)에 먼저 귀를 기울여야 한다. 우리는 청중의 가치관을 바꾸지 않을 것이고 우리의 목표도 포기하지 않을 것이다. 우리가 해야 할 일은 청중과 테이블에 앉아 공통된 가치를 찾아보려고 노력하는 것이다.

공통된 가치 발견하기

몇 가지 예를 들어 보자. 유명한 마케팅 사례로 미국유산재단(American Legacy Foundation)의 청소년 금연 캠페인을 꼽을 수 있다. 이 재단은 흡연인구의 80퍼센트가 18세 이전에 담배를 시작한다는 사실에 주목하고 청소년들을 중심으로 금연 캠페인을 벌였다. 그리고 12~17세의, 일상을 지루해하고 변덕스러운 청소년들을 청중으로 정의했다.

이들의 첫 단계는 청소년들의 마음속으로 들어가는 시도였다. 그 시도는 청소년들의 가치 중심적인 질문으로 시작된다. "10대들이 원하는 게 무엇인가?" 이 질문은 필요 중심적인 질문인 "어떻게 해야 아이들이 담배를 못 피도록 할 수 있을까?"와는 완전히 다르다.

캠페인 담당 직원들은 10대 시절에 특히 두드러지게 나타나는 욕망을 분석했다. 사춘기 시절의 젊은이는 독립성과 통제력, 또래집단의 인정, 그리고 기성세대에 대한 저항을 갈망한다. 그리고 청소년 대다수는 이 욕망을 충족시키기 위해 담배를 피운다.

미국유산재단의
대표적인 캠페인들

그래서 이 재단은 청소년이 담배 대신에 다른 방식으로 이러한 욕구를 충족시킬 방법을 제시하기로 했다. 그리고 당시 유명한 광고대행사와 함께 획기적인 '진실 캠페인'을 벌이기로 했다. 이후 이 캠페인은 청소년들이 자신의 가치에 따라 올바르게 행동할 수 있도록 동기를 부여한 사례로 널리 알려지게 되었다.

그들은 진실 캠페인을 통해 청소년들을 조직적으로 이용하는 담배기업을 비판적인 시각으로 바라보도록 자극했다. 또한 세계적인 담배 회사들의 비인간적인 마케팅 전략을 설명하고 담배의 폐해와 특히 10대를 유혹하는 광고 전략을 고발했다. 진실 캠페인은 청소년들이 저항 욕구를 담배가 아닌 담배 회사를 통해 분출할 수 있도록 새로운 방안을 제시한 것이다.

캠페인의 전반적인 과정에 많은 청소년들이 참여했고 실제로 캠페인을 이끌어 가는 역할까지 맡았다. 미국유산재단은 참여한 청소년들 중에서 대표를 선발하고, 버스투어와 담배 회사 건물 앞 시위를 조직하고, 광고를 통해 사회적인 이슈로 발전시켰다.

미국유산재단의 이 혁신적 캠페인은 30년 가까이 고등학생들의 흡연율을 떨어뜨리는 데 크게 기여했다. 이 재단이 청소년의 욕망과는 무관하게 흡연율을 낮추는 데에만 집중했다면 이처럼 놀라운 성공을 거두지 못했을 것이다. 그들은 청소년들의 행동을 막는 것이 아니라 그들이 원하는 것을 제시함으로써 습관을 바꾸는 데 성공한 것이다.

우크라이나에서의 한 마케팅 강의를 소개한다. 도브라타(Dobrata)라는 자선단체는 기업의 후원을 촉구하는 캠페인을 벌였다. 하지만 당시 우크라이나 사회 정서상 기업의 후원을 끌어내는 것은 결코 쉬운 일이 아니었다. 오랫동안 공산정권 치하에 있으면서 기업들은 기부라는 것을 해본 적이 없었다. 강의에 참석했던 도브라타 직원들 역시 부진한 캠페인 성과에 실망한 모습이 역력했다.

강연 중에 나는 가장 최근에 제작되어 지역 방송에서 방영된 그들의 흑백 애니메이션 광고를 함께 보았다. 슬픈 음악이 깔리면서 허리가 구부정한 바부시카(우크라이나 말로 '할머니')가 약국 안으로 들어선다. 그녀는 선반을 한번 보고 나서 주머니 속에서 동전 몇 개를 모두 꺼내 본다. 그리고 눈물이 천천히 그녀의 뺨을 타고 흘러내린다. 그 할머니는 약을 살 돈이 없다. 광고는 도브라타로 전화를 걸어 기부를 하라는 문구와 목소리가 흘러나오면서 끝난다.

이 광고가 나가고 나서 무슨 일이 벌어졌을까? 전혀 뜻밖에도 도브라타에는 기업이 아닌 바부시카의 전화가 폭주했다. 그들은 약을 살 돈을 달라고 요청했다. 반면 기부하겠다는 기업의 전화는 단 한 통도 없었다. 광고의 문제점은 일단 청중이 애매모호한 데다 청중의 가치에 대한 호소가 전혀 들어 있지 않다는 것이었다.

정작 기업가들은 이 광고가 자신을 대상으로 했다는 사실을 몰랐다. 우크라이나 사람들 대부분은 당시 연금생활자들의 힘든 처지를 잘 알고 있었지만, 그들을 그렇게 만든 것은 과거 소련정부의 부패라고 믿었다. 때문에 개인적인 차원에서 무언가를 해야겠다는 생각을 전혀 하지 못했다. 기업가들 역시 도브라타에 전화를 걸어 기부를 한다고 해도 엄청난 사회적 문제가 해결될 것이라고는 기대하지 못했다.

강의를 통해 청중과 그들의 가치를 함께 생각해 보고 난 이틀 뒤, 도브라타의 임원진이 모두 모여 회의를 했다. 한참 시간이 지나 도브라타의 직원들을 만났을 때, 그들은 내게 새로운 광고가 담긴 디스크를 건네주었다. 그들은 이번 애니메이션 광고는 극장을 통해 내보낼 계획이라고 말했다.

우크라이나에서는 어느 정도 경제적 여력이 되어야 극장에 갈 수 있기 때문에, 텔레비전보다는 극장이 그들의 청중인 기업가들에게 메시지를 전달할 수 있는 효과적인 매체였을 것이다. 광고에는 책상에 머리를 파묻고 있는 기업가가 등장한다. 그는 비서가 계속해서 날라다 주는 서류에 사인하느라 정신이 없다. 그는 아무 생각 없이 기계적으로 일을 한다.

화면이 그의 머릿속으로 들어가면서 톱니바퀴가 돌아가는 모습이 나온다. 기업가는 인생의 즐거움을 모두 잃어버린 로봇으로 전락하고 만 것이다. 순간 갑자기 책상 위에 있던 알람시계가 울리고 화면이 밝아진다. 비서는 도브라타에서 온 기부요청서를 내밀고 그는 사인을 한다. 그리고 그는 마침내 지겨운 일상에서 벗어나 새로운 활력을 되찾는다. 마지막으로 "일어나서 도브라타에 기부하세요"라는 부드러운 목소리가 나온다. 그 광고는 기발하면서도 행동을 자극하는 강한 인상을 남겼다. 기업가의 무미건조한 삶을 기발한 아이디어로 조명함으로써 관료주의가 아직 강하게 남아 있는 사회에서 활동 중인 기업가들에게 강한 메시지를 전달했다.

그 광고 속에서 기부라는 행위는, 의미 없는 일상에서 벗어나 새로운 에너지를 얻고 싶어 하는 욕망을 '제품'으로 포지셔닝하였다. 도브라타는 이 광고를 통해 마케팅 목표를 달성했다. 이와 같은 접근방식은 다양한 분야에 얼마든지 적용할 수 있다.

로빈후드 법칙, 이렇게 활용하자

청중의 욕구와 가치를 이해하기 위한 리서치

하나. 필요한 정보를 정의하자

리서치는 설문지만 돌려서도 끝낼 수 있다. 하지만 그 전에 우리가 진정으로 얻으려는 정보가 무엇인지 구체적으로 정의해 둘 필요가 있다. 필요한 정보란 청중에게 가치를 제안하고 행동을 자극할 수 있는 정보를 의미한다. 그러한 정보를 얻기 위해서는 우선 질문부터 올바로 던져야 한다. 인간 행동에 관한 이론은 수없이 많은데, 그중 많은 부분을 이렇게 요약할 수 있다. '사람들은 즐겁고, 쉽고, 인기를 얻고, 보상을 받을 수 있는 행동을 좋아한다.'[3] 즐거운 행동이란 제안했을 때 기꺼이 수용할 만한 일을 말한다. 쉬운 행동이란 실현 가능성이 충분해 보이는 일을 의미한다. 인기를 얻는 행동이란 다른 사람들과 함께 어울리면서 주목받을 수 있는 일이다. 마지막으로 보상을 받는 행동이란 비용에 비해 개인적인 혜택을 더 많이 얻을 수 있다는 의미다(보상에 관해서는 6장에서 보다 자세하게 살펴볼 것이다).

리서치는 고성능 줌 기능이 탑재된 위성망원경과 같다. 이를 통해 우리는 국가, 도시, 동네, 집, 개인의 머릿속을 들여다볼 수 있다. 또한 국가, 지역, 인종, 종교, 문화, 사회계층 등 개인이 속해 있는 집단을 거시적인 차원에서도 조망할 수 있다. 그리고 그들의 인간관계(가족, 친구, 지인, 공동체), 활동(직업, 경제, 라이프스타일, 연령층), 생각과 느낌(심리 상태)도 파악할 수 있다. 게다가 이 모든 정보를 조합하여 특정 부류의 청중을 움직이게 하는 동기를 발견할 수도 있다.

리서치를 통해 각 청중 범주별로 얻어 내야 하는 정보의 목록을 만들어 보자. 이에 관한 몇 가지 예를 소개한다.

• 어떤 인구통계적, 지리적 집단에 속해 있는가?

• 관심사는 무엇인가? 최근 가장 중요한 문제와 이슈는 무엇인가?
  그들의 가치와 욕망은 어떤 것인가?
  무슨 일 때문에 고민하고 있는가?

• 우리가 요청하는 행동을 실천한 적이 있는가? 그 결과는?
  실천하지 않았다면 어떤 다른 실천을 하고 있는가?
  실천하는 사람과 그렇지 않은 사람들 모두에 대한 정보가 필요하다.

• 우리의 경쟁상대는 누구인가?
  청중은 우리의 이슈와 행동에 대해 들은 적이 있는가?
  그에 관해 어떻게 이야기하고 있는가?
  그들이 보고 들은 것에 대해 어떤 반응을 보이는가?
  사람들은 우리의 주장을 백지 상태에서 듣는 것이 아니다. 우리 단체 이외에도 수많은 조직들이 그들에게 메시지를 전달하고 있다. 이 부분을 간과하면 리서치는 완전히 엉뚱한 길로 빠지게 된다. 그러므로 우리는 경쟁관계에 있는 단체, 제안, 동기, 행동 등을 잘 파악해야 한다. 이러한 정보를 통해 우리는 4장의 주제이기도 한 경쟁자들과의 협력관계를 맺을 수도 있다.

• 청중은 우리가 제안하는 행동의 어떠한 점에 관심을 보이는가?
그리고 어떠한 부분이 쉽거나 혹은 어렵다고 느끼는가?
사람들은 어떤 과정을 거쳐 의사결정에 이르는가?
실천하는 방법에 대해 얼마나 알고 있는가?
그들이 행동을 취할 가능성은 얼마나 되는가?
그 행동은 그들에게 어울리는가?
어떻게 하면 행동을 더욱 쉽게 만들 수 있는가?
행동과 관련된 비용과 혜택에 대해서는 어떻게 생각하는가?

• 그들의 행동을 제어하는 사람은 누구인가?
결정에 영향을 주는 사람은 누구인가?
주변 사람들은 그 행동을 실천하고 있는가?
주변 사람들에게 그들은 얼마나 영향을 받고 있는가?
그들은 어디서 정보를 얻고 있는가?
영향을 주고 정보를 제공하는 사람들과 어떤 관계를 맺는가?

청중과 위의 질문에 대해 생각하면서 굳이 우리의 목표 대상으로만 범위를 제한할 필요는 없다. 이미 우리가 원하는 행동을 실천한 사람들의 생각도 파악해 볼 필요가 있다. 최근 조사전문가들은 개발도상국에서 변화의 원동력은 사회 속에 존재한다고 주장하는 제리 스터닌 (Jerry Sternin) 의 '긍정적인 일탈'(*positive deviance*) 이라는 흥미로운 개념을 활용하고 있다. [4]

예를 들어, 체중 미달 갓난아기들이 많은 빈곤국가에서도 유독 특정 마을에는 우량아가 많이 태어난다. 그 이유는 무엇일까? 고등학교 졸업률이 낮은 지역에서도 특정 그룹의 학생들은 대부분 무사히 졸업한다. 이들은 단지 예외적인 경우인가, 아니면 중요한 정보를 암시하는 것인가? 특정 지역의 노인들을 대상으로 해서, 꾸준히 산책하는 사람들의 비율을 15퍼센트로 증가시키겠다는 목표를 잡았다고 해보자. 우선 산책을 하는 노인과 하지 않는 노인들을 비교할 수 있을 것이다. 그러면 산책하지 않는 노인들의 이유를 살펴볼 수 있다.

첫째, 몸이 불편해서 외출하기가 어렵다. 둘째, 주변에 적당한 산책로가 없다. 셋째, 산책을 하면서 편안하고 안전한 느낌을 받을 수 없다. 이 차이점은 우리에게 많은 것을 말해 준다. 이 조사 결과를 바탕으로 우리는 지역 노인들이 격주로 셔틀버스를 이용해 근린공원에 모여 편안하게 이야기를 나누면서 함께 산책하도록 하는 '워크 앤 토크'(*walk and talk*) 프로그램을 기획할 수 있을 것이다. 이를 통해 더 많은 노인들이 운동할 수 있는 현실적인 여건을 만들 수 있다.

둘. 리서치 방법 선택하기

다음으로 대답을 얻기 위해 어떠한 형태로 리서치할지를 결정해야 한다. 최고의 방법은 정량적 · 정성적 조사방법, 이 2가지 기본 툴을 함께 활용하는 것이다. 정량적 조사방법이란 사람들의 생각, 느낌, 행동을 분류하고 그 수를 측정하는 방식을 말한다. 정량적인 방법을 사용하면 거시적인 차원에서 청중을 바라볼 수 있다. 반면 정성적인 조사방법은 질문과 관찰을 통해 사람들 개개인의 마음을 들여다보는 방식이다. 이는 마치 현미경으로 머릿속을 들여다보는 것과 같다. 정량적인 조사를 통해 객관적인 수치를 얻을 수 있다면 정성적인 조사를 통해서는 구체적인 설명을 얻을 수 있다. 이 2가지 방법을 조합함으로써 우리는 청중에 관한 살아 있는 그림을 그릴 수 있다.

우선 정성적인 조사방법의 사례를 살펴보자.

- '심층 인터뷰'를 활용하면 개개인의 생각을 자세히 들여다볼 수 있다. 심층 인터뷰란 청중과 일 대 일로 대화를 나누는 방식이다. 질문을 통해 대답을 끌어내면서 자신의 태도와 행동을 어떻게 생각하고 있는지 자세히 들여다볼 수 있다.

- 비슷한 유형의 사람들로 구성된 그룹에게 질문을 던지는 '포커스 그룹' 방법을 선택할 수도 있다. 조사를 진행하는 사람은 조율자의 역할을 맡아서 다양한 질문을 던져본다. 4~12명의 청중으로 포커스 그룹을 만들어서 그들끼리 토론을 벌이게 할 수도 있다. 포커스 그룹 방식을 활용하면 청중이 개인적으로 생각할 때와 집단적으로 생각할 때 드러나는 차이점을 파악할 수 있다.

- 청중을 직접 '관찰'하는 방법도 있다. 관찰을 통해 우리는 청중과 같은 환경 속에서 그들이 말하고 행동하는 것을 바라볼 수 있다. 청중은 중요한 정보를 직접적으로 말하지 않는다는 관점에서, 이 방식은 특히 의미가 있다.

다음으로 정량적인 방법을 살펴보자.

- '전화, 우편, 인터넷을 이용한 조사방법'을 통해 사람들의 전반적인 인적 사항(인구통계적, 지역적 정보), 움직이는 방식(행동), 생각과 느낌(심리)에 관한 정보를 얻을 수 있다. 이 방식은 2가지 측면에서 이점이 있다. 첫째, 정성적인 조사를 통해 얻은 정보들이 얼마나 타당한지를 확인할 수 있고, 둘째, 우리가 알고자 하는 청중의 전반적인 상황을 파악할 수 있다.

- '길거리 설문조사'는 상가지역과 같이 유동인구가 많은 지역에서 행인들을 상대로 조사하는 방식이다.

- '외부 데이터베이스를 구매하는 방식'도 있다. 비록 비용이 많이 들기는 하지만 규모가 큰 조직의 입장에서는 보다 효율적일 수 있다. 우리는 다양한 청중에 대한 상세한 조사 자료를 외부로부터 구매할 수 있다. 예를 들어, 마켓조사기관인 클라리타스는 미국 소비자들을 15개 그룹과 62개 부분으로 나누는 분류 시스템인 프리즘을 기반으로 풍부한 데이터베이스를 확보하고 있다.

다양한 방법 가운데 선택을 하려면 시간과 예산을 충분히 고려해야 한다. 예산이 넉넉하다면 전문적인 조사원들을 고용할 수 있을 것이고, 그렇지 않다면 우리가 직접 추진할 수 있는 방법을 찾아보아야 할 테니 말이다. 만약 자체적인 리서치마저도 힘든 상황이라면 뒤에 오는 '네 번째'를 참조하도록 하자.

셋. 리서치 전에 반드시 생각해야 할 것들

리서치에 앞서 '청중은 우리와 다르다'는 사실을 명심해야 한다. 청중 대부분은 우리가 부르짖는 이슈에 별 관심이 없다. 그 문제 때문에 밤잠을 설치거나 하지 않는다. 사람들은 모두 저마다의 방식으로 인생을 이해하고 서로 다른 가치와 필요성, 욕망을 갖고 있다. 똑같은 행동을 한다고 하더라도 이유는 저마다 다를 것이다.

아무리 이상하고 예외적이라 해도 리서치 결과는 있는 그대로 받아들여야 한다. 전혀 예상하지 못한 결과가 나왔다면 우리의 가정이 잘못된 것이다. 그래도 좋다. 청중의 생각이 우리와 다르다는 사실을 확인한 것만으로도 충분한 성과를 올린 것이니까. 이를 통해 지금까지와는 다른 관점에서 이슈를 바라보고 미처 생각하지 못했던 청중과의 공통점을 발견할 수도 있을 테니 말이다.

나는 예전에 지나친 음주습관을 예방하기 위해 노력하던 단체의 리서치에 참여한 적이 있다(여기서 '지나친 음주습관'이란 하루에 한 병 이상의 술을 마시는 것을 말한다). 우리는 먼저 이러한 습관이 있는 사람들로 포커스 그룹을 만들고 그들에게 일상생활과 좋아하는 술의 종류에 관해 공개적이고 객관적인 차원에서 몇 가지 질문을 던져 보았다. 그리고 술을 마실 때의 느낌을 잘 나타내는 사진을 잡지 속에서 골라보도록 했다.

흥미롭게도 그들 중 누구도 스스로 나쁜 음주습관에 빠져 있다고 생각하지 않았다. 다만 사교적인 차원에서 적당히 술을 즐긴다고만 믿었다. 그리고 음주운전은 절대 하지 않는다고 자신 있게 말했다. 그들에게 알코올중독자란 늘 술을 끼고 살며 혼자서 마시고 습관적으로 음주

운전을 하는 사람이었으므로, 자신은 이와는 아무런 상관이 없다고 생각했다. 그들에게 '지나친 음주습관'의 기준은 술의 양이 아니라 술과 관련된 행동이었던 것이다.

이 같은 생각의 차이는 아주 중요한 부분이었다. 만약 우리가 지나친 음주습관을 자제하자는 캠페인을 벌였다면 그들은 이는 자신과는 무관하다고 여겨 관심을 기울이지 않았을 것이기 때문이다. 지나친 음주를 삼가라고 말해도 아무런 쓸모가 없었을 것이다.

이들을 실제로 변화시키기 위해서는 지나친 음주습관의 기준을 술의 양이 아니라 술과 관련된 행동으로 재정의하는 작업이 필요했다. 이런 작업을 거치고 나서야 우리는 청중의 자아상과 우리가 바라는 행동 사이에 연결고리를 발견할 수 있었다.

넷. 리서치에 들어가며 해야 할 일

이제 본격적으로 정량적·정성적인 조사를 시작할 준비가 되었다. 예산이 풍부하다면 경험이 많은 조사전문가에게 의뢰할 수도 있을 것이다. 전문가들은 주제와 관련하여 우리보다 중립적인 입장에 서 있기 때문에 더욱 객관적으로 리서치를 이끌어 나갈 수 있다.

반면 우리는 주제에 너무 밀착되어 있기 때문에 우리 생각을 지지하는 증거에 집착하거나 어긋나는 정보를 무시할 위험 요소를 안고 있다. 또 지엽적인 사항을 과대평가하거나 소수의 주장을 일반화할 가능성도 짙다. 그리고 제3자가 아닌 우리가 직접 질문을 할 경우, 원하는 대답을 은연중에 강요할 수도 있다. 그러므로 조사 전문가를 고용하는 것이 가장 바람직하지만 현실적으로 많은 어려움이 있다.

만약 예산이 따로 할당되어 있지 않다면, 먼저 기존의 조사 자료 중에 쓸 만한 것은 없는지 뒤져 볼 필요가 있다. 우리의 주제와 유사한 과거의 조사 자료나 데이터베이스를 검색할 수도 있고, 이를 진행했던 직원들을 직접 찾아가 볼 수도 있을 것이다.

또한 정부 통계자료, 잡지 기사, 파트너 단체의 자료를 살펴보거나 대학생들에게 도움을 요청할 수도 있다. 직접 리서치해야 할 경우라면 인턴이나 대학생들의 도움을 받는 게 가장 현실적 대안일 것이다.

포커스 그룹을 대상으로 인터뷰하거나 직접 리서치를 수행하는 경우 《실전 소셜 마케팅》(*Hands-On Social Marketing: A Step-by-Step Guide*)과 같은 서적들을 참고하면 좋다. [5] 이메일을 통해 설문조사를 한다면 서베이몽키(www.surveymonkey.com)와 같은 설문조사 사이트를 활용해 보도록 하자.

비공식적인 방식도 있다. 가령 우리 단체의 직원, 의뢰인, 기부자들을 대상으로 조사해 보는 것이다. 또는 청중들과 직접 의견을 주고받으면서 소중한 정보를 얻을 수도 있다. 여러분이 만약 홈리스 보호소, 법률구제단체, 건강 클리닉 같은 조직에서 일한다면 "얼마나 오랫동안 여기 계셨습니까?", "뭐가 필요하십니까?"라는 질문을 던지고 그들의 반응과 태도를 통해 정보를 얻을 수도 있다.

기업체를 대상으로 기금을

설문조사 사이트
서베이몽키 (www.surveymonkey.com)

모으는 일을 한다면 "요즘 사업은 어떠십니까?", "직원들은 요즘 어떤 일에 관심이 많습니까?" 등의 가벼운 말을 주고받으면서 그들의 생각을 파악할 수도 있다. 기부자들을 방문하거나 상담전화를 받는 업무를 한다면 그들의 말을 더욱 귀담아들어야 할 것이다. 그들의 일상생활과 최근에 일어난 사건, 그리고 우리의 제안을 어떻게 생각하는지 등을 귀 기울여 들어 보자. 이처럼 청중을 관찰하려는 노력만으로도 많은 정보를 얻을 수 있다.

청중이 모이는 곳이면 어디든 달려가야 한다. 미술관에서 일한다면 전시관에 들어서는 관람객들을 유심히 살펴보자. 그리고 '과연 어떤 부류의 사람들인가?'라고 질문해 보자. 직접 다가가 여러 가지 이야기를 나누면서 미술관에 왜 왔는지, 전시를 보고 나서 어떤 느낌을 받았는지 등을 물어보자. 청중이 온라인상에 모인다면 채팅방, 블로그, 웹사이트에 들어가서 직접 글을 읽어 보고 대화도 나누자. 특정 텔레비전 프로그램이나 잡지를 즐겨 본다면 우리도 찾아서 보도록 하자.

조사 과정에서는 우리가 어떤 정보를 원하는지 드러내지 않도록 조심해야 한다. 자칫하면 사람들이 우리의 의도를 간파하고 그에 맞게 대답을 바꾸어 버리기 때문이다. 안타깝게도 사람들은 대부분 자신의 생각과 행동을 솔직하고 정확하게 표현하지 않는다. 무엇이 행동을 변화시켰는지에 대해서도 분명히 알려 주지 않는다. 그것은 의사결정이 아주 복잡한 일련의 과정을 거쳐 이루어지기 때문이다. 그래서 본인조차 자신이 왜 그렇게 행동했는지 정확히 인식하지 못한다. 때로는 자신의 생각과 행동을 논리적으로 설명하기도 하지만, 그것은 진정한 이유라기보다는 자기 합리화일 가능성이 더 높다. 우리는 계속해서 '왜'

라고 묻지만 사람들은 정확한 답을 말해 주지 않는다. 게다가 현대인은 너무나 바쁘다. 대출 이자를 갚아야 하고, 다이어트를 해야 하고, 자녀들의 숙제를 도와주고, 주변 사람들에게 신경을 써야 한다. 이러한 잡다한 일들로 종종 밤잠을 설치기도 한다. 그리고 그들의 생각은 수많은 요인들로부터 영향을 받는다. 어제 벌어진 사건, 자신의 사회적·경제적 지위, 자존심 등이 지대한 영향을 미친다. 하지만 그러한 것들을 모두 자세하게 풀어서 설명해 달라고 할 수는 없는 노릇이다. 그들의 머릿속을 가득 채운 문제와 관심사를 알아내는 것은 우리가 해야 할 일이기 때문이다. 더 정확히 말해 그것은 바로 마케터들의 몫이다. 청중의 답변에 귀 기울이고 그들의 느낌에 관심을 가짐으로써 우리는 '왜'라는 질문에 정확한 답을 얻을 수 있다. 노련한 정신과 의사들은 우울증 환자에게 "왜 우울하십니까?"라고 묻지 않는다. 대신 병원을 찾아온 이유와 최근에 있었던 일들을 자연스럽게 이야기할 수 있도록 유도하고 그 속에서 해답을 찾아낸다. 그러면 환자는 진정한 관심을 받는다고 느끼면서 새로운 관점으로 자신의 삶을 돌아보게 된다. 이러한 접근방식은 실제로 많은 환자들에게 도움을 준다.[6]

목적이 다르긴 하지만 노련한 조사원 또한 정신과 의사처럼 움직인다. 앞서 살펴본 지나친 음주습관의 사례로 돌아가 보자. 우리는 포커스 그룹에 참여한 사람들에게 토요일 밤 왜 그렇게 술을 많이 마시는지 묻지 않았다. 대신 술을 마시면 어떠한 느낌이 드는지 자연스럽게 이야기하도록 이끌었다.

특히 술을 마실 때의 기분과 가장 흡사한 사진, 즉 웃는 아이, 해변에서 휴식을 취하는 여인, 하키 경기, 멋진 여성들에게 둘러싸여 웃고 있는 남자의 사진 중 하나를 고르게 했다. 이 과정을 통해 술을 너무 많이 마신다고 지적하지 않으면서 적당한 음주량에 대한 기준을 자연스럽게 제시하고자 했다. 말하자면 적당량의 음주로도 얼마든지 좋은 분위기에서 사람들과 즐거운 시간을 보낼 수 있으며(사진에 담긴 메시지처럼), 신체적인 에너지를 아끼고 몸매와 건강을 유지할 수 있다는 사실을 말하고 싶었다.

사람들은 자신의 행동에 대한 이유는 물론 앞으로 어떻게 행동할지에 대해서도 말해 주지 않는다. 물론 '옳은 일'이라고 생각되면 실천하겠다고 말하겠지만 그 말이 반드시 행동으로 이어지는 건 아니다.

많은 사람들이 이렇게 이야기한다. "올해는 반드시 운동을 시작할 겁니다." 하지만 어떤가? 생각과 행동에는 항상 큰 괴리가 있다. 그렇기 때문에 우리의 리서치 또한 이러한 괴리를 고려해야 한다.

만약 한 자동차 기업이 소비자들로 포커스 그룹을 구성하여 이렇게 질문한다고 하자. "4.3톤이나 나가는 군사용 차량을 타고 시내를 활주하고 싶으십니까? 그런 생각이 들지 않는다면, 이유는 무엇입니까?" 아마도 포커스 그룹 참가자들은 서로를 쳐다보다가 도대체 누가 그런 차를 원하겠냐고 물을 것이다. 그리고 자신은 절대 그런 차는 사지 않을 거라고 말할 것이다. 하지만 다른 사람보다 훨씬 크고 멋있고 지위가 높아 보이는 차를 타고 싶으냐고 질문하면 일부는 관심을 보일 것이다. 사실 이 같은 콘셉트로 탄생한 것이 바로 허머(Hummer)라는 트럭이다. 허머를 모는 것은 즐겁고 쉽고 인기를 얻고 보상을 가져다준다는 사실에 아마도 많은 사람들이 공감할 것이다.

리서치를 시작하면 각자의 일상생활이나 관심사항, 경험 같은 것을 물어보고 자연스럽게 이야기하도록 분위기를 이끌어 가자. 그런 다음 우리가 제시하는 이슈를 어떻게 생각하는지 물어보자. 우리의 생각과는 전혀 다른 결과를 얻을지도 모른다.

앞서 음주와 관련된 포커스 그룹 참여자들에게 처음부터 왜 그렇게 술을 많이 마시는지 물었다면, 술을 마시면 어떤 기분이 드는지 들을 수 없었을 것이다. 여러 사진 중 하나를 고르게 하고 술을 마실 때의 느낌을 자연스럽게 이야기하도록 유도함으로써 뜻밖의 정보를 얻을 수 있었다.

이와 비슷한 사례로 나는 허머 트럭, 아이팟, 그리고 4달러짜리 스타벅스 커피에 대한 사람들의 반응을 조사한 적이 있다. 우리는 이러한 제품이 나온다면 과연 마켓에서 팔릴지에 대해서는 묻지 않았다. 대신 이들 제품과 관련하여 안락함, 권력, 편의성, 사교성을 느낄 수 있다고 말하는 모습을 보면서 이 제품들이 사람들의 욕구를 충족시킬 만한 잠재성을 갖고 있다는 결론을 얻었다.

다섯. 가치를 공유하는 그룹 설정하기
우리는 리서치한 결과로부터 사람들의 공통적 가치와 욕구를 파악해야 한다. 대표적인 것으로 다음과 같은 것들을 들 수 있겠다. 휴식과 수면, 편리성, 안락함, 건강과 웰빙, 시간, 안전, 보안, 예측성, 통제, 즐거움, 재미, 흥미와 스릴, 성적 만족, 사랑, 우정, 위안, 참여, 자기 계발, 외모와 매력, 소유욕, 독립성, 프라이버시 준수, 성취, 스타일, 사회적 지위, 존경, 승인, 주의, 이익, 저축, 권력, 희망, 행복 등. 사람들의 말 속에서 이런 항목들은 특히 주목할 필요가 있다.

리서치를 통해 우리는 특정한 부류를 확인할 수 있다. 이를 가치공유 그룹이라고 한다. 이러한 그룹의 전반적인 특성을 파악함으로써 이들에게 특별한 방식으로 메시지를 전달할 수 있다.

앞서 살펴본 사례에서 청중의 범주를 구체적으로 정의하는 작업을 생각해 보자. 청소년 금연을 위한 '진실 캠페인'의 경우, 12~17세의 반항적인 청소년을 청중으로 정의했다. 우크라이나 단체들은 젊은 유권자와 기업가들을 목표 청중으로 삼았다. 이처럼 핵심 가치를 공유하거나 비슷한 유형의 보상을 원하는 사람들을 함께 묶음으로써 청중을 정의할 수 있다.

규모는 목표에 어느 정도 영향을 미칠 수 있는 수준이면 된다. 그리고 일정한 기준에 따라(가령 성별, 결혼 여부, 자녀 수, 연령, 소득, 직업 유형, 건강 상태, 종교, 민족 등) 그룹을 더욱 세분화하거나 아니면 다른 그룹과 합치도록 하자. 또 우리가 제시하는 이슈나 그들의 태도를 기준으로 다시 정리할 수도 있을 것이다. 이렇게 정의된 청중은 우리가 제시하는 행동을 실천할 수 있고, 우리에게 필요한 정보의 원천을 지니며, 정보를 얻기 위해 투자할 만한 가치가 있는 그룹이어야 할 것이다. 앞의 사례에서 나는 권력을 갈망하는 사람들에게 어필할 수 있는 자동차로 허머를 제시했다. 실제로 자동차 기업들은 소비자의 계층, 가치, 욕구에 따라 차별화 전략을 사용한다. 이를테면 안전성을 우선시하는 사람들은 볼보를 선택한다. 경제성을 따지는 사람이라면 현대를 주목할 것이며, 신뢰와 투명성을 중요시한다면 일본 브랜드를 선택할 것이다. 특권의식을 원하는 사람은? BMW가 될 것이다. 부자임을 뽐내고 싶은 사람은? 벤츠를 선택할 것이다.

그렇다면 공익단체들은 어떻게 청중에게 다가가야 할까? 우리는 동일한 가치를 공유하는 그룹을 대상으로 다가가야 한다. 우리의 주장이 왜 중요한지, 우리의 논리가 왜 더 우월한지에 대해 떠들어 댈 것이 아니라, 사람들의 욕망이 살아 숨 쉬는 감성적 영역으로 뛰어들어야 한다. 썰타는 매트리스와 스프링의 우수성을 내세우지 않았다. 대신 숙면을 유도하는 침대로 소비자를 유혹했다. 공익단체 역시 청중의 욕망과 가치를 통해 유혹해야 한다. 이를 위한 구체적인 방법은 앞으로 계속 다루어 보도록 하자.

여섯. 기록으로 남기기

자원봉사자든 대형 NPO 마케팅 관리자든 간에, 우리 모두는 자신이 얻은 소중한 정보를 기록으로 남기고 이를 함께 일하는 사람들과 공유해야 한다. 당연한 말처럼 들리지만, 지성을 자부하는 수많은 단체 및 인재들이 종종 이 점을 놓친다.

공익단체의 경우, 짧은 시간에도 수많은 직원들이 자리를 옮기고 위원회 멤버가 바뀌며 자원봉사자들이 들어왔다 나간다. 기금 마련을 위해 편지를 보내는 작업부터 초등학교와 관련된 캠페인에 이르기까지 나는 수많은 공익단체에서 일했다. 하지만 과거의 리서치 기록이나 마케팅 성과에 관한 자료가 잘 보존된 곳은 거의 없었다.

리서치 자료를 잘 정리하고 서로 공유할 수 있는 시스템을 갖춘다면 공익단체들은 지금보다 더욱 강력한 힘을 발휘할 수 있을 것이다. 그러므로 작업을 수행한 사람들은 다른 마케터들을 위해 반드시 자료를 기록으로 남겨 두어야 한다. 이러한 시스템이 강화될수록 공익단체의 마케터들은 캠페인의 성공 가능성을 높이고, 실수를 사전에 예방할 수 있다.

그들이 여러분의 노력을 이해하고 인정한다면 다음 리서치에서는 더 많은 예산을 확보할 수 있을 것이다. 특히 캠페인 전반에 영향을 줄 수 있는 내부 결정권자들에게는 조사 결과를 더욱 적극적으로 알릴 필요가 있다.

Interview 1

문제는 타깃을 제대로 설정하고
핵심을 건드리는 것!

크리스텐 그림

크리스텐 그림(Kristen Grimm)은 지뢰 설치에 반대하고 황새치를 보호하며 환경 친화적인 커피를 판매하는 등 다양한 공익사업을 실천한 인물이다. 그동안 다양한 분야에서 일하면서도 그녀의 접근방식은 한결같다. 그녀는 이렇게 말한다.

"우리는 청중과 그들의 삶을 이해해야 합니다. 그리고 사소한 일부터 요청을 시작해야 합니다. 사회적인 변화는 작은 일로부터 시작되기 때문입니다."

NPO를 위한 국제 컨설팅 기업 '스핏파이어 스트레티지'(Spitfire Strategies)의 대표이기도 한 크리스텐은 사회적인 혁신을 위해 평생을 달려 왔다. 인터뷰에서 그녀는 이렇게 털어놓았다.

"예전에는 로스쿨 진학을 꿈꾸던 평범한 아일랜드 역사학도였습니다. 하지만 공익사업에 한번 참여하고 나서 그 길로 빠져들게 되었답니다."

그녀는 미국의 공익단체인 '펜튼 커뮤니케이션'(Fenton Communications)의 인턴사원으로 사회에 첫발을 내디뎠는데, 결국 그 단체의 대표까지 맡게 되었다. 이후 '미국 베트남전 참전군인재단'(Vietnam Veterans of America Foundation)에서 일했고 최근에는 공익단체를 대상으로 의사소통에 관한 강연회와 세미나를 개최하고 있다. 인터뷰에서 크리스텐은 청중의 범주를 정하는 법과 관련하여 '황새치에게 평화를'(Give a Swordfish a Break)이라는 마케팅 캠페인 사례를 들려주었다.

Q. 목표 청중을 어떻게 정해야 할까요?
A : 가장 중요한 사실은 일반 대중은 결코 청중이 아니라는 점입니다. 우리는 한 번

에 하나의 마켓에만 주목해야 합니다. 예를 들어, 18~24세, 미혼, 대학을 졸업한 여성은 청중 범주가 될 수 있어요. 이 청중은 35~55세의 남성 청중과 확연히 다른 특성을 가지고 있을 겁니다. 물론 이 두 범주를 하나로 묶어서 다루는 것도 가능할 것이고요. 하지만 이러한 접근방식은 두 집단의 근본적인 차이를 무시한 막연한 시도입니다. 구체적으로 청중을 정했다면 다음은 가장 쉬운 일부터 시작해야 해요. 이를 통해 초기의 성공 가능성을 높이고, 조직 전반과 후원자들에게 강한 인상을 심어줄 수 있습니다.

만약 공정무역 커피의 홍보 업무를 맡았다면, 커피를 자주 마시고 커피에 많은 가치를 부여하는 여성 소비자들을 주목할 필요가 있을 겁니다. 실제로 미국 공정무역 시민단체인 트랜스페어 USA(TransFair USA)의 광고를 보면, 먼저 커피의 풍부한 맛을 강조하고, 그다음으로 커피 농부들을 돕는 방법을 이야기한다는 점을 발견할 수 있어요. 이는 매우 흥미로운 사실이죠. 라떼 한 잔에 3.52달러를 기꺼이 지불하는 여성 소비자들에게는 가장 먼저 커피의 품질을 강조해야 합니다. 이들은 우선 맛을 가장 중요하게 여기기 때문이죠. 다음으로는 이 커피가 공정무역 인증을 받은 제품이며, 커피를 즐기면서 훈훈한 마음까지 동시에 느낄 수 있다는 장점을 언급해야 하고요. 청중을 정하는 과정에서 놓치지 말아야 할 점은 바로 지역이 아니라 라이프스타일이란 거죠. 즉, 청중을 정하기 위해서는 비슷한 방식으로 살아가는 사람들을 발견해야 합니다. 하지만 NPO 대부분이 목표 청중을 너무나 막연하게 설정합니다. 서로 비슷한 가치를 공유한다면 그 규모가 작을지라도 변화를 이끌어내기에 충분한 힘을 갖고 있습니다.

Q. 공익단체들은 어떤 방식으로 리서치를 추진해야 할까요?
A : 우선 청중이 선호하는 텔레비전, 신문, 잡지를 보세요. 이런 매체에서 나오는 광고를 통해서 많은 정보를 얻을 수 있기 때문이죠. 이를 통해 청중에게 어떻게 다가가야 할지 실마리를 발견할 수 있지요. 소비자 광고의 전략은 아주 뚜렷합니다. 우리는 기업의 전략을 재빨리 간파하고 이를 우리의 사업에 도입해야 할 필요가 있습니다. 이를테면 유명 잡지들에 실린 광고를 살펴보면서 최신 유행을 파악할 수 있

죠. 미처 몰랐던 기업의 마케팅 콘셉트를 이해할 수 있고요. 오랜 시간 동안 계속 방영되는 광고가 있다면 특별히 주목하세요. 특정 광고가 오래 지속된다는 것은 그 광고가 핵심을 건드렸다는 뜻입니다. 그렇다면 우리는 이렇게 질문을 던져 봐야 합니다. "그 기업은 소비자들의 어떤 부분을 자극하고 있는가?"

한편 다른 단체의 리서치 자료를 살펴보는 것도 중요합니다. 기존의 자료를 적극 활용하세요. 아직까지도 많은 공익단체들이 이미 누군가가 예전에 한 것과 비슷한 리서치를 진행하죠. 하지만 주제가 비슷한 리서치를 통해서 우리는 충분히 많은 정보를 얻을 수 있습니다. 그러므로 어떤 자료들이 나와 있는지 미리 알고 있어야 합니다. 환경단체라면 수질에 관한 시민반응을 조사한 자료를 뒤져 볼 수 있을 겁니다. 우리는 직접 보고 들은 것을 항상 의심해 보는 자세를 가져야 합니다. 여론조사나 포커스 그룹에 참여한 사람들은 특정 행동을 하겠다 혹은 하지 않겠다고 말합니다. 이를테면 앞으로는 꼭 유기농 커피만 먹겠다고 합니다. 그러나 일상으로 돌아가는 순간 원래의 패턴으로 돌아가죠. 따라서 우리는 사람들의 머릿속으로 들어가고, 그들이 가는 곳을 쫓아다니고, 그들이 보는 모든 것들을 함께해야 합니다. 또 마켓에서 그들의 행동을 면밀히 관찰해야 하고요. 예전에 한 설문조사기관이 소니의 휴대용 카세트에 대한 소비자 반응을 알아보기 위해 젊은이들로 구성된 포커스 그룹을 조사한 적이 있습니다. 그 자리에서 참가자들은 노란색 제품이 가장 획기적이라고 만장일치로 대답했죠. 하지만 조사를 마치고 카세트를 선물로 나누어 줄 때, 모두 검정색을 선택했습니다. 우리는 사람들의 말이 아니라 최종적인 행동에 주목해야 합니다.

Q. 청중에 대한 이해가 큰 역할을 발휘한 캠페인 사례가 있나요?
A : 보스턴의 낙태옹호단체 '내럴'(NARAL Pro-Choice America)에서 젊은 여성 회원을 모집하는 캠페인에 참여한 적이 있어요. 요즘의 젊은 여성들은 임신과 출산에 관해 기성세대와 다른 모습을 보이죠. 우리는 이런 측면을 적극 반영하기로 했습니다. 한편으로 그들은 투쟁적인 분위기를 좋아하지 않습니다. 주류문화에 속하기를 원하며 유행에 민감하지요. 또한 소비자로서 선택과 권리를 중요하게 생각합니다. 이

모든 측면을 반영하여 우리는 '선택은 언제나 스타일로부터'(Choice Is Always in Style)라고 슬로건을 결정했죠. 그리고 다양한 스파, 의류매장, 카페들과 제휴했어요. 젊은 여성들은 이런 장소를 좋아하며 여기서 유행하는 스타일에 많은 영향을 받기 때문이죠.

'황새치에게 평화를'이라는 캠페인 역시 대단했습니다. 기존의 접근방식은 황새치의 남획 실태를 고발하는 연구보고서를 발표하는 게 전부였을 겁니다. 하지만 이러한 전통적인 접근방식은 관련 기업들의 반발을 자극하고, 기껏해야 〈뉴욕타임스〉 한구석을 차지하는 기사로 끝났겠죠. 그러나 해양보호단체인 씨웹(SeaWeb)과 천연자원보호협회(Natural Resources Defense Council)는 황새치가 최종 소비자에 이르는 과정에서 가장 큰 결정권을 가진 사람이 누구인지를 먼저 고민했습니다. 그리고 레스토랑의 요리사들이라는 결론을 얻었습니다.

그들은 뉴욕에 있는 유명 레스토랑의 요리사들을 모아 놓고, 앞으로 황새치 요리는 가급적 취급하지 말아 줄 것을 당부했어요. 말하자면 이야기의 소재를 환경이 아니라 음식으로 전환하였죠. 그동안 황새치 요리를 즐겨 먹던 소비자들도 캠페인에 많은 관심을 갖기 시작했습니다. 그리고 여기에 점차 더 많은 요리사, 크루즈 선박, 잡지들이 동참했습니다. 이 캠페인의 위력은 지금까지도 이어지고 있습니다. 소비자들은 이제 레스토랑에 가서 이렇게 묻습니다. "이거 먹어도 되는 생선인가요?"

Interview 2

놀라워라! 리서치의 위력

잭 피요크

잭 피요크(Jack Fyock)는 사람들의 머릿속에서 놀라운 정보를 끄집어내기 좋아하는 사회심리학자다. 그는 의료보험 제도에 대한 은퇴자들의 의견에서부터 TV에 집착하는 십대 소녀들의 의견에 이르기까지, 다양한 주제에 걸쳐 획기적인 사실을 발견하는 작업을 하고 있다.

"제가 가장 사랑하는 일은 공익단체의 목표와 청중의 생각 사이에 존재하는 괴리를 밝혀내는 작업입니다. 이 둘은 완전히 다른 세상에 살고 있습니다. 심리학의 연구결과를 보면 우리의 직관은 틀릴 수도 있습니다."

직관을 깨버리기 좋아하는 피요크는 컨설팅 업체인 '베어링 포인트'(Bearing Point)와 '마켓 스트레티지'(Market Strategies)의 선임관리자로서, 미국의 노인의료보험 및 저소득층의료보험 제도(Medicaid) 센터의 사회과학적인 리서치를 맡았다. 이 인터뷰에서 피요크는 '진실한 생각'이라는 세상에서 가장 알기 어려운 것을 발견하는 방법을 알려 준다.

Q. 조사 과정에서 가장 힘든 부분은 청중이 자신의 생각을 정확하게 표현하지 않는다는 점일 겁니다. 어떤 해결책이 있을까요?
A : 사회심리학 강의를 시작하면 저는 3주 동안 학생들에게 '사람들은 자신이 그렇게 행동한 이유를 정확히 모르고 있다'는 사실을 강조합니다. 사람들을 움직이는 동기를 파악하려 할 때 그들의 대답에만 의존하지 말라고 당부하죠. 우리가 받은 설문지를 액면 그대로 신뢰할 수 없기 때문에 우리는 이야기를 끌어내야 합니다.

저는 한 개인의 생각을 전반적으로 그려 보기 위해 다음과 같은 방법을 활용합니다. 포커스 그룹 참여자들에게 네모난 형태의 '대화상자'와 구름 모양의 '생각상자'가 그려진 종이를 나누어 줍니다. 만약 포커스 그룹이 당뇨병 환자들로 구성되어 있다면 이렇게 질문을 던집니다. "친한 친구가 당뇨병에 걸리면 생활에 어떠한 변화가 일어나는지에 대한 물음에 어떻게 대답하시겠습니까?" 그리고 이렇게 설명을 해줍니다. "친구에게 들려주고픈 말을 먼저 대화상자에 쓰고, 다음으로 실제 생각하는 바를 생각상자에 쓰도록 하세요."

'생각상자'라는 간단한 아이디어는 사람들의 마음을 여는 놀라운 힘이 있습니다. 대부분의 사람들은 생각상자에 솔직한 의견을 적습니다. 아마 주제로부터 한 걸음 떨어져서 '객관적인' 시선('여기 적은 것은 원래의 내 생각이 아냐')으로 자기 생각을 바라보기 때문일 겁니다. 대단히 놀라운 현상이죠.

우리는 최근 만성질환 환자를 간호하는 이들을 대상으로 똑같은 방법을 시도해 봤습니다. 그들은 생각상자에 솔직한 의견을 적었죠. 모두 자신의 일을 힘들고 우울하며 죽음을 그저 바라보는 것이라고 생각하더군요. 우리는 만성질환자 간호 개선 프로그램의 새로운 명칭을 짓도록 하고 다시 생각상자를 나누어 주었습니다. 그들이 써낸 것 중에는 '건강지원'(health support) 혹은 그냥 '지원'(support)이라는 단어가 들어간 명칭이 가장 많더군요. 자신의 업무를 설명하는 가장 적합한 단어로 그들은 '지원'을 생각하고 있었던 겁니다.

리서치의 장애물은 바로 우리의 편견입니다. 리서치를 마칠 무렵 사람들은 대부분 이렇게 말했습니다. "물론! 당연히 '지원'이라는 단어를 써야 하겠죠?" 하지만 처음 이야기를 나눌 때 그들은 '지원'이라는 용어를 별로 좋아하지 않았어요. 리서치 결과를 말할 때, 사람들에게 결과를 한번 맞춰 보라고 합니다. 대개의 경우 정답을 맞히지 못할뿐더러 완전히 엉뚱한 대답을 내놓기도 하죠. 그러면서도 결과를 알려주면 모두들 이렇게 이야기합니다. "당연히 그럴 줄 알았어!"

훌륭한 리서치 결과는 종종 상식적인 것처럼 보입니다. 하지만 조사가 끝나기 전까지는 아무도 그 쉬운 대답을 맞추지 못합니다.

Q. 리서치를 위해 어떤 사람들을 선택해야 하죠?

A : 저는 행동을 실천한 사람과 그렇지 않은 사람 둘 다 주목합니다. 두 부류를 비교함으로써 차이점을 파악할 수 있으니까요. 예를 들어, 당뇨병 환자들을 대상으로 관리를 제대로 하는 사람과 그렇지 않은 사람, 두 부류를 비교 조사한다고 생각해 봅시다. 특별히 관리를 하지 않는 환자들도 상태가 악화되어 입원 치료를 받고 난 이후에는 당뇨병 관리에 많은 관심을 기울이게 됩니다.

예전에 혈액희석제(blood thinner) 복용에 대해 당뇨병 환자들의 반응을 조사한 적이 있습니다. 적극적으로 자신을 관리하는 환자들은 정기적으로 혈액검사를 받고, 약을 거르지 않고 복용하며, 자신의 병과 관련된 전문 용어를 많이 사용하고 ("INR 수치가 3.2라서 의사가 복용량을 줄이라고 하더군"), 혈액희석제를 복용하는 이유에 대해서도 정확하게 알고 있더군요. 반면 수동적인 환자들은 혈액테스트도 받지 않고, 약 먹는 것을 자주 잊어버리며, 의학용어는 거의 사용하지 않는 것으로 나타났죠(이를테면 "의사가 내 혈액이 너무 묽다고 하더군"). 그들은 혈액희석제를 복용해야 하는 이유에 대해서도 '한 번도' 들은 적이 없고, 혈액희석제는 '독약'에 불과하다고 여기더군요. 하지만 적극적인 환자들은 혈액희석제가 '마음의 평화'를 가져다준다고 말했지요. 두 그룹이 이렇게 다른 이유는 무엇일까요? 이것이 단지 학력이나 기타 인구통계학적인 요인으로 보이지는 않습니다.

적극적인 환자 그룹은 혈액희석제를 복용하게 된 계기로 건강 상태가 심각하게 악화된 경험을 꼽고, 수동적인 환자들은 그들이 왜 혈액희석제를 복용하고 있는지 잘 모르겠다고 말합니다. 이들의 말을 종합해 보면 수동적인 환자들은 아직까지 위기의 순간을 경험하지 못했기 때문에 혈액희석제를 복용하지 않고 있다는 결론에 도달할 수 있습니다. 이를 통해 우리는 어떻게 하면 수동적인 환자들이 혈액희석제를 정기적으로 복용하게끔 만들 수 있을지 실마리를 얻었습니다.

Q. 조심해야 할 함정은 뭘까요?

A : 인간의 행동은 복잡합니다. 그렇기 때문에 리서치를 통해 인간의 행동을 파악하기가 대단히 어렵다는 점을 이해해야 하죠. 포커스 그룹 조사에서 흔히 저지르는 실

수는, 참석자들에게 미칠 영향은 고려하지 않은 채 직접적으로 우리의 주제를 이야기하는 겁니다. 이 방식은 참석자들에게 많은 영향을 줄 수 있어요. 사람들은 누구나 긍정적인 모습을 보여 주고자 하거든요. 참석자들이 주제를 눈치 채면, 자신의 느낌보다는 '올바르다고 생각되는' 대답을 하려는 경향이 있지요. 이를테면 자신의 생각이 아니라 사회규범에 맞게 이야기하려 들죠.

한 포커스 그룹 조사에서 참석자들이 요양보험을 주제로 토론하는 것을 본 적이 있는데, 그들에게 부모의 유산에 관심이 있는지를 물었습니다. 모두 그렇지 않다고 대답했지만 그것이 그들의 진정한 생각인지 아니면 낯선 사람에게 '좋은' 모습을 보이고자 하는 가식적인 말인지 구별해 내기는 힘들어요. 이런 주제라면 포커스 그룹 방식보다 일 대 일 심층 인터뷰가 더 효과적이지 않을까요?

Q. 조사 과정에서 겪은 특별한 경험이 있다면?
A : 몇 년 전 건강보험에 관한 주요 사안 및 문제와 관련하여, 노인의료보험금 수령자를 돕는 단체의 자원봉사자들을 대상으로 포커스 그룹 리서치를 한 적이 있습니다. 그들에게 어떤 점에서 보람을 느끼는지 물었죠. 노인들이 건강보험 프로그램에 등록하여 수천 달러의 금액을 지원 받도록 도와주고 조제 할인카드 발급을 도와줄 수 있다는 등의 대답이 나왔어요. 다음으로 질문의 방향을 좀 바꿔 보았습니다. "자원봉사 활동을 마치고 집으로 돌아오면서 가장 뿌듯한 것은 무엇일까요?"

놀랍게도 사람들은 이렇게 대답했습니다. "외로워하는 노인 분들과 함께 있어 주고, 그들이 좋아하는 모습을 보는 것입니다."

그들은 노인들의 친구가 되어 주는 일에 최고의 보람을 느끼고 있었죠. 다시 말해 그들의 대답처럼 지원금을 받게 하거나 할인카드를 발급해 주는 것보다 인간적인 외로움을 달래 주는 일을 더 의미 있게 느낀 겁니다.

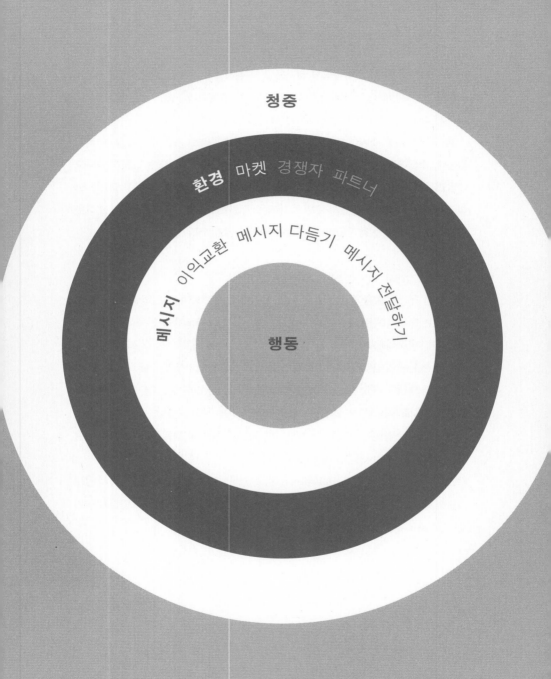

Chapter 3

마켓의 힘을
활용하라

The Village Square
React to the Forces at Work in the Marketplace

>>>→ **로빈후드 법칙 No.3 활용법** ←<<<

• 청중의 삶 속으로 들어가서 어떤 마켓 요인들이

  청중의 행동에 영향을 줄 수 있는지를 생각해 보자.

  그리고 목표달성에 기여할 수 있는 요인,

  협력관계를 가능하게 하는 요인,

  우리가 통제할 수 없는 요인들을 확인해 보자.

'다르게 생각하라'

아인슈타인, 사무엘 베케트, 마사 그레이엄, 밥 딜런, 마틴 루터 킹, 그리고 마리아 칼라스. 이 사람들의 공통점은 무엇일까? 애플 사에 따르면, 이들은 모두 '다르게 생각하는' 사람들이다. 1998년 애플은 브랜드 인지도를 높이고 매출을 끌어올리기 위해 각 분야에서 놀라운 성과를 이룬 사람들의 이미지로 광고를 만들었다.

광고 화면에는 창조성의 표본이라 할 만한 이 인물들의 얼굴이 나오고, 그 옆에 조그마하게 애플 사의 로고와 '다르게 생각하기'(Think Different)라는 짤막한 문구가 삽입되었다. 광고는 소비자들에게 단순하면서도 강한 인상을 주었고, 상도 받았다.

이 광고 뒤에는 야심찬 아이디어가 숨어 있다. 여기서 애플은 남과 다른 방식으로 인생을 살아오면서 성공을 거둔 유명인의 모습을 제시한다. 그리고 그들 옆에 애플 로고를 나란히 놓아둠으로써 애플의 기업 이념이 이들과 다르지 않다는 점을 강조한다. 실제로 애플은 우리의 삶을 변화시킬 수 있는 혁신적인 제품을 내놓았다. 맥 컴퓨터를 사는 것은 남과 다르게 생각하는 자유인이 됨을 의미한다.

이 광고는 특히 2가지 차원에서 주목할 만하다. 이는 1, 2장에서 살펴본 주제이기도 하다. 우선 애플은 광고대행사인 'TBWA/Chiat/Day'와 제휴를 맺고 구체적인 청중과 그들의 행동에 초점을 맞추었다. 이들은 애플의 현재와 미래 소비자들이 스스로를 스마트하고 창조적이며 남과 다르게 생각하는 사람이라 여긴다는 사실에 주목했다.

그리고 아인슈타인, 밥 딜런, 마틴 루터 킹과 같은 문화적 아이콘을 통해 소비자들의 생각을 시각적으로 제시했다. 이를테면 컴퓨터라는 제품 자체가 아니라 제품이 가져다주는 창조성과 아이디어, 소비자가 얻을 수 있는 가치에 집중한 것이다.

두 번째로, 이 광고는 마켓 요인을 활용하여 브랜드를 포지셔닝했다. 당시 애플은 컴퓨터 마켓에서 보잘것없는 존재였다. 경쟁자들을 물리치기 아주 힘든 상황이었다. 하지만 애플은 예술적이고 독립적인 성향이 강한 소비자들에게서 새로운 브랜드를 포지셔닝할 수 있는 가능성을 발견했다. 그들은 이 가능성을 분석했고, 차별화된 브랜드 이미지를 구축하여 널리 알리기로 결정했다. 타 기업들과는 다른 자신만의 고유한 경쟁력을 부각시킴으로써 애플은 소비자와의 연결고리를 발견했다.

애플은 유리한 요인과 불리한 요인을 분석했다. 그리고 이를 바탕으로 전략을 완성했다. 3장에서 우리가 훔칠 보물은 마켓을 파악하고 활용하는 기술이다.

로빈후드 법칙 3

마켓 요인을 이해하고 대처하자. 청중의 행동에 영향을 미치는 요인들을 파악하고 이를 적극적으로 활용하자.

마켓은 마케팅 화살촉의 중심부를 차지한다. 마켓은 청중이 움직이는 공간이자 우리가 영향력을 발휘해야 할 무대이기도 하다. 때문에 마켓을 정확하게 이해해야 한다. 또한 마켓은 경쟁자들과 잠재적인 협력자들이 숨어서 우리를 기다리는 곳이기도 하다. 4, 5장에서도 계속

해서 주요한 마켓 요인을 다룰 것이다.

마켓

마켓은 수많은 메시지들로 가득하다. 이러한 마켓에서 단번에 청중의 관심을 이끌어낼 수 있는 조직은 없다. 수많은 환경적인 요인들이 복잡한 방식으로 청중, 목표, 프로젝트, 메시지에 영향을 주고 있으며, 우리는 이러한 공간에서 일해야 한다. 애플과 같은 뛰어난 기업은 다양한 마켓 요인을 지혜롭게 활용하여 꾸준히 매출을 늘려 나간다.

공익단체들 역시 목표를 달성하기 위해서는 마켓 요인을 정확하게 파악해야 한다. 다양한 마켓 요인은 우리의 영향력을 약화시키기도 하고 강화시키기도 한다. 그리고 청중과의 관계에 큰 영향을 미치고 우리 단체의 정당성과 투명성을 높이거나 낮추기도 한다. 기금 마련 캠페인 역시 마켓 요인으로부터 도움 또는 방해를 받는다. 마켓을 보다잘 이해할수록 마켓에 영향을 주는 요인을 활용할 가능성은 더욱 높아진다.

지금부터는 우리를 둘러싼 마켓 요인들을 일상적인 상황 속에서 바라보도록 하자. 지금 자동차로 고속도로를 달린다고 상상해 보자. 속도에 영향을 미치는 요인에는 어떤 게 있을까? 첫째, 앞 장에서 다룬 나의 개인적인 상황과 가치관을 들 수 있다.

예를 들어, 뒷좌석에 아이들이 있다면 아우토반을 달리듯 차를 몰지는 않을 것이다. 안전속도는 나와 가족의 소중한 생명과 직결된다는 사실을 잘 알고 있기에 가능한 한 조심스럽게 운전할 테니까. 하지만 혼자서 차를 몰거나 입사면접 시간에 늦을지 모를 상황이라면 앞의 마음을 떨쳐 버리고 속도를 높일 것이다. 옆자리에서 어머니가 잔소리를 한다면 더 세게 엑셀을 밟을지도 모른다(물론 당시 어머니와의 사이가 어떠한가에 따라 다르겠지만).

그 밖에 다른 요인들도 차의 속도에 영향을 준다. 특히 고속도로 속도제한과 같은 법률 규정은 직접적인 영향을 주는데, 속도측정계를 들고 있는 경찰관이 저만치에 보인다면 속도를 재빨리 늦출 것이다. 반면 속도를 높이게 하는 요인들도 있다. 가령 다른 차들이 쏜살같이 내 차를 추월하면 나 또한 속력을 더 낼 것이다. 반대로 갑자기 폭풍우가 몰아쳐서 앞이 잘 보이지 않는다면 속도를 줄일 것이다.

여기서 속도에 영향을 주는 다양한 요인은 마켓을 움직이는 요인들과 비슷한 작용을 한다. 이제 우리 단체가 고속도로 제한속도를 준수하도록 촉구하는 캠페인을 벌이고 있다고 상상해 보자. 그렇다면 우리는 다음과 같은 요인들을 검토해야 할 것이다.

인구통계적 요인 ▌ 습관적으로 과속하는 사람들은 어떠한 부류인가? 그 사람들 사이에서 인구통계적인 공통점을 발견할 수 있는가? 자가용으로 출퇴근하는 남성 중 과속하는 사람이 점점 늘고 있다면, 이들을 십대나 트럭 운전자들과는 다른 별도의 청중으로 분류하여 그들에 맞는 차별화된 마케팅 접근방식을 생각해야 한다.

라이프스타일 ▌ 우리의 목표 청중은 시간에 쫓기고, 가정 중심적이고,

젊고, 조심성이 없고, 항상 피곤함을 느끼며 하루를 살아가는 사람들인가? 그들의 라이프스타일은 운전습관에 어떤 영향을 주는가?

사회적 · 문화적 요인 ▮ 어떤 사회적 · 문화적 요인이 운전습관에 영향을 줄 수 있을까? 이를테면 가족에 대한 걱정을 꼽을 수 있다. 다른 운전자들의 습관도 많은 영향을 줄 것이다. 나는 내내 1차선에서 150km/h로 질주하면서 주위의 따가운 눈총을 받고 싶지는 않다. 다른 차량들과 보조를 맞추는 스타일이다. 반면 과속 운전자들은 어떤 생각을 갖고 있는가? 어떻게 하면 그들의 생각에 영향을 줄 수 있을까?

건강 ▮ 안전운행을 하는 이유는 사고예방을 위해서다. 운전하는 내내 이런 생각을 하는 것은 아니지만, 안전에 대한 의식은 분명 속도를 줄이는 중요한 요인 중 하나다.

자연적 요인 ▮ 자원의 공급 상황, 환경, 재난은 운전자들에게 큰 영향을 미친다. 폭풍우가 휘몰아치거나 도로에 얼음이 얼 때, 운전자들은 속도를 줄인다.

경제적 요인 ▮ 지갑 사정 또한 중요한 요인이다. 예를 들어, 휘발유 가격의 상승은 운전습관에 큰 영향을 준다.

제반시설 ▮ 도로 여건이 좋지 않을 때 운전자들은 조심 운전을 한다. 자칫하면 차선을 범해야 하는 상황도 발생하기 때문이다. 진입램프를 알려 주는 노면표지 역시 운전자들에게 주의를 준다.

교통법규 ▍ 속도규정과 경찰관의 존재는 자동차의 평균속도에 큰 영향을 준다. 당근도 필요하지만 때로는 채찍도 필요한 법이다.

과학적 요인 ▍ 과속이 교통사고율을 크게 높인다는 조사 결과는 운전자들이 보다 조심스럽게 운전하도록 만들 수 있다. 이런 이유로 공익단체들은 캠페인에 영향을 줄 수 있는 여러 조사기관과 협력을 맺고 있다. 그들은 새로운 연구결과를 항상 유심히 관찰한다.

기술적 요인 ▍ 과속방지 카메라 역시 직접적인 효과가 있다. 우리는 더 많은 지역에 카메라를 설치하도록 경찰청에 요청할 수 있다.

정치적 요인 ▍ 과속 문제에 영향력을 행사할 수 있는 인물은 누구이며, 그의 관심사는 무엇인가? 다음 선거를 대비해 특히 어떠한 이슈에 신경을 쓰고 있는가? 1970년대 오일쇼크 이후 속도제한은 90km/h였다. 그러나 이후 수십 년 동안 제한속도는 계속해서 완화되었다. 정치인들의 선거공략이 그 과정에서 크게 기여했다.

언론 ▍ 언론의 주요 관심사를 분석해 보자. 만약 언론이 휘발유 가격이나 SUV의 안전도에 관심이 있다면, 속도 줄이기 캠페인에 언론을 활용할 수 있을 것이다.

기업 ▍ 성공적인 공익단체들은 기업을 적이 아니라 친구로 생각한다. 볼보나 미쉐린과의 협력을 통해 우리는 더 많은 사람들에게 안전운전에 관한 메시지를 전달할 수 있을 것이다.

경쟁 ┃ 우리 단체 말고 또 어떠한 단체가 차량 속도와 관련된 캠페인을 벌이는가? 그리고 그들은 우리 청중에게 어떠한 영향을 미치는가? 자동차기업연합이 속도제한을 완화하기 위해 정치적인 로비를 벌인다면 우리는 그들과 경쟁해야 할 것이다. 하지만 그들이 운전자 안전을 홍보한다면 협조해야 할 것이다.

과일과 채소 먹기 캠페인

이제 실제 사례로 넘어가서 마켓 요소를 활용한 과일과 채소 먹기 캠페인을 살펴보자. 1980년대 후반 캘리포니아 보건국은 암 예방 차원에서 '국립암연구소'(National Cancer Institute)를 통해 식습관 개선 캠페인을 추진했다. 국립암연구소는 가장 먼저 청중을 정하고 과일과 채소를 하루에 다섯 접시씩 섭취하는 것을 목표로 세웠다. 이러한 식습관이 건강에 큰 도움을 준다는 과학적인 연구결과도 이미 나와 있었다.

하지만 암을 예방하기 위해 과일과 채소를 매일 다섯 접시씩 먹자는 주장은 청중의 마음에 직접 와 닿지 않았다. 인구통계적·경제적·라이프스타일적인 요인으로 인해, 사람들은 과일과 채소를 하루에 평균 3접시 정도 먹는 것으로 나와 있었다. 또한 자녀를 키우는 부모가 채소와 과일을 구매하고 이를 식탁에 준비하는 데 들이는 시간과 노력이 예전에 비해 많이 줄어든 것으로 나타났다.

과일과 채소를 가정에서 먹으려면 준비하고, 씻고, 껍질을 벗기는 과정에 많은 시간이 들어가기 때문에 사람들은 이보다 패스트푸드를 더 선호했다. 물론 사람들은 과일과 채소가 햄버거보다 몸에 좋은 것을 잘 안다. 하지만 햄버거는 과일과 채소에 비해 가격도 싸고 간편하다는 장점이 있었다.

이 밖에 사회적 요인 또한 있었다. 대부분의 사람들은 과일과 채소를 하루에 다섯 접시나 먹는 사람은 아마 거의 없을 거라고 생각했다. 그렇게 먹는 사람들은 건강 마니아들일 거라고 여겼다.

국립암센터는 캠페인의 이름을 '하루에 다섯 접시'(The Five a Day for Better Health) 라고 지었다. 그리고 청중의 식습관에 영향을 미치는 여러 요인들을 적극 활용하고자 했다. 우선 편의성 및 시간과 관련 있는 라이프스타일을 분석하고, 현재 라이프스타일을 바꾸지 않고서도 과일과 채소를 많이 섭취할 수 있는 방법을 고민했다. 즉, 일상생활에서 자연스럽게 2인분을 추가할 수 있는 방안에 초점을 맞춘 것이다. 그래서 '과일과 채소: 원조 패스트푸드'라는 슬로건을 만들었다.

국립암센터는 일반 기업들이 캠페인에 많은 도움을 줄 수 있다는 사실을 잘 알고 있었다. 물론 맥도날드와 같은 패스트푸드 업체들은 아니겠지만, 캠페인에 도움이 되는 기업들도 분명 많았다. 이를테면 농산물을 생산하고 판매하는 기업들은 이 캠페인의 최고 수혜자가 될 수 있었다. 그래서 국립암센터는 농산물 업체들을 파트너로 활용하기로 결정했다.

이 전략은 유효했다. 이후 그들은 농산물 업체들과의 협력을 통해 '건강증진을 위한 생산자 협회'(Produce for Better Health Foundation)를 설립하고 이를 미국 전역으로 확대해 나갔다. 나중에 이 협회는 국민 건강을 위한 미국 최대의 민관합동 기구로 성장했다(5장에서 이 협

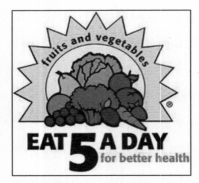
국립암센터의 캠페인 '하루에 다섯 접시'
(The Five a Day for Better Health)

회 설립에 기여한 인물을 만나 경험을 들어 볼 것이다).

협회는 간편한 포장, 전자레인지용 제품, 간단한 요리법, 오렌지 주스 한 잔 등을 통해 손쉽게 2인분을 추가할 수 있는 대안을 제시했다. 그리고 식품매장, 카페, 가정을 대상으로 '간편한', '신속한'과 같은 표현을 활용해 캠페인의 이미지를 널리 알렸다.

2000년, 국립암센터가 캠페인의 성과를 평가해 보니 국가 전체적으로 과일과 채소의 하루 섭취가 3.9인분에서 4.4인분으로 증가했으며, 하루 권장량이 다섯 접시라는 사실을 아는 사람들도 4배 가까이 증가했다는 사실을 확인할 수 있었다. 어린이들의 하루 섭취량도 3.1인분에서 3.4인분으로 증가한 것으로 밝혀졌다. 즉, 어린이들도 당근과 사과 소스를 더 많이 먹게 되었다는 뜻이다.

로빈후드 법칙, 이렇게 활용하자

청중과 함께 움직이기

청중은 행동에 영향을 주는 마켓 요인들과 하루에도 수차례 마주친다. 리서치를 해도 이들 중 일부만을 파악할 수 있다. 마켓 요소를 파악하는 것은 전적으로 우리의 몫이다. 이를 위해 우리는 청중을 가까이서 바라보면서 정보의 조각을 완성해야 한다. 청중이 어떤 일을 경험하고 어떤 정보를 받아들이는지 알아내기 위해 그들과 관계있는 기업이나 단체에 전화를 걸거나 직접 찾아가 보아야 한다. 그리고 그들이 읽고 보고 듣는 것을 그대로 따라해야 한다.

하나. 마켓 요인들의 목록 만들기

청중에게 영향을 주는 마켓 요인들의 전반적인 형태를 파악할 필요가 있다. 이를 위해 다음의 요인들을 살펴보자.

인구통계적 요인 ▌ 청중의 규모를 결정하는 인구통계적 요인에는 어떤 것들이 있는가? 그 요인들은 우리의 활동에 어떤 영향을 미칠까?

라이프스타일 ▌ 청중의 라이프스타일을 이해한다면 그들에게서 어떤 행동을 이끌어낼 수 있는지, 그 가능성은 어느 정도인지 가늠할 수 있다.

사회적·문화적 요인 ▌ 어떻게 하면 청중 전체에 영향을 줄 수 있을까?

건강 ▌ 우리 캠페인이 청중의 건강과 직접적으로 관련이 있다면 행동을 이끌어낼 수 있는 가능성은 더욱 높아진다.

자연적 요인 ▌ 우리 활동에 대한 청중의 관심에 영향을 주는 자연적·환경적 요인에는 어떤 것들이 있는가? 만약 우리가 수질보호를 홍보하는 단체라면, 가뭄은 우리 활동에 많은 도움이 되는 반면 홍수는 방해가 될 것이다.

경제 ▌ 청중이 우리가 제안하는 행동을 실천할 수 있는 현실적인 여유가 있는지에 항상 주목하고, 행동에 들어가는 비용을 절감할 수 있는 아이디어가 있다면 이를 적극 제시하자.

제반시설 요인 ▌ 전반적인 시설 상황은 어떠한가? 청중의 행동에 도움을 주는가? 아니면 방해가 되는가?

법률과 규범 ▌ 법률과 제한이 있는가? 또는 청중들의 생각이나 행동에 영향을 주는가?

과학적 요인 ▌ 많은 공공단체들이 다양한 리서치를 통해 주목받고 있다. 하지만 그들의 주장과 상반되는 연구결과가 나올 경우에도 즉각 대처할 수 있는 준비가 되어 있어야 할 것이다.

기술적 요인 ▌ 우리의 영향력을 강화하거나 혹은 방해할 수 있는 최근의 기술적 변화에는 무엇이 있는가?

정치적 요인 ▌ 정치판은 요새 어떻게 흘러가고 있는가?

언론 ▌ 현재 사회적 분위기에 대해, 최근 관심사에 대해, 그리고 공익 단체들의 성공 가능성에 대해 언론들은 어떤 평가를 내리고 있는가?

기업 ▌ 우리가 성공한다면 어떤 기업들이 혜택을 볼 것인가? 그들과의 협력은 가능한가?

경쟁적 요인 ▌ 어떤 조직들이 우리 주장에 관심을 기울이는가? 그들은 우리 청중에게 얼마나 큰 영향을 줄 수 있는가?

둘. 마켓에 미치는 영향력에 따라 분류하기

이 중에서 영향이 큰 요인들을 모아 따로 목록을 만들어 보자. 예를 들어, 자연환경과 건강의 요소가 청중의 행동이나 캠페인에 크게 영향을 미치지 않는다면 과감히 제외하자. 이 같은 방식으로 영향력이 높은 요인들로 목록을 완성하자. 그런 다음 우리의 목표에 기여할 수 있고, 활용이 가능하고, 협력관계 구축에 도움이 되는 요인들로 다시 간추리도록 하자.

'하루에 다섯 접시' 캠페인은 '라이프스타일', '경제', '기업'을 최종적인 요소로 선별했다. 국립암학회가 이 요인들을 무시하고 그저 "건강에 좋으니 과일과 채소를 많이 드세요!"라는 일방적인 메시지를 전달하고자 했다면 좋은 성과를 거두지 못했을 것이다. 다행히도 이들은 청중의 라이프스타일 및 농산물 업체들의 협력관계를 캠페인에 적극 활용했다. 이 사례는 마켓 요인들이 캠페인에 얼마나 기여할 수 있는지를 보여 준다. 국립암학회는 라이프스타일과 같은 요인들이 어떻게 변해갈지에 대해서도 충분히 고려했다.

목표를 살짝 숨겨라

샤린 서튼

샤린 서튼(Sharyn Sutton)은 NPO들에게 "목표를 숨겨라"라고 외친다. 우리의 숭고한 목표에 자아도취하면 우리들이 다가가야 할 청중을 보고 듣고 이해할 수 없을 거라고 경고한다. 사회를 변화시키고 싶다면 설교하고자 하는 욕망을 억누르고, 청중과 마켓을 보고 배워야 한다. 그녀는 이렇게 말한다.

"죽음을 앞둔 사람들을 위한 간호 시스템 개선을 주제로 열린 컨퍼런스에서 마케팅 강의 요청을 받은 적이 있어요. 저는 열정만으로는 메시지를 전달할 수 없다는 다소 언짢은 내용으로 강의를 시작했죠. 그리고 이 질문을 던졌습니다. '아이들에게 더 좋은 교육 여건을 만들어주기 위해 여러분은 지금 무엇을 하고 있습니까? 오늘날 많은 학교들이 도움을 필요로 하고 있습니다. 우리 사회가 가장 신경을 써야 할 부분은 다름 아닌 교육입니다.' 이 말을 하고 나니 참석자들은 저를 이상한 눈으로 쳐다보더군요. 제가 번지수를 잘못 찾아 왔다고 생각하는 눈치였습니다. 우리는 우리의 말에 사람들이 모두 감동받을 것이라는 착각에 빠져 있습니다. 우리의 가슴이 떨리기 때문에 청중들도 그러하리라 믿습니다. 그렇지만 '진실'이라고 믿는 것은 저마다 다릅니다. 메시지의 설득력을 높이기 위해서는 우리의 진실이 아닌 다른 사람들의 진실을 이해해야 합니다."

서튼의 손에는 항상 스마트폰이 쥐어져 있다. 늘 활력이 넘치는 그녀는 실용적이면서도 체계적인 리서치를 통해 사람들마다 서로 다른 진실을 밝혀내는 일을 무척이나 사랑한다. 그녀는 이렇게 강조한다.

"리서치가 효과적으로 이루어지면 캠페인을 추진하는 과정에서 큰 도움을 받을 수 있습니다. 그리고 이를 통해 사람들마다 서로 다른, 특별하면서도 미스터리한 세상을 엿볼 수 있죠."

'수요자 중심의 보건정책 의사소통 모델'(consumer-based health com-munications model)에 대한 연구로 이름을 알린 서튼은 미국 사회의 주목을 받은 다양한 공익 캠페인들을 추진한 경험이 있다. 또한 그녀는 농산물 업체와 함께 '하루에 다섯 접시' 캠페인을 이끌기도 했고, 화장품 브랜드인 레브론(Revlon), 에이본(Avon)과 함께 '1년에 한 번 유방 X선 촬영하기'(Once a Year for a Lifetime) 캠페인을 추진했다. 그리고 디즈니, 스콜라스틱(Scholastic) 출판사와 함께 미 농림부 USDA의 '팀 뉴트리션'(Team Nutrition) 캠페인을 벌이면서 자신의 꿈을 실천하고 있다. 이 캠페인들은 모두 민관 합동의 형태로 다양한 마켓 요인을 활용하는 구체적인 사례들을 포함한다.

이번 인터뷰에서 그녀는 공익단체들이 치열한 마켓 속에서 살아남고 성공적으로 목표에 다가가는 구체적인 방안에 대해 이야기한다.

Q. 캠페인을 진행하는 동안 마켓 요인들은 어떤 영향을 미쳤습니까?
A : 국립암센터에서 근무할 때 저는 '1년에 한 번 유방 X선 촬영하기' 캠페인을 추진했습니다. 우리는 다양한 협력업체들에게 메시지를 전달했습니다. 영국과 스페인에서는 레브론과 협력하여 텔레비전 프로그램까지 제작했습니다. 그리고 에이본과 함께 모금행사를 추진하여 600만 달러라는 어마어마한 기금을 모았습니다. 또 지역의 풀뿌리 조직들과 힘을 합해 집단검진 및 교육 프로그램을 추진했습니다. 우리는 긍정적인 마켓 요인들을 적극 활용했지요. 보험회사들은 유방 X선 촬영 항목을 약관에 포함시키기 시작했고, 백악관은 유방암 대책 마련을 위한 회의를 소집하기도 했습니다. 법무부도 유방암 검진을 법률적으로 지원하는 방안을 모색하기 시작했습니다. 이러한 모든 노력의 결과 백인, 흑인, 히스패닉 여성들의 유방검진 건수는 캠페인 이후 2배로 증가한 것으로 나타났습니다.

Q. "목표를 숨겨라"에 관한 가장 좋은 사례를 한 가지 든다면?
A : 미 농림부와 함께 일할 때 저는 아이들이 몸에 좋은 음식을 더 많이 섭취하도록

이끄는 캠페인에 참여했습니다. 아이들에게 몸에 좋은 음식을 먹으라고 말하는 것은 아무런 의미가 없습니다. 이번이야말로 '우리의 목표를 숨겨야 하는' 캠페인이었습니다. 우리는 교육 프로그램 대신에 보다 현실적인 방식으로 어린이들에게 접근했습니다. 사실 아이들은 건강에 별로 관심이 없습니다. 물론 아이들도 불량식품이 몸에 안 좋고, 기름진 음식은 손에 묻고, 고기의 흰 부위는 지방덩어리라는 사실을 알고 있습니다. 그렇지만 아이들은 건강해지려고 음식을 먹지는 않습니다. 대신 키가 빨리 자라고, 힘이 세지고, 더 빨리 달리고, 활기가 넘치고, 머리가 좋아지는 데 도움이 된다고 하면 기꺼이 먹으려고 합니다. 그래서 우리는 캠페인 슬로건을 '쑥쑥 자라도록 많이 먹자'라고 만들었습니다. 하지만 농림부가 메시지를 전달해서는 효과가 없겠다는 생각이 들었어요. 우리는 디즈니와 협력했습니다. 디즈니는 아이들에게 메시지를 전달하는 노하우를 알고 있으니까요. 아이들은 〈라이온 킹〉에 나오는 티몬과 품바 캐릭터를 아주 좋아하지요. 이와 더불어 중요한 자료를 효과적으로 배포하기 위해 미국 최대의 아동교육 출판사인 '스콜라스틱'과도 협력을 맺었습니다. 이러한 협력관계를 통해 더 많은 아이들에게 메시지를 전달할 수 있었습니다. 캠페인 이후, 우리의 자료를 본 아이들이 건강한 음식을 더 많이 선택한다는 것을 확인할 수 있었지요. 이 과정에서 두 협력업체는 어린이들에게 메시지를 전달하는 탁월한 능력을 발휘했습니다. 이처럼 우리가 직접 청중에게 다가가기 어렵다면, 다른 메신저를 찾아보는 지혜를 발휘해야 합니다. 그리고 이러한 메신저 대부분은 공익단체가 아닌 비즈니스분야에서 발견할 수 있습니다.

청중

환경 마켓 경쟁자 파트너

메시지 이익교환 메시지 다듬기 메시지 전달하기

행동

Chapter 4

경쟁 우위를
확보하라

All for One and One for All-We Wish
Stake a Strong Competitive Position

>>>→ 로빈후드 법칙 No.4 활용법 ←<<<

• 경쟁력을 바탕으로 청중에게 초점을 맞춤으로써
  경쟁 우위를 확보하자.
• 경쟁 우위를 확보하려면, 강점에 기반을 두면서,
  이해하기 쉽고, 청중에게 의미가 있는 것이라야 한다.

'발을 빛나게 하라'

미국 남성들 대부분은 집에 골드토우(Gold Toes) 양말 한 켤레씩은 가지고 있다. 골드토우 양말은 발가락 끝부분에 금색 장식이 되어 있다. 여성용 흰색 스포츠 양말도 마찬가지다. 흥미로운 사실은 미국 내 백화점에서 팔리는 남성 양말 가운데 절반 이상이 골드토우 브랜드를 달고 있다는 것이다. 남성, 여성 및 아동용을 모두 합하면, 골드토우는 해마다 무려 1억 4천만 켤레의 양말을 생산하고 있다. [1]

미국의 양말 마켓에서 골드토우는 어떻게 이토록 강력한 위치를 확보하게 된 것일까? 그것은 바로 그들의 확실한 경쟁력 때문이다. 골드토우라는 브랜드는 미국 소비자들로 하여금 품질이 뛰어나고 오래 신는 양말을 떠올리게 한다. 실제로 꽤 오래 사용해도 잘 해지지 않는 골드토우는 경기 침체기에 양말 마켓에 뛰어들었다. 그들은 발가락이 있

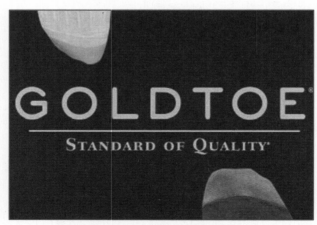

미국의 대표적인 양말 브랜드 골드토우

는 부분에 아이리시 리넨 소재를 덧대어 오랫동안 신을 수 있는 양말을 출시했다. 1930년대 당시 백화점 바이어들은 질기고 오래가는 골드토우의 우수성을 인정했지만, 정작 소비자들은 골드토우를 다른 브랜드와 구별하지 못했다. 그래서 이들은 기발한 아이디어를 냈다. 금색 아세테이트 실로 리넨 주위를 수놓기로 한 것이다. 금색 장식 덕분에 소비자들은 한눈에 골드토우를 구별할 수 있게 되었다. 이 아이디어는 결국 골드토우라는 이름을 탄생시켰다. 골드토우는 자신의 경쟁력을 잘 파악하고 있었고 기발한 아이디어를 통해 소비자들이 이를 금방 알아차리도록 했다. 그 결과 단숨에 미국 양말 마켓에서 3위로 등극했다. 요즘에도 백화점을 가보면 골드토우의 브랜드 파워를 실감할 수 있다. 검정이나 남색 일변도의 획일적인 남성용 양말 매장에서 골드토우는 단연 돋보인다.

골드토우는 "발을 빛나게 하라"고 외치고 있다. 이 장에서는 골드토우의 성공 전략을 살펴면서 경쟁 우위를 실현하는 방법에 대해 생각해보자.

로빈후드 법칙 4
청중의 마음속에 확고한 자리를 차지하자. 금실로 수를 놓듯이 우리의 경쟁력을 청중에게 널리 알리자.

3장에서는 마켓 요인을 파악하고 이를 활용하는 방법을 살펴보았다. 4장에서는 마켓 내 경쟁자들의 존재와 그들의 아이디어를 다루어

볼 것이다. 금색으로 수를 놓음으로써, 즉 스스로를 차별화하는 단 하나의 아이디어만으로도 우리는 치열한 경쟁 상황을 성공적으로 헤쳐나갈 수 있다.

누구를 위한 경쟁인가?

마케터들은 전쟁을 좋아한다. 그들은 마켓이라는 전쟁터에서 적군을 물리치고 고지를 점령하는 일을 사랑한다. 마케터들이 즐겨 쓰는 '무한 경쟁'이나 '목숨을 건 전쟁'이라는 표현을 요즘에는 공익단체들도 즐겨 쓴다. 마약과의 전쟁, 가난과의 전쟁, 암과의 사투, 담배기업과의 투쟁 등이 그 예다. 그러나 공익단체들이 전쟁 용어를 쓰기는 하지만 그 근본적인 시각은 아직까지 전쟁의 치열함에 미치지 못한다.

이러한 지적에 뜨거운 인류애를 품고 공익단체에서 활동 중인 사람들은 "세상을 위해 일하는데 경쟁이 어디 있느냐"며 항변할지 모른다. "교육 수준을 높이고 암을 이기도록 도와주는 숭고한 사업에 감히 어느 누가 반대할 수 있단 말인가? 우리의 일은 세상 사람들 모두의 소망이 아닌가?" 하지만 공익단체들이 활동하는 마켓은 아쉽게도 에덴의 동산이 아니다.

우리가 주목하는 사회적 이슈에는 다양한 이해관계가 복잡하게 얽혀 있다. 이러한 상황에서 우리는 비슷한 목표를 가진 다른 공익단체들과 경쟁을 벌인다. 물론 공익단체들은 서로 비슷한 가치관을 갖고 있다. 그럼에도 청중 및 후원자의 관심과 신뢰를 놓고 서로 경쟁해야 하는 입장이다. 기업은 이윤을 창출하기 위해 경쟁 상황을 면밀히 분석한다. 공익단체 역시 목표를 달성하고자 한다면 그들을 둘러싼 마켓 상황을 정확하게 이해할 필요가 있다.

> 다른 공익단체와 기업을 물리치는 것이 우리의 바람은 아니다. 우리의 진정한 목표는 스스로의 경쟁 우위를 파악하고 끊임없이 변화하며 차별화를 이루고, 파트너들과의 협력을 통해 청중의 마음속에 확고한 자리를 차지하는 것이다. 이를 통해 시간과 예산을 보다 효율적으로 사용할 수 있다.

공익단체들은 2종류의 전쟁에 참여해야 한다. 첫 번째는 자금을 위한 전쟁이다. 1940년대 후반만 하더라도 NPO의 수는 수천 개에 불과했다. 그러나 최근 그 수는 150만 개에 달한다. 1990년대 중반 이후로 NPO의 수는 매년 5퍼센트씩 증가하고 있다. 특히 공공보건 및 교육관련 단체들의 성장이 두드러진다. 그 증가율은 일반 기업 증가율의 2배가 넘는 수치다. [2] 그만큼 후원금을 위한 경쟁도 치열해졌다.

시간이 갈수록 사람들은 더 많은 단체로부터 기부 요청을 받는다. 따라서 공익단체들은 자신의 존재를 알리기 위해 보다 많은 노력을 기울여야만 하는 상황에 처했다. 아마도 우리는 스스로 생각하는 것만큼 특별한 존재가 아닐지도 모른다. NPO 전략가인 데이비드 라 피아나(David La Piana)는 이를 '믿음의 패러독스'(belief paradox)라고 부른다. 이 개념은 공익단체들 모두 자신은 특별한 존재라는 착각에 빠져 있음을 의미한다. 이와는 반대로 대중은 모든 공익단체를 똑같다고 여긴다. [3]

두 번째 전쟁은 청중의 관심을 둘러싼 경쟁이다. 공익단체들은 동일한 청중을 대상으로 함께 경쟁을 벌인다. 우리의 청중을 다른 단체에게 빼앗기지 않기 위해서 경쟁자들보다 한발 앞서 청중의 관심을 사로잡아야 한다.

이와 같은 전쟁에서 승리를 거두기 위해서는 막대한 자원이 필요하지만 대부분의 공익단체들은 자금사정이 여의치 않다. 때문에 아이디어가 필요하다. 좁아터진 마켓에서 서로 물어뜯고 싸우기보다 경쟁을 훌쩍 뛰어넘을 수 있는 획기적인 아이디어를 창조해야 한다. [4]

경쟁 범위 넓히기

그렇다면 자금과 청중이라는 두 전쟁터에서 우리와 싸우는 경쟁자는 누구인가? 결론적으로 말해서 우리가 이익을 얻을 때 손해를 보는 쪽은 모두 경쟁자인 셈이다. 하지만 보다 자세하게 들어가면 경쟁의 범주를 다음과 같이 4가지로 구분할 수 있다.

첫째, 자금, 인력, 청중을 놓고 비슷한 분야와 활동을 통해 경쟁을 벌이는 직접경쟁이 있다. 이는 가장 좁은 의미의 경쟁이라고 할 수 있다. 기업에서는 이를 '브랜드 경쟁'(*brand competition*)이라고 부른다. 브랜드 경쟁에서 기업들은 유사한 제품과 가격대로 다른 기업들과 경쟁을 벌인다. [5]

예를 들어, 코카콜라와 펩시 그리고 혼다와 토요타를 들 수 있다. 하지만 메르세데스와 유고(Yugo, 유고슬라비아의 저가 자동차 브랜드)는 브랜드 경쟁관계가 아니다. 브랜드 경쟁은 쉽게 확인이 가능하다.

국제원조 분야의 경우, 천주교봉사단(Catholic Relief Service)과 월드비전(World Vision)이 경쟁관계라는 사실은 분명하게 알 수 있다. 그리고 암 환자 권익보호와 관련하여 미국암학회(American Cancer Society)와 국립암극복연합(National Coalition for Cancer Survivorship)이 이러한 관계에 있다.

둘째, 서로 다른 성격의 공익단체들이 자금, 인력, 청중을 놓고 경쟁을 벌이는 간접경쟁이 있다. 공익단체들은 유사한 활동을 하는 다른 단체들과 경쟁을 벌이기도 하지만, 차원이 다른 단체들과도 경쟁한다. 이를 '산업경쟁'이라고도 한다.

일반 기업의 경우, 산업경쟁은 동일한 범주의 제품을 생산하는 모든 기업들 사이에서 나타난다. 이러한 의미에서 현대와 메르세데스도 경쟁관계에 있다. 자동차라는 동일한 제품을 만들기 때문이다. 천주교봉사단과 미국암학회 역시 산업경쟁 관계다. 이 둘 모두 공공의 이익을 위해 기금을 모으는 NPO이기 때문이다.

만약 여러분이 지역문제를 해결하기 위해 주민들에게 서명과 기부를 받고 있다면, 수은중독 문제를 위해 지역 가구를 방문하는 단체가 산업경쟁자가 되는 것이다. 그 단체에서 먼저 어떤 집을 방문했다면, 여러분이 그 집을 찾아갔을 때 문을 안 열어 줄 수도 있기 때문이다. 간접경쟁 속의 경쟁자들은 자금, 인력, 청중과 언론의 관심을 놓고 경쟁을 벌인다.

셋째, 보다 확대된 의미로 '유형경쟁'(form competition)이 있다. 유형경쟁에서 기업과 공익단체들은 사람들의 특정한 필요성과 욕망을 충족시키기 위해 경쟁적으로 제안을 한다. 기업의 경우, 소비자의 특정 욕구를 충족시키기 위한 다양한 제품들이 여기에 해당한다. 예를 들어, 자동차, 오토바이, 자전거, 손수레는 모두 유형경쟁 관계다. [6]

만약 여러분의 단체가 운동을 통한 체중조절 캠페인을 벌이고 있다면, 운동을 제외하고 날씬해질 수 있는 모든 방법들이 유형경쟁자가될 것이다. 소식, 웰빙 식단, 다이어트 식이요법, 살 빼는 약, 검은색옷이나 거들, 장 운동, 심지어 지방흡입이나 위장절제술까지 여기에해당된다.

마지막으로, '일반경쟁'(generic competition)이 있는데, 이는 사람들의 돈, 시간, 관심을 놓고 경쟁을 벌이는 모든 주체를 포괄한다. 이는유형경쟁보다 한 단계 확장된 개념이다. 예를 들어, 자동차 기업들은고가의 제품을 판매하는 모든 기업과 일반경쟁 관계에 놓여 있다. [7]

미국암학회는 소비자들이 지갑에서 돈을 꺼내게 만드는 모든 기업및 단체들과 이러한 관계에 있다. 미술관과 영화관도 일반경쟁 관계라고 볼 수 있다. 이들은 모두 토요일 오후의 즐길 거리를 제공하기 때문이다. 일반경쟁은 잠재적으로 숨어 있는 경쟁이다. 기업의 마케터들은 전혀 예상하지 못했던 곳에서 불쑥 나타나는 잠재적인 경쟁자들에게 치명적인 위협을 받는다고 하소연한다.

1990년대 여행사들에게 인터넷이 바로 이러한 존재였다. 인터넷이발달하면서 등장한 익스피디아(www.expedia.com)나 트레블로시티(www.travelocity.com)와 같은 온라인 사이트들로 셀프 예약이 증가하면서 여행 산업의 판도는 완전히 뒤집어졌다. 익스피디아는 불과 1년만에 세계적인 여행사로 급성장했다.

경쟁에서 승리하기

경쟁 범주를 이해했다면, 이제 우리가 할 일은 경쟁을 승리로 이끄는 방법을 찾는 것이다.

경쟁자를 따라가는 사례는 주변에서 많이 찾아볼 수 있다. 맥도날드가 '로널드 맥도날드'(맥도날드 매장 앞에 있는 빨강머리 피에로 인형 — 옮긴이)를 내놓자, 버거킹은 '매지컬 버거킹'(Magical Burger King) 인형을 출시했다. 마찬가지로 '닥터 페퍼'가 히트를 치자, 코카콜라는 '미스터 핍'(Mr. Pibb)을 내놓았다. [8] 이러한 모방은 '경쟁자가 뭔가를 했으니 우리는 더 좋은 것을 만들어 보자'라는 발상에서 나온 것이다.

이 현상은 NPO들에게서도 찾아볼 수 있다. 실제로 많은 공익단체들이 다른 단체를 따라 자선경매를 벌이고, 로고가 들어간 커피잔이나 손목밴드를 팔고, 손을 맞잡은 모양의 로고를 만들어 내고 있다. 하지만 진정 청중의 관심을 끌고 싶다면 누군가가 시도한 것이 아닌 우리만의 아이디어를 발명해야 한다.

> 메시지는 받아들이는 과정에서 왜곡되기 마련이다. 우리의 이념이 강력하다고 해도 청중이 가진 인식의 틀을 뚫기에는 역부족이다. 그러므로 마케터는 청중이 지닌 사고의 틀을 인정해야 한다.

첫째, 장점에 기반을 둘 것. 우리가 제일 잘하는 것이 무엇인지 정확하게 알아야 한다. 골드토우는 자신들의 양말이 가장 질기고 오래가는 제품이라는 사실을 잘 알고 있었다. 마찬가지로 '그린피스'와 '천연자원보호협회'에 대해서도 생각해 보자. 그린피스는 '베어링 위트니스'(*bearing witness*, 문제가 발생한 현장으로 찾아가 그곳에서 일어나는 일들을 지켜봄으로써 증인이 있음을 알리는 평화적인 시위 방법 — 옮긴이)라는 체계적인 프로그램과 언론 플레이에서 강점을 가지고 있었다. 천연자원보호협회는 변호사와 과학자들로 구성된 전문적인 로비 및 소송팀이 가장 강력한 무기였다.

그린피스의 '베어링 위트니스'

둘째, 차별화를 이룰 것. 그린피스와 천연자원보호협회가 사람들에게 강한 인상을 줄 수 있었던 것은 독창적인 경쟁력을 적극적으로 활용했기 때문이다. 그린피스는 환경문제를 야기하는 정책과 사업에 대해 정부와 기업을 압박했다. 그들은 사람들의 마음속에 강인하고 도전적인 이미지로 자리 잡았다. 반면 천연자원보호협회는 철저한 시스템을 바탕으로 환경보호 정책을 개선해 나가고 있다. 그들은 정책적인 차원에서 강인한 이미지를 대표한다.

셋째, 이해하기 쉬울 것. 이 말은 사람들이 우리의 제안을 쉽고 빠르게 받아들일 수 있어야 한다는 의미다. 이를 위해서는 한 가지 핵심 주제를 지속적으로 밀고 나가야 한다. 그린피스는 '환경보호를 위한 행동주의'를 꾸준히 제시한다. 그리고 천연자원보호협회는 '세계 최고의 환경보호 단체'라는 이미지를 한결같이 고수하고 있다.

넷째, 청중에게 의미가 있을 것. 제아무리 뛰어난 경쟁력을 확보했다고 하더라도 사람들이 외면하면 아무런 쓸모가 없다. 장점에 기반을 두고, 차별화를 이루고, 이해하기 쉬운 경쟁력을 의미 있게 만드는 것은 바로 청중의 관심이다. 그린피스는 특정 청중의 관심을 한 몸에 받고 있다. 그리고 천연자원보호협회도 그들만의 청중을 확보했다. 많은 사람들이 이 두 단체의 활동에서 의미를 발견한다.

명분을 차별화하기

명분은 기업보다 공익단체에게 더욱 중요한 요소이다. 공익단체는 영리 회사보다 더욱 확고하게 청중의 마음속에 자리 잡아야 하니 말이다. 지금부터는 공익단체를 위한 4가지의 경쟁력 요소들에 대해 살펴보도록 하자.

수많은 공익단체가 의료지원, 가족 프로그램, 권익보호, 조사 등 다양한 방식으로 아픈 어린이들을 돕고 있다. 미국의 '메이크 어 위시 재단'(Make-a-Wish Foundation)은 아이들의 꿈을 실현한다는 개념으로 사람들의 마음속에 확고히 자리 잡았다.

실제로 미국의 경우, 치명적인 질병에 걸린 아이들 중 절반 가까이가 이 재단에 가입했다. 이 재단의 활동은 독창적이면서 알기 쉽다. 직접 스타를 만나거나, 하루 동안 영웅이 되어 보거나, 자신과 비슷한 아픈 아이들을 도와주게 함으로써 치명적인 질환을 앓는 아이들의 꿈을 실현시켜 준다. 이를 위해 이 재단은 그들만의 독특한 조직 시스템을 마련했다. 여기에는 대규모 자원봉사자 조직, 75개 지부, 그리고 디즈니와 같은 협력업체가 포함된다.

그렇다면 소규모 단체들은 어떻게 경쟁력을 개발할 수 있을까? 이와 관련된 사례를 하나 들어 보자. 내 딸아이가 워싱턴에 있는 한 공립학교 부설 유치원에 다닐 때, 그 학교 재단의 학부모회에서는 매년 경매행사를 통해 기업들로부터 기부금을 모았다. 그러나 문제는 워싱턴 북서지역에 있는 다른 학교들도 이와 비슷한 행사를 한다는 사실이었다.

그러다 보니 새로운 행사가 절실히 요구되는 상황이었다. 하지만 그들은 새로운 행사에 별 관심이 없었다. "지금까지 계속해서 이 행사를 진행했습니다. 하나의 전통인 거죠. 그리고 아직까지는 성과를 거두고 있습니다." 변화를 싫어하는 사람들은 항상 이런 식으로 변명한다. 자원봉사자들의 생각 역시 이들과 별반 다르지 않았다. 조직에서 혁신을 일으키기란 생각보다 어려운 일이다.

결국 학부모회는 여느 해와 똑같이 경매행사를 진행하기로 했다. 나는 학부모회의 마케팅 위원으로서, 자원봉사자들이 기업체를 방문하여 설명할 사항을 정리하는 일을 맡았다. 경매행사에 참여하면 학교 발전에 기여했다는 증거로 감사패와 특별한 혜택을 받을 수 있다는 설명 대본을 만드는 일이었다. 하지만 주변 학교들이 우리와 똑같은 일을 하고 있었다. 그러다 보니 자원봉사자들은 대부분 이런 말을 듣고

발걸음을 돌려야만 했다. "죄송하지만 이미 다른 학교 행사에 참여했답니다." 이 대답이 바로 우리가 넘어야 할 가장 높은 산이었다.

경매행사를 성공적으로 추진하기 위해서는 반드시 차별화된 경쟁력을 개발해야만 했다. 이를 위해 나는 우선 우리 학교만의 특성을 짚어보았다. 그것은 바로 '다양함'에 있었다. 우리 학교 학생들은 출신지역과 인종이 매우 다양했다. 그중에서 특히 집안 형편이 어려운 학생들이 많았다.

이 점 때문에 우리 학교는 특정 계층의 학부모들로부터 많은 관심을 받고 있었다. 반면 워싱턴을 대표하는 주변의 학교들은 부유층 자녀 비중이 높았기 때문에 모금활동에서는 우리 학교가 더 유리한 입장이었다. 우리 학교 행사에 참여하는 것이 더 큰 의미가 있다는 사실을 기업에게 설득할 수 있다면, 우리는 분명 차별화된 경쟁력을 확보할 수 있을 것이었다.

안내문을 정리하면서, 나는 우리 학교는 학생 계층이 다양하고 가정 형편이 어려운 아이들이 많이 있기 때문에 기업의 도움이 학생들에게 실질적인 영향을 미치게 될 것이라는 점을 강조했다. 그리고 "죄송하지만 저희는 이미 다른 학교 행사에 참여했답니다"라는 대답에, "우리 학생들의 상황은 다른 학교들과는 크게 다릅니다"라고 설명을 시작하도록 했다.

규모가 크고 넉넉한 형편의 학교들과는 다른 방식으로 기업에게 다가갔다. 기업들은 2가지 다른 차원에서 기부활동에 참가할 수 있게 된 셈이다. 하나는 일반적인 경매행사를 통해 지역 학교 전반을 돕는 것이고, 다른 하나는 우리 학교 행사에 참여하여 다양한 계층과 형편이

어려운 아이들을 돕는 것이다. 우리 학교는 이러한 관점에서 청중의
마음에 특별한 위치를 차지할 수 있었다.

경쟁 우위를 확보하기 위한 준비

하나. 주요 경쟁자들의 목록 작성하기

청중, 돈, 관심 또는 우리에게 필요한 모든 자원을 둘러싼 직접·간접
·유형·일반 경쟁에 대해 생각해 보자. 조사를 실시하거나 우리의 경
쟁력을 분석해 봄으로써 다양한 종류의 경쟁을 보다 분명하게 이해할
수 있을 것이다. 앞서 우리는 리서치를 추진하고 마켓 요인을 분석하는
방법을 살펴보았다. 리서치와 분석 작업을 바탕으로 우리를 둘러싼 경
쟁 상황을 파악할 수 있다. 현재 우리가 제기한 이슈를 인터넷으로 검
색해 보고 협력관계가 가능한 경쟁자들을 살펴보자. 경쟁자들의 제품
이나 제안, 약점과 강점을 구체적으로 이해하기 위해 그들이 판매하는
제품을 직접 사거나 그들이 벌이는 캠페인에 참여해 보자. 그리고 그들
의 메일 서비스를 신청하고, 웹사이트를 방문하고, 무료 전화번호로
통화도 해보자.

둘. 우선순위 정하기

마켓 요인을 활용하는 것처럼, 경쟁자도 활용할 수 있다. 목록상의 경
쟁자들이 얼마나 위협이 되는지 평가해 보자. 그리고 현재 상황에서
그들에 대처할 수 있는 방법을 생각해 보자. 목표를 달성하는 과정에
서 우리가 충분히 도전할 수 있는 경쟁자를 2~3명 정도 선택하고 그

들에게 초점을 맞추도록 하자.

셋. 경쟁 우위 확보하기

앞서 살펴본 것처럼 경쟁력은 4가지 요소를 포함해야 한다. 즉 장점을 기반으로 하고, 차별화를 이루고, 이해하기 쉽고, 청중에게 의미를 주는 것이어야 한다. 경쟁자 목록을 살펴보면서 우리가 이 4가지 경쟁력을 모두 갖추었는지 생각해 보자.

장점 ▌ 우리가 지닌 어떠한 능력이 청중에게 가장 강인한 인상을 심어줄 수 있는가? 최대의 장점은 무엇인가? 청중은 어떤 이유로 우리를 선택했는가? 청중과 긴밀한 관계를 유지하고 있는가? 효과적인 서비스를 제공하고 있는가? 특정한 문제를 해결하기 위해 혁신적인 접근방식을 구사했는가?

차별화 ▌ 우리에게는 어떠한 독창적인 측면이 있는가? 우리가 속한 분야에서 최고의 평가를 받는가? 특정 서비스를 제공하는 다양한 단체 중에 우리가 가장 규모가 크거나 가장 먼저 시작한 조직인가? 청중은 다른 경쟁자들에 비해 우리에게 더 쉽게 접근하는가? 청중의 욕구를 보다 효율적으로 충족시켰는가? 또는 경쟁자보다 더 싼 가격을 제시하는가?

단순성 ▌ 청중은 우리의 장점과 차별화를 쉽게 이해하는가? 분명하고 단순해야만 청중의 마음속으로 들어갈 수 있다.

청중의 가치 ▌ 마지막으로 청중이 우리 제안에 관심을 보이는가? 우리

의 메시지에서 청중이 그 어떤 연결고리도 발견하지 못했다면, 우리의
경쟁력은 진정한 의미에서 우위에 있다고 할 수 없다.

핵심 청중을 대상으로 우리의 경쟁력을 문서나 도표 작업으로 정리
해 보도록 하자. 골드토우의 사례에서처럼 경쟁 우위를 차지하고 있으
면 더욱 효과적으로 메시지를 전달할 수 있다. 메시지에 관해서는 다
음번에 자세하게 논의해 보자.

Interview

비즈니스를 위한 전략적 사고

맷 안드레센

맷 안드레센(Matt Andresen)은 시카고에 본사를 둔 120억 달러 규모의 헤지펀드 운용업체 '시터들 서비스'(Citadel Execution Services)의 대표다. 맷은 아주 작은 규모로 시작하여 지금까지 꾸준한 성장을 일구었다. 그의 성공 사례는 명민한 후발주의 전형을 보여 준다. 맷은 1990년대 후반 아일랜드 ECN(Electronic Communications Networks), 장외 전자주식거래 마켓을 직원 3명의 조직에서 미국에서 가장 큰 규모의 조직으로 성장시키면서 유명세를 얻었다.

ECN이란 딜러나 주식거래소를 거치지 않고 컴퓨터 시스템을 기반으로 매수인과 매도인을 직접 연결해 주는 서비스를 말한다. 당시 경쟁자 중 하나였던 인스티넷(Instinet) ECN과 합병을 할 무렵, 아일랜드 ECN의 하루 거래량은 6억 달러에 달했다. 이는 나스닥의 규모를 초과한 수치다.

맷은 획기적인 시도와 아이디어로 기존의 경쟁자들을 위협하면서 관습을 파괴하는 인물로 명성을 떨쳤다. 그는 아일랜드 ECN이 비효율적인 관행을 제거함으로써 다 함께 그 이익을 누리게 된다면, 기존의 ECN에서 일하던 사람들은 그냥 다른 일자리를 알아보는 게 나을 거라고 으름장을 놓기도 했다. 그렇지 않으면 '언젠가 마켓에서 퇴출당할 것'이라고 경고하기도 했다.

예전에 펜싱 선수이기도 했던(미국 올림픽 상비군이었다) 맷은 비즈니스 세계에서도 경쟁자들의 간담을 서늘하게 만들었다. 그는 아마도 어릴 적부터 형제들과 경쟁을 벌였을 것이다(어쨌든 간에 맷은 나의 사랑스러운 오빠다). 맷은 여기서 경쟁에 대한 경험과 자신만의 깨달음을 들려준다.

Q. 비즈니스적 관점에서 경쟁을 어떻게 정의할 수 있을까요?

A : 기업에겐 2가지 선택이 있습니다. 끊임없이 변화하든지 아니면 지금 가진 것을 끝까지 우려먹든지 하는 것입니다. 전자에겐 미래가 있는 반면 후자에겐 없습니다. 아무리 좋은 기회라도 언젠가는 사라질 운명이기 때문입니다. 새로운 소비자 가치를 계속해서 찾아내지 못하면 언젠가는 마켓에서 쫓겨날 수밖에 없습니다. 다우존스의 원년 멤버인 12개 기업 중 지금까지 살아남은 곳은 GE 하나뿐입니다. 나머지 기업들은 사라지고, 해체되고, 합병되거나 전혀 다른 형태로 전환되었습니다. 물론 라클리드 가스(Laclede Gas)도 아직 남아 있기는 하지만 이미 오래 전에 다우존스지수에서 탈락했습니다. 오늘날의 비즈니스 강자들이 내일의 US 레더 프리퍼드(US Leather Preferred, 1952년 해체)로 전락할 가능성은 얼마든지 있습니다.

Q. 그 말은 다양한 규모의 기업에게 모두 해당되는 것인가요? 그리고 NPO에게도 해당이 될까요?

A : 저는 매일 아침 눈을 뜨면서 고객들이 나를 원하고 나와 함께 있고 싶도록 만들고 있는지 생각해 봅니다. 나처럼 고객에 목말라 있는 다른 경쟁자들보다 최소한 한 걸음이라도 앞서 있고자 합니다. 이러한 노력은 결코 쉽지만은 않지만, 이를 통해 나 자신은 물론 경쟁자들로부터 최고의 성과를 이끌어낼 수 있습니다. 물론 이 모든 성과는 결국 고객만족으로 이어지지요.

공익단체도 다를 바 없다고 생각합니다. 아일랜드 ECN이 성공을 거둔 이유는 경쟁자보다 한발 앞서 소비자의 욕구를 충족시켰기 때문이지요. 우리는 더 빨리 그리고 더 낮은 수수료로 주식을 거래할 수 있는 시스템을 가장 먼저 도입했습니다. 그리고 우리 시스템의 장점을 공격적으로 알려 나감으로써, 경쟁자들보다 고객의 필요성에 더 많은 관심을 기울인다는 사실을 보여 주었습니다. 하지만 당시 우리는 대기업처럼 거대한 마케팅 예산을 확보하지는 못했습니다. 그래서 획기적인 아이디어에 주목했습니다.

우리는 실제 고객들의 사진과 그 아래에 '바로 여러분이 트레이더입니다'라는 슬로건을 집어넣은 광고를 월스트리트 지역의 버스와 지하철에 집중적으로 게시했습니다. 하루는 주요 금융가의 스타벅스 매장에 방문하여 손님들 모두에게 모닝커피를 대접하기도 했지요. 당시 우리 목표는 우리가 고객들의 욕구에 많은 관심이 있다는 이미지를 알리는 것이었습니다. 일반 기업이든 NPO든, 특정 사람들에게 다가가고자 한다면 이와 같은 노력이 핵심적인 기업 활동이 되어야 합니다. 우리의 차별화된 경쟁력은 바로 우리가 개발한 거래 시스템이었습니다. 평범하다는 것은 곧 안전을 의미하기는 하지만 마켓에서는 아무런 역할을 하지 못합니다. 평범해서는 결코 사람들의 시선을 끌 수 없습니다.

Q. 오늘날 CEO들에게 들려주고픈 조언이 있다면?
A : 성공한 기업들은 끊임없이 묻고 또 묻습니다. 우리 비즈니스가 올바른 방향으로 나아가고 있는가? 우리의 메시지가 사람들의 공감을 얻고 있는가? 우리의 제안이 소비자들의 고민 해결에 도움을 주는가? 소비자들의 마음을 이해하고 있는가?
마이크로소프트는 MS-DOS를 출시한 이후 한 번도 제자리에 머물러 있지 않았습니다. 그들은 애플의 행보를 지켜보면서 계속해서 마켓의 흐름을 파악하고 항상 새로운 것을 추구하죠. CEO는 청혼하는 남자와 같아야 합니다. 계속해서 자신의 모습을 가다듬으면서 상대방을 기쁘게 할 수 있는 방법을 끊임없이 연구해야 하죠. 훌륭한 기업이라면 소비자들이 겪는 불편함에 주목하고 그 해결책을 내놓을 수 있어야 하니까요.

Q. 기업은 결국 소비자의 욕구를 충족시킬 만한 혁신을 통해 성공을 거둘 수 있다는 말씀이군요. 만약 공익단체를 맡는다면 어떤 전략을 사용하겠습니까?
A : 그렇게 된다면 우선 일반 기업처럼 운영이 가능한지를 알아봐야겠죠. 기업들은 소비자에게 초점을 맞춥니다. 말 그대로 소비자가 왕이기 때문이죠. 다음으로 이 질문을 던져야 합니다. '목표 달성을 위해 충분한 자원을 확보하고 있는가? 우리의 핵심 경쟁력은 무엇인가?'
    이 두 질문에 대한 답변을 모두 얻었다면, 저는 당장 밖으로 나가 청중과 관계 형성을 시작할 겁니다. 사람들은 대부분 다른 입장에 서보는 경험이 중요하다는 사실에 크게 주목하지 않지요. 하지만 자신이 어떠한 부류의 사람이 되어 보면 많은 것을 깨달을 수 있습니다. 이런 노력을 통해 우리는 그 사람들에게 존경을 보여 주는 동시에 그들이 과연 어떠한 사람인지를 체험할 수 있습니다. 그리고 신뢰를 얻을 수도 있겠지요. 저의 경우 저소득층 지역에 갈 때와 부유한 후원자들의 모임에 갈 때 각각 다른 옷을 입습니다. 어떤 일을 하든 간에 사람들의 욕망에 집중합니다. 돈이 많은 후원자들을 상대하는 경우라면 그들이 바라는 명예에 주목할 겁니다. 그리고 이를 가져다 줄 수 있는 방법을 모색할 것입니다. 이를테면 후원자들의 이름을 공원 벤치나 기념물에 새기는 방법을 활용할 수 있겠지요.

Q. 규모가 작은 단체가 성공을 거두려면 어떻게 해야 할까요?
A : 우리가 어릴 적에 했던 P-I-G 놀이가 기억나는지요? 이 게임을 모르는 분들을 위해 잠시 설명하자면, 한 사람이 어떠한 방법으로 농구 골대에 공을 집어넣으면, 상대방은 똑같은 위치와 행동으로 공을 넣어야 하죠. 그렇지 못하면 P, I, G 중 한 글자를 받게 되고 세 개를 모두 받으면 지는 게임입니다. 저는 레이업슛과 점프슛에다가 프리드로우까지 모두 잘했죠. 아마 캐티야 당신보다 적어도 2배쯤은 잘했을 겁니다.

　하지만 당신은 나의 약점 하나를 알고 있었죠. 그건 바로 참을성이 부족하다는 것이었습니다. 그래서 당신이 개발한 것은 기가 막힌 '꿀벌 슛'이었습니다. 바스켓을 양봉 마스크처럼 뒤집어쓰고 왼손으로는 그걸 잡고 오른손에는 공을 든 채, 언덕 꼭대기에서 달려와서 막다른 골목까지 뛰어간 뒤, 거기서 주변을 한 바퀴 돌고 다시 뛰어 내려와서는 골대 바로 아래에 있는 낡아 빠진 의자(꿀벌상자를 의미하는)에 올라가 한 손으로 슛을 하는 것이었죠. 당신은 다른 사람들의 시선에 아랑곳하지 않고 그 슛을 시도했죠. 그 슛이 효과 있다는 것을 잘 알았기 때문입니다. 나는 꿀벌 슛을 그대로 따라 하다가 중간에 지쳐서 실수를 하고 말았고요. 마케팅 시각으로 바라보자면 나는 마켓의 리더였고 당신은 게릴라 작전을 감행하는 작은 기업이었지요. 아마 당신은 비장의 무기를 완성하기 위해 오랜 시간 동안 고민하고 연습했을 겁니다. 그리고 내 약점을 간파하고는 꿀벌 슛을 개발했겠죠.

비즈니스 세상에서도 작은 기업은 그만의 특별한 전략을 만들어야 합니다. 지름길을 욕심내서도, 경쟁자들을 그냥 따라 해서도 안 됩니다. 오직 차별화를 고민해야 합니다. 자신만의 꿀벌 숏을 개발해야 해요. 그러면 비록 전체 마켓을 석권하지는 못하더라도 가능한 것들을 하나씩 실현해 나가면서 자신만의 고유한 자리를 차지할 수 있을 것입니다.

청중

환경 마켓 경쟁자 파트너

메시지 이익교환 메시지 다듬기 메시지 전달하기

행동

Chapter 5

협력관계를
구축하라

Building a Merry Band
Partner Around Mutual Benefits

>>>→ 로빈후드 법칙 No.5 활용법 ←<<<

• 우선 우리의 목표와 관련이 있는 조직들을 모두 고려하자.
그리고 그들과 협력관계를 맺을 때 발생할 수 있는 장점과
약점을 생각해 보자.

그중에서 가장 적당한 조직을 파트너로 선정하고,
향후 조화로운 관계를 유지할 수 있는 방법을 모색하자.

'그 맛있던 도넛은 어디로 갔을까'

2003년 가을, 크리스피 크림 도넛(Krispy Kreme Doughnuts Inc.)은 무척이나 바쁜 나날을 보내고 있었다. 당시 크리스피 크림은 해마다 무려 30억 개에 달하는 도넛을 판매하고 있었다.[1] 체인점 수는 계속해서 급증하고, 주가는 하늘 높이 치솟고, 언론들은 달콤하고 반짝이는 도넛의 위력을 보도하느라 여념이 없었다. 〈섹스앤더시티〉에 나오는 스타 배우로부터 빌 클린턴 대통령에 이르기까지, 많은 사람들이 이 대단한 도넛에 열광하고 있었다.

하지만 이런 상황에서도 크리스피 크림은 만족하지 않았다. 그들은 스스로에게 이렇게 물었다. "1등 할인마트와 손을 잡으면 어떨까?" 그 즉시 크리스피 크림은 월마트 진입을 결정했다.[2] 우선 초기 반응을 알아보기 위해 월마트 5곳에 매장을 오픈했다. 수많은 비즈니스 비평가들이 크리스피 크림의 시도에 찬사를 보냈다. 이와 비슷한 시도는 예전에도 있었다. 예를 들어, 반즈앤노블(Barnes & Noble)을 찾은 사람들은 책을 고르는 동안 매장 안에 있는 스타벅스에서 벤티 사이즈 스키니 라떼를 주문한다. 크리스피 크림 역시 월마트를 찾은 소비자들이 쇼핑하는 동안 기꺼이 도넛 가게에 들를 것이라는 기대에 부풀어 있었다.

하지만 월마트와 크리스피 크림의 소비자층은 얼마나 비슷한 부류일까? 소비자들의 마음속에 월마트는 매장의 규모와 주차 공간, 제품 진열과 가격에 이르기까지 엄청나게 크고 경제적인 이미지로 자리 잡아 있다. 그렇기 때문에 월마트 소비자들은 도넛에 대해서도 자연스럽게 커다란 박스와 할인가격을 떠올린다. 하지만 그때까지만 해도 크리스피 크림 도넛은 소비자들이 구하기 쉽지 않은 신비스러운 존재로 자리 잡고 있었다. 크리스피 열성팬들은 달콤한 도넛을 맛보기 위해 멀리 떨어져 있는 매장까지 순례를 마다하지 않았다. 그리고 럭셔리 도넛을 하사받기 위해 기나긴 줄을 서는 수고도 기꺼이 감내했다. 게다가 "핫 도넛 나우"(Hot Doughnuts Now)라는 네온사인에 불이 들어와서 갓 구운 도넛을 손에 넣을 수 있는 것도 운 좋게 절묘한 타이밍에 매장에 도착했을 때뿐이다. 소비자들이 무릅쓰는 이러한 수고 또한 크리스피 크림 도넛을 맛보는 전체적인 경험의 일부분이다. 즉, 그들은 시간에 맞춰 매장을 찾아가서 오래 기다려야만 얻을 수 있는 귀한 도넛을 손에 넣고 행복감에 도취되는 것이다.

그렇다면 이처럼 색깔이 다른 월마트와 크리스피 크림의 이미지가 만났을 때 어떤 일이 벌어졌을까? 불행하게도 책을 고르다가 라떼를 주문하는 시너지 효과는 발생하지 않았다. 복잡한 월마트 매장을 돌아다니는 일은 크리스피 매장을 찾아가는 순례와는 전혀 다른 것이었다. '언제나 초저가!'라는 광고 문구, 진공청소기, 테라스 가구들 옆에 있는 크리스피 크림은 더 이상 간절하게 애원해야 하는 콧대 높은 도넛이 아니었다. 항상 초저가 제품을 찾아 복도를 헤매는 월마트 소비자들에게 고가의 도넛은 탐탁지 않은 제품에 불과했다.

월마트가 매장에 RFID(Radio-Frequency IDentification, 전자태그) 기술을 활용한 파일럿 프로그램을 도입했을 때, 크리스피 크림의 한 대변인은 〈USA 투데이〉와의 인터뷰에서 이렇게 언급했다. "더 많은 소비자들에게 우리를 알리기 위해, 이를 단지 검토하는 단계에 있습니다."3 그의 말은 월마트의 갑작스러운 발표에 당황한 크리스피의 모습을 보여주는 것이었다. 진정한 협력관계란 월마트가 크리스피에게 한 것처럼, 바바리맨처럼 나타나서 상대방을 깜짝 놀라게 하는 것이 아니다. 협력관계의 파트너들은 모두 이익을 얻을 수 있도록 소비자들의 욕구를 파악하고 이를 충족시키는 과정에 다 함께 노력을 기울여야만 하는 것이다.

당연하게도 월마트 내 크리스피의 실적은 대단히 저조했다. 일반 매장과 비교할 때 3분의 1 정도에 그치는 매출 수준이었다.[4] 그리고 시간이 지나면서 크리스피에 대한 사람들의 열정이 식고, 비만에 대한 사회적인 염려가 높아지고, 탄수화물 섭취를 줄이는 것이 건강 상식이 되면서 크리스피의 일반 매장 매출도 점차 감소하였다. 2005년 봄, 크리스피는 결국 월마트에서 철수했다. 월마트와의 협력관계에서 크리스피는 기대했던 성과를 전혀 달성하지 못했다. 이 실패 사례를 통해 우리는 협력관계의 본질을 진지하게 고민해 볼 필요가 있다.

로빈후드 법칙 5

상호이익을 기반으로 협력관계를 구축하지 못하면 기대를 실현할 수 없다. 협력관계 참여자들은 모두 이익을 얻어야 한다.

이를 위해 가장 중요한 사실은 모든 참여자가 고객 기반을 공유하고 상호 보완적인 역할을 수행해야 한다는 점이다.

우리는 크리스피-월마트 사례로부터 한 가지 교훈을 얻을 수 있다. 소비자 기반을 공유하지 못하고 상호이익을 추구하지 못하는 협력관계는 사람들이 손을 잡고 원을 그리며 서 있는 것과 같다는 점이다. 겉으

로는 아주 다정하게 보이지만 중간은 텅 비어 있다. 진정한 협력관계란 중간이 텅 빈 도넛이 되어서는 안 된다. 이러한 형식적인 협력관계는 관성적으로 회의를 하고 로고를 공동으로 사용하는 의미 없는 일에 불과하다. 우리가 추구하는 협력관계는 반드시 2가지 요소를 포함해야 한다. 그것은 '적합'(fit) 과 '보완'(filling) 이다. '적합'이란 동일한 청중을 대상으로 서로 양립 가능한 목표를 가진다는 의미다. 그리고 '보완'이란 모든 참여자들이 함께 이익을 얻을 수 있는 구조를 의미한다.

환상의 짝꿍 찾기

혼자의 힘으로는 한계가 있기 때문에 우리는 협력관계를 모색한다. 하버드 비즈니스 스쿨의 제임스 오스틴(James Austin) 교수는 공익단체에게도 협력관계의 중요성이 점차 증가하고 있다는 관점에서 21세기를 '협력의 시대'라고 정의한다.[5] 그 이유는 무엇일까? 기업은 제품을 개발하고 판매하기 위한 강력한 시스템을 확보하고 있다. 마켓조사팀, 제품개발팀, 유통 네트워크, 전문 회계사, 마케팅 매니저, 영업팀, 홍보팀, 그리고 다양한 협력체를 보유한다. 하지만 공익단체들은 그렇지 못하다. 한 가지도 없는 단체도 많다. 그렇다 하더라도 다른 공익단체, 기업, 정부기관과의 협력관계를 바탕으로 그들의 훌륭한 인프라를 얼마든지 빌려 쓸 수 있다. 다른 조직의 커뮤니케이션 채널, 유통 시스템, 정치적 인맥, 자금 등 다양한 자원들을 공유함으로써 우리는 더욱 효과적으로 청중에게 다가갈 수 있다.

마케팅의 관점에서 협력관계를 맺는 목적은 청중과의 관계를 보다 효과적으로 개선하기 위함이다. 이러한 관점에서 협력관계의 출발점을 청중으로 삼아야 한다. 반즈앤노블과 스타벅스는 공통된 소비자를 기반으로 협력관계를 시작했다. 이 두 업체는 모두 소비자들이 집에서 커피를 마시거나 아마존 같은 온라인 사이트에서 책을 주문하기를 원치 않는다. 그들의 소망은 사람들을 매장으로 불러내는 것이다.

이제 이러한 관점으로 공익단체의 협력관계를 바라보자. 스타벅스와 어울릴 만한 공익단체로는 어떤 곳들이 있을까? 스타벅스와 오랫동안 협력관계를 유지하는 대표적인 공익단체로 국제 구호 및 개발기구인 'CARE'를 꼽을 수 있다. [6] 스타벅스와 CARE는 커피의 맛을 따지면서도 동시에 기업의 양심까지 고려하는 소비자들을 공유한다. 그리고 이 두 업체는 커피 농장의 열악한 노동조건을 개선하겠다는 공동의 목표를 가지고 있다. 이러한 점에서 스타벅스와 CARE는 환상의 짝꿍이다.

또 다른 사례도 있다. P&G의 아기 기저귀 제품을 생산, 판매하는 팸퍼스 부서와 SIDS(Sudden Infant Death Syndrome, 유아 돌연사 증후군) 예방 캠페인을 벌인 미국 국립보건원(National Institutes of Health), 그리고 캐나다 보건부(Health Canada) 역시 대표적인 협력관계를 일구어 냈다. 팸퍼스는 소형 사이즈의 기저귀 제품에 아이들이 등을 대고 똑바로 누워 자도록 해야 SIDS 위험을 줄일 수 있다는 메시지를 실었다. 위의 세 조직은 갓난아기의 부모라는 공통된 소비자, 혹은 청중과 SIDS 예방이라는 공동 목표를 기반으로 '똑바로 재우기'(Back to Sleep) 캠페인을 실시한 것이다.

보다 작은 규모의 사례를 하나 들어 보자. 예전에 내 딸이 다니던 우크라이나 국제학교의 학부모회가 기금 마련을 위해 기업들과 협력관계를 맺은 사례를 살펴보면 '적합'한 협력관계의 개념을 쉽게 이해할 수 있다. 다양한 기업의 후원을 유치하는 과정에서 학부모회는 크래프트(Kraft)와 필립모리스(Philip Morris)의 모기업인 알트리아 그룹(Altria Groups)에 속한 기업들에게는 지원 요청을 하지 않기로 했다. 만약 그렇게 한다면 결국 담배를 팔아서 번 돈으로 아이들을 돕는 꼴이 되어 버리기 때문이었다.

도넛 속 채우기

'보완'이란 협력관계의 참여자들이 청중에게 다가가는 과정에서 서로 상보적인 역할을 하는 것을 말한다. 이를 위해서는 윈윈전략 구축에 많은 시간을 함께 투자해야 한다. 물론 각각의 참여자가 얻을 이익의 성격이 완전히 다를 수도 있다. 하지만 얼마든지 예측해 볼 수 있다. 협력관계 참여자들은 마켓에서 저마다의 고유한 기회와 위험요소들을 갖고 있다. 그렇기 때문에 협력관계를 맺었다고 해서 세계관까지 공유해야 하는 것은 아니다. 참여자들이 공유해야 하는 것은 다음과 같은 '보완'관계다.

공익 캠페인의 성과 ▌ 모든 참여자들이 이익을 얻는 방향으로 공익 캠페인의 목표를 위해 협력

경제적 이익 ▎ 수입의 증가 혹은 비용 분담

이미지 ▎ 조직의 긍정적인 이미지를 창출. 신뢰성과 인지도를 높임

전문분야 ▎ 서로에게 부족한 전문적인 지식과 기술(비즈니스 감각, 사회적 영향력, 마케팅 전략 등) 공유

마켓 확보 ▎ 새로운 계층의 소비자 및 청중에 대한 접근. 질적·양적인 차원에서 후원자 범위의 확대

마케팅 자원 ▎ 새로운 의사소통 채널과 유통망을 기반으로 한 활동 범위의 확대

효율성 ▎ 중복적인 낭비를 줄이고, 행정적인 업무를 분담

제품 및 서비스 ▎ 제품과 서비스의 폭을 넓히고, 소비자나 청중을 위한 가치를 높임

경쟁 우위 확보 ▎ 치열한 경쟁 상황을 헤쳐 나가고, 소비자 충성도를 높이고, 마켓 점유율을 강화하고, 마켓의 위험 요인에 대처하는 능력 확보

업무 분위기 ▎ 특히 기업의 경우, 직원 채용 및 업무환경 개선에 많은 도움이 될 수 있음

똑바로 재우기 캠페인에서 팸퍼스는 미국 국립보건원과 캐나다 보건부에게 엄청난 재정적, 마케팅적, 전략적 지원과 더불어 기저귀 소비자들에게 접근할 수 있는 통로를 제공했다. 이를 통해 캠페인에 참여한 회원 수는 크게 증가했다. 그리고 그 반대급부로 팸퍼스는 공익적인 기업 이미지를 얻고, 매출 실적을 올리고, 관련분야(SIDS의 방지)에 대한 전문 지식을 얻고, 새로운 마켓에 대한 접근성(예를 들어, 병원 네트워크를 통해 산모들에게 SIDS 관련 자료를 나누어 줌으로써)을 확보하고, 조직 내 업무 환경을 개선하고, 새로운 경쟁 우위를 확보할 수 있었다. 치열해지는 마켓 환경 속에서 팸퍼스는 공익기업으로서의 이미지를 내세워 차별화를 이루는 데 성공했다.

공익기업으로서의 이미지는 실제로 중요한 의미를 갖는다. 특히 최근에는 점점 더 많은 기업들이 그 중요성을 실감한다. 기업을 협력 파트너로 물색하는 공익단체들은 여기에 주목할 필요가 있다. 노스캐롤라이나 케넌-플래글러(Kenan-Flagler) 경영대학의 마케팅 교수인 폴 블룸(Paul Bloom)은 서비스와 제품으로 경쟁하는 시대는 끝났다고 주장한다. "오늘날 경쟁 상황에서 살아남으려면 가격으로 승부를 걸든지, 아니면 사람들에게 감동을 주어야 합니다. 이를 위해 기업들은 유명인, 스포츠 팀, 공익단체들과 꾸준히 협력관계를 맺어야 합니다. 이제 기업의 마케팅 스타일은 제품 이상으로 경쟁 우위를 결정하는 중요한 요인이 되었습니다."7

지금까지 우리는 공익단체와 기업 간의 협력관계를 다루었다. 그렇다면 공익단체들 간의 협력관계는 어떨까? 이에 대한 대답으로, '적합'과 '보완'의 두 요소를 모두 담고 있는 NORD(National Organization for

Rare Disorders)의 사례를 살펴보자. NORD는 희귀병을 앓고 있는 아동을 지원하는 비영리 보건기구다. 미국에서는 환자 수가 20만 명 이하인 드문 질병을 희귀병으로 정의한다. 각각의 특정 희귀병에 걸린 환자 수는 아주 적다. 그러나 6천 가지 이상의 희귀병 환자들을 모두 합칠 경우, 미국에서만도 2,500만 명이 고통 받고 있다. NORD는 1983년 희귀의약품법(Orphan Drug Act) 통과를 주장하는 다양한 환자 및 가족, 단체들이 모여 설립하였다. 희귀의약품법의 골자는 희귀병의 치료법 개발에 국가 예산을 사용한다는 것이었다. 희귀의약품법이 통과되기 전, 10년 동안 출시된 희귀병 치료약의 종류는 10개에도 미치지 못했다. 하지만 법안이 통과한 이후 벌써 300개 정도의 약품이 승인을 통과했다.

NORD의 사례는 목표가 비슷한 다양한 공익단체들이 상호이익을 중심으로 장기적인 협력관계를 유지하는 방법을 보여 준다. NORD 산하의 각 희귀병 단체는 저마다 다른 질병에 관심을 갖고 있다. 그러나 이들은 다른 종류의 희귀병 단체들을 경쟁자가 아니라 동일한 청중과 목표를 가진 파트너로 보았다. 즉, 파이 조각을 놓고 다투는 것이 아니라 협력을 통해 파이를 더 크게 만드는 데 주목했다. 이러한 협력관계를 바탕으로 더 많은 기금을 확보하고, 청중 기반을 넓히고, 인지도를 높이고, 정치적 영향력을 더욱 확대했다. 그리고 각자의 목표를 보다 효과적으로 달성할 수 있었다.

> NORD의 사례는 협력관계에서 '촉진 계기'라는 변수의 중요성을 보여 준다. 촉진 계기는 협력관계의 참여자들을 신속하게 끌어모으고, 협력을 강화하는 긴박함을 조성하는 역할을 한다.

NORD의 사례에서 '보완'관계 촉진의 계기는 희귀의약품법이었다. 똑바로 재우기 사례에서는 잠을 자는 자세가 SIDS 예방의 핵심 요인이라는 연구결과가 촉진 계기의 역할을 했다. 이처럼 사회적인 이슈가 촉진 계기가 되면 협력관계는 더욱 강화된다.

성격이 다른 파트너와 연애하기

우리는 열린 마음으로 다양한 유형의 파트너들을 살펴보아야 한다. 때로는 전혀 어울릴 것 같지 않은 파트너가 환상의 짝꿍이 되기도 한다.

일반 기업들에 대해 개방적인 자세를 취해야 한다. 기업의 목표는 이윤창출이므로 공익단체를 지원하는 것 또한 이윤을 높이기 위해서다. 하지만 이윤창출이 목표라고 해서 좋은 세상을 만드는 데 관심이 없다거나 우리의 파트너가 될 자격이 없는 것은 아니다. 우리와 다른 방식으로 세상을 바라본다고 해서 기업들과의 협력관계를 꺼린다면, 목표를 달성할 수 있는 소중한 기회를 놓치는 셈이다(최근 들어 기업과의 제휴는 공익단체에게 생존과 직결된 문제가 되었다). 우리는 목표가 다른 조직이라는 경계를 한발 뛰어넘어 더 넓은 눈으로 파트너를 물색해야 한다. 협력관계를 다각화함으로써 더 많은 사회적 관심을 모을 수 있다.

이러한 관점에서 내가 자주 거론하는 사례로 '루즈벨트 대통령의 자연보호연합'(Theodore Roosevelt Conservation Partnership)이 있다. 이 연합은 환경보호협회(Environmental Defense), 전국총기협회(National Rifle Association), 사파리클럽(Safari Club), 세계야생보호기금(World Wildlife Fund), ESPN의 아웃도어(Outdoors) 그리고 낚시 단체인 BASS(Bass Angler Sportsman Society)로 이루어졌다. 사냥, 낚시 등 각양각색의 단체로 구성된 이 연합은 습지보전과 같은 공익사업을 위한 초기 예산을 기업들로부터 후원받았다. 그리고 탄탄한 협력관계를 바탕으로 막강한 재정적, 정치적 영향력을 확보했다. 이 연합은 따로 떨어진 습지지역을 연방정부의 보호지역에서 제외하지 말 것을 조지부시 행정부에 건의했다. 이 연합의 참여 단체들은 공통점을 찾아보기 힘들다. 게다가 습지보호에 대한 관점도 서로 상이하다. 그럼에도 공동 목표를 중심으로 서로 보완적인 역할을 한다.

> 우리와 비슷한 조직을 찾기보다 우리가 성공을 거둘 때 누가 더불어 이익을 얻는지를 생각해 보자. 목표가 다르다고 섣불리 배제하지는 말자. 세계관이 달라도 협력관계는 얼마든지 가능한 법이다.

이처럼 가능성이 약해 보이는 파트너들과의 협력관계를 통해 획기적인 성과를 얻는 경우가 종종 있다. 하지만 이러한 협력관계의 경우 단체 내부에서 반발이 생길 가능성이 높다. '적이라고 생각되는 기업' 또는 '우리와 아무 관련도 없는 단체'들과 좋은 협력 관계를 구축할 수 있을 것이라고 내부 인사들을 설득하는 작업은 결코 쉽지 않다. 지나치게 낭만

루즈벨트 대통령의 자연보호연합을 구성하는 다양한 파트너들

적이며 세상물정을 모르고 생각이 없다는 빈축을 살 수도 있다. 여러분이 이처럼 평범하지 않은 협력관계를 추진한다면 동료의 따가운 눈총과 어이없어 하는 표정을 미리 예상해야 한다.

케넌-플래글러 경영대학의 블룸 교수는 이런 현상을 아주 당연하다고 말한다. 그는 자신이 가입한 '조깅 클럽'에서도 일부 회원들은 후원금을 받는 일이 '비윤리적'이라며 비난한다고 이야기한다. 블룸은 결국 클럽 운영을 맡고 있는 책임자들과 이야기를 나누어, 일부 행사에서는 기업의 후원을 받도록 겨우 설득했다. 이후 기업들의 후원 덕분에 그 클럽은 간신히 적자를 모면하게 되었고, 점차 기업 후원에 대한 비판적인 의견들이 수그러들었다고 한다. [8] 여러분이 속한 단체에도 새로운 협력관계에 저항하는 사람이 있다면 먼저 이러한 관계에 관한 성공 사례를 제시하고 다른 직원들의 생각을 모으는 작업이 중요하다. 파트너가 우리와 쌍둥이일 필요는 없다. 또한 목표를 달성하기 위해 각자의 믿음을 바꿀 필요도 없다. 평범한 협력관계는 평범한 성과를

올릴 뿐이다. 하지만 획기적인 협력관계는 획기적인 성과를 거둘 것이다. 이를 위해 우리는 성격이 다른 조직들을 열린 마음으로 바라보아야 한다.

파트너의 모색, 평가, 구축을 위한 5가지 전략적 질문

하나. 어떤 조직이 우리의 청중에 다가가려 하는가?

영리와 비영리에 관계없이 우리와 동일한 청중에 다가가려는 조직들을 폭넓게 살펴보자. 우리와 목표가 다른 조직은 물론, 경쟁자처럼 보이는 조직까지 모두 포함하여 목록을 작성해 보자.

둘. 우리가 성공하면 누가 이익을 얻을까?

목록을 완성했다면 우리가 성공을 거둘 때 누가 이익을 얻는지 생각해 보자. 지금까지 생각지도 않은 조직이 있지는 않은가? 다음으로 같은 청중을 대상으로 우리와 양립 가능한 목표를 가진 조직이 있는지 생각해 보자. 공익적 이미지, 경제적 이익, 전문적 지식, 새로운 마켓과 자원에 대한 접근성, 업무효율성 향상, 새로운 제품과 서비스, 경쟁우위, 업무 환경 개선 등과 같은 목표를 각각 동시에 추구할 수 있는 조직이 있는지 생각해 보자. 협력관계를 맺게 된다면 상대방이 얻을 수 있는 이익이 무엇인지 생각해 보자.

셋. 득실을 따져보자

다음으로 협력관계를 맺음으로써 발생하는 자산과 부채의 무게를 재보도록 하자. 문화적 차이, 열정의 수준, 참여자 역량의 한계, 상호의 존도, 목표 상실의 위험 등 장점과 단점의 가능성을 객관적으로 평가해 보자.

모든 협력관계에는 그 유형에 따라 고유한 장단점이 있다. 공익단체들은 기업 파트너가 신뢰와 이미지의 차원에서 얼마나 도움이 되는지 생각해야 한다. 이와 동시에 의도적인 경우를 제외하고, 특정 기업의 제품을 홍보한다는 상업적인 이미지를 주지 않도록 조심해야 한다. 일반 기업과 협력관계를 맺을 경우, 이윤창출 또는 빠른 업무진행과 같은 상이한 업무문화와 마주칠 것을 알고 있어야 한다. 또한 정부기관과 협력관계를 맺는다면 제도적인 차원에서 많은 혜택을 볼 수는 있지만 관료적·정치적·규범적 제약, 그리고 기나긴 결재 단계로 인한 더딘 업무진행을 예상해야 한다. 반면 공익단체들끼리의 협력은 이 두 경우보다 훨씬 탄력적인 형태가 될 수 있지만 경제적 어려움이 발생할 수 있고, 리더들 간의 주도권 다툼이 조직적인 긴장을 불러일으킬 수 있다. 자원봉사 단체와 협력관계를 맺는다면 느슨한 조직구조, 높은 이직률, 협력관계에 대한 경험 부족과 같은 문제가 발생할 수 있다.

이러한 모든 유형의 협력관계에 대해 대차대조표를 만들어 보는 것이 중요하다. 한쪽에는 장점을 나열하고, 다른 쪽에는 단점이나 협력관계가 무너질 위험을 나열하자. 그리고 장점과 단점의 무게를 판가름해 보자. 서로 이익을 나눌 수 있는 구조에 대해서도 열거해 보자. 이익이 한쪽으로 편중된다면 장기적 협력관계는 기대할 수 없을 것이다.

넷. 협력관계를 어떻게 시작해야 할까?

우선 고위급 회의를 시작해야 한다. 협력을 시작하는 담당자의 직급이 높을수록 협력관계의 성공 가능성이 높아진다. 업무적 지원과 목표에 대해 정확한 비전을 제시하고, 내부적으로 중대한 결정을 내릴 수 있는 사람들끼리 만나는 것이 가장 좋다. 그 이후에 실무진이 만나 협력관계에 필요한 실무를 추진해야 한다. 탄탄한 협력관계를 구축하기 위해서는 서로 간의 기대와 역할에 대한 구체적인 합의가 필요하다. 협력관계의 당사자들은 자신의 역할을 정확하게 파악하고 이를 위한 능력을 갖추어야 한다. 서로에 대한 역할 구분은 구체적이고 가시적일수록 좋다. 시간, 자원, 책임, 예산, 데드라인에 대한 기준도 최대한 자세하게 정의하자. 기대보다 성과가 좋지 못하다면, 그 결과에 대한 평가를 공유해야 한다. 마지막으로 문제점을 함께 해결하고 추가적인 자원 제공이 가능하도록 통로를 열어 놓아야 한다.

다섯. 협력관계를 유지하는 방법은?

시간이 흐름에 따라 직급이 다양한 직원들 사이의 협력관계가 강화되면서 협력이 점차 깊어진다. 이러한 흐름이 마련된다면 직원들의 이동, 업무나 우선순위의 변화, 인간관계의 문제가 나타난다 하더라도 협력관계에 위협이 되지는 않을 것이다. 협력관계 속에서 수많은 개인적인 관계가 나타나기 때문에 정치적, 조직적 변화에 유연하게 대처할 수 있어야 한다. 그리고 협력관계를 통해 이룬 성과를 당연한 것으로 받아들여서는 안 된다. 만약 특정 직원이 그만둔다고 하더라도 조직 내부적으로 해결할 수 있는 시스템을 마련해야 한다.

협력관계가 시작되면 의사소통의 중요성이 높아진다. 이를 위해 공식적인 차원에서 파트너들에게 주기적으로 업데이트 정보를 제공해야 한다. 그리고 그들의 의견을 듣고 그동안의 성과에 감사를 표하는 것이 바람직하다. 협력관계를 통해 서로 이익을 얻는다는 점을 계속 강조하는 것도 중요하다. 공익단체, 기업, 정부기관 등 협력관계의 유형에 상관없이 가치를 만들면서 이를 공식적으로 드러내야 한다. 파트너가 기업일 경우 이러한 노력은 더욱 중요하다. 협력관계로 이루어낸 성과를 객관적으로 측정할 수 있는 기준을 만드는 것도 좋다. 협력관계의 성과를 안팎으로 널리 알림으로써 청중이 우리의 협력관계를 신뢰하도록 할 수 있다.

만약 의사소통과 협력 과정에서 문제가 발생하면 신속하고 투명하게 해결해야 한다. 이를 위해 정기적으로 함께 논의할 필요가 있다. 문제가 발생했을 때에는 서로에 대한 신뢰와 존경을 바탕으로 적극적으로 대처해야만 협력관계를 장기적으로 이끌 수 있다. 함께 해답을 찾고 책임 소재를 분명히 해야 한다. 그리고 모든 파트너들에게 공동의 목표를 인식시키고 모두 이를 향해 나아가도록 독려해야 한다.

협력관계의 끝은 공동 목표의 달성이다. 끝에 대한 인식은 시작에 대한 인식만큼 중요하다. 목표를 달성한 다음에도 또 다른 목표를 세울 수 있다면 당연히 관계를 유지해야 할 것이다. 하지만 그렇지 않다면 관계가 단절되기를 기다리기보다는 깨끗하게 정리하는 편이 낫다.

Interview 1

성격이 다른 애인과 연애하기

브라이언 크리그

브라이언 크리그(Brian Krieg)는 오리건 주 포틀랜드에 위치한 '포커스포인트 커뮤니케이션'(FocusPoint Communications)의 대표이다. 오랜 세월 동안 마케터와 로비스트로 활동하면서 그는 NPO 범주를 뛰어넘어 협력관계를 구축하는 일을 무척이나 사랑하게 되었다. 그는 서로 성격이 다른 조직과 협력관계를 구축하는 데 탁월한 능력을 발휘하는 것으로 유명하다.

크리그는 업종조합, 미 농림부, 캘리포니아 공공보건재단 등 미국 전역의 다양한 단체에서 마케터 및 관리자로서 경력을 쌓았다. 또한 오리건에서 가장 큰 홍보 회사 부사장을 지내면서 직접 캠페인을 추진하고, 로비를 벌이고, 행정 업무를 수행했다. 그리고 역사적인 민관 협동 건강 캠페인인 '하루에 다섯 접시'를 추진한 인물이기도 하다. 또한 연방 정부 및 주 정부에서 수많은 로비 임무를 성공적으로 수행했다.

Q. 공익단체들은 어떻게 획기적인 협력관계를 구축할 수 있을까요?
A : 독창적이고 차별화된 협력관계를 발견하기 위해서는 무엇보다 사고의 전환이 필요합니다. 생각의 벽을 허물고 이해관계를 공유할 수 있는 모든 조직을 바라보십시오. 언제나 여러분과 비슷한 사람들만을 쫓아서는 안 됩니다. 수많은 단체 및 기업들이 혜택을 공유하기 위해 우리들을 찾고 있습니다. 그러니 비슷한 부류에만 집착하다 보면 무한한 기회를 놓칠 수밖에 없습니다. 다음으로 필요한 것은 '집중'입니다. 20곳이 넘는 익명의 파트너들보다 믿음을 주는 파트너 하나가 더 큰 도움을 줄 수 있습니다. 기존 생각의 한계에 과감하게 도전하고 새로운 것을 발견함으로써 다른 사람들을 성가시게 만드는 리더가 있다면 특히 그를 주목하십시오.

협력관계는 조금씩 가꾸어야 하는 것임을 명심해야 합니다. 파트너의 열정과 신념이 여러분만큼 강하지 않을 수도 있습니다. 또한 우리와는 전혀 다른 동기를 가지고 있을 수 있습니다. 단지 매출을 올리거나 인지도를 높이고자 하는 욕심일 수도 있습니다. 그러나 이러한 동기가 우리와 전혀 상관없다고 해도 좋습니다. 협력관계를 맺는 이유가 똑같아야 할 필요는 그 어디에도 없습니다. 다만 지금 이 순간 동일한 목표를 향해 함께 달려가고 있다는 사실이 중요합니다. 파트너들이 우리의 목표를 공유하지 않을 수 있다는 사실을 인정해야만 합니다. 또한 시간이 흐르면서 관계가 더욱 깊게 발전할 수도, 그렇지 않을 수도 있다는 사실을 받아들여야 합니다.

그들의 가슴이 우리처럼 뜨겁지는 않기 때문에 그들이 투자하는 시간과 노력에 감사하는 마음을 가져야 합니다. 아마도 우리와의 협력관계를 위해 이익을 포기한 것일 수도 있습니다. 우리는 스케줄에 따라 파트너들과 미팅을 갖고, 주제를 나누고, 업데이트를 하고, 책임을 분담해야 합니다. 그리고 우리 또한 열심히 일한다는 사실을 확인할 수 있도록 회의 때마다 업무의 진척 과정을 보여 줄 필요가 있습니다. 이를 통해 파트너가 기꺼이 그들의 소중한 시간과 자원을 투자할 수 있도록 믿음을 주어야 합니다.

그리고 한 걸음 물러서서 파트너들이 사회적 관심을 받을 수 있도록 노력해야 합니다. 예를 들어, 오리건 주 포틀랜드에 있는 해양박물관은 물 위에 띄워 놓은 배 한 척에 조명 작업을 하기로 했습니다. IBEW(International Brotherhood of Electrical Workers Union, 국제 전기근로자연맹)는 이 작업을 국립전기계약협회(National Electrical Contractors Association) 소속 업체들과의 협력을 통해 무상으로 지원하겠다고 제안했습니다. 그들의 제안을 기꺼이 받아들인 해양박물관은 홍보 및 마케팅 활동을 통해 IBEW와 그 협력업체들의 이름을 언급했습니다. 하지만 이와는 반대로 이 협회의 업체들이 어느 지역의 하우징 그룹을 위해 배선 작업을 했을 때, 그 그룹은 100명이 넘는 사람들을 파견해 망치질을 하고 벽을 세운 나이키의 지원에 대해서는 크게 홍보하면서도, 정작 그 협회에 대해서는 한마디 언급조차 하지 않았습니다.

Q. '하루에 다섯 접시' 캠페인의 협력관계를 성공적으로 이끈 비결은 무엇일까요?

A : 그 캠페인은 우리 혼자서 한 일이 아닙니다. 캠페인을 준비하는 동안 미국 식품 판매 업체인 크로거(Kroger)의 휴스턴 지사에서 생산을 담당한 한 직원의 이야기를 들은 적이 있습니다. 캠페인 관련 단체 및 기업 모임에 참석한 그는 크로거에서 일한 20년 동안 기업홍보를 위해 공익단체에 접근해야겠다는 생각을 한 번도 하지 못했다고 털어놓았습니다. 또한 그는 거기 참석한 사람들에게 이렇게 말했습니다. "여러분 역시 우리에게 먼저 연락한 적이 없잖아요?"

우리는 공익단체와 기업의 협력관계를 구축하기 위해 그 모임을 만들었습니다. 거기서 제가 한 일은 두 집단 사이의 대화를 조율하는 것이었죠. 그전부터 저는 식품 및 농산물 관련 협회들의 다양한 인사들과 친분을 쌓았습니다. 캘리포니아 보건부가 주최한 '하루에 다섯 접시' 캠페인을 진행하는 과정에서, 우리는 당시 재정적인 어려움을 포함한 여러 가지 문제점을 해결하기 위해 미 농림부와 협의를 했습니다. 우리는 낙농이나 육류 분야의 기업들과는 캠페인을 함께 추진하지 못할 것임을 알고 있었습니다. 캠페인을 추진할 당시 육류 기업들이 가장 주목하는 것은 지방 함유량이었기 때문이죠. 이는 제2차 세계대전으로까지 거슬러 올라갈 수 있는 정책과도 관련이 있습니다. 하지만 이와는 반대로 농산물 관련 기업 및 단체들은 채소의 효능을 홍보하기 위해 열심히 노력 중이었지요. 그리고 지역 식품매장들은 과일과 채소의 판매를 늘리기 위해 안간힘을 쓰고 있었습니다. 우리는 농산물 관련 업체 및 단체들을 대상으로 충분한 마케팅 예산을 확보할 수 있는 방법을 설명하기 시작했습니다. 우리는 이 작업을 아주 진지하게 이끌었습니다. 그들에게 규모가 작으면서도 더욱 쉽게 접근할 수 있는 혁신적인 채소유통 구조에 대한 아이디어를 제안하였습니다. 그들 역시 큰 관심을 보였고, 우리는 더 많은 단체와 기업을 끌어모을 수 있었습니다.

메시지를 홍보하는 과정에서 파트너의 역할은 아주 중요합니다. 또 하나의 사례로, 플로리다에 있는 '트라이푸드'(Try Food)라는 업체는 회향 열매(fennel)와 같이 희귀한 식품 재료를 홍보하기 위해 요리법을 소개하는 알림판을 매장마다 비치했습니다. 우리는 트라이푸드와 협력관계를 통해 지방 함유량이 높은 요리법을 지방 함유량이 낮은 요리법으로 교체하고, 매장 알림판에 '하루 다섯 접시' 캠페인의 문구와 로고를 집어넣었습니다. 이러한 노력에 트라이푸드 영업팀은 즉각 피드백을 주었습니다. 또한 '하루에 다섯 접시' 캠페인을 전국적으로 확대하기 시작할 무렵 트라이푸드의 영업팀은 전단지 배포를 도와주고 다른 채소유통 업체들과의 다리가 되어줌으로써 우리의 홍보작업에 결정적인 역할을 했습니다. 트라이푸드의 경쟁 업체들도 캠페인에 많은 관심을 보였고, 우리와 라이선스 계약을 맺기도 했습니다. 또한 우리는 농산물 가방을 제작하는 업체 등 다양한 파트너들과 협력관계를 맺었습니다. 이들은 중심적인 홍보 채널은 아니었지만 소비자들에게 메시지를 전달하는 과정에서 많은 기여를 했습니다. 이러한 시도는 예전에 코카콜라가 병뚜껑 안쪽 면에 로고를 집어넣은 것과 비슷한 맥락입니다. 사람들은 지나가다가 길거리에 버려진 병뚜껑에서 코카콜라 로고를 봅니다. 이처럼 사소한 노출이 소비자를 자극하고 메시지를 강화합니다. 이와 마찬가지로 수많은 소비자들이 다양한 식품매장에서 우리 캠페인의 메시지를 보았을 것입니다. 하지만 여기에 들어간 비용은 사실 그리 크지 않았죠.

Q. 가장 마음에 드는 혁신적인 협력관계가 있다면?
A : 예전에 '운영기사조합'(Union of Operating Engineers)이라는 단체는 소외계층의 취업 상황을 높이고 조합 사업을 다각화하려는 노력을 하고 있었습니다. 이를 위해 그들은 빈곤아동 지원 프로그램인 '헤드스타트'(Head Start, 미국의 저소득층 지원개발계획―옮긴이)와 연계를 맺고 싶어 했습니다. 이를 돕기 위해 우리는 우선 대형 건설현장 인근에 위치한 한 학교에서 실시 중이던 헤드스타트 프로그램에 주목했습니다. 그리고 특별한 행사를 마련하기로 했습니다. 어린 학생들에게 트랙터나 건설장비 장난감들을 주고, 아이들과 건설현장에 대해 함께 이야기를 나누는 것이었습니다. 이와 동시에 학부모들에게는 건설현장의 일자리 관련 정보를 제공했습니다. 이 행사는 아주 반응이 좋았고, 이후 그 학교의 연간행사로 자리 잡았습니다. 게다가 텔레비전 방송으로까지 다루어졌습니다. 그 지역의 방송국 다섯 군데 중 무려 네 군데가 우리의 행사를 매년 다루고 있습니다. 그중 세 군데에서는

심심찮게 관련 기사를 보도하고 있습니다. 이 행사는 참여한 모든 사람에게 골고루 이익을 나누어 주었습니다. 조합은 그들의 사업을 널리 알릴 수 있었고, 헤드스타트를 실시하던 학교 선생님들은 유용한 학습 자료를 확보할 수 있었습니다. 그리고 아이들은 장난감을, 부모들은 취업정보를 얻을 수 있었습니다. 이렇게 많은 사람들이 동시에 이익을 얻을 수 있으리라고는 아무도 예상하지 못했을 겁니다. 그야말로 놀라운 윈윈전략의 사례였습니다.

Interview 2

협력관계에서 나타나는 함정을 피하라

데이비드 라 피아나

데이비드 라 피아나는 예전에 캘리포니아의 가난한 노동계급 공동체에서 시칠리아 출신 이민자 가정의 자녀들을 돌보았다. 그 일을 하면서 데이비드는 본격적으로 공익사업에 뛰어들겠다고 결심했다. 데이비드는 이렇게 이야기한다. "저는 우리 집안에서 처음으로 고등학교를 졸업했습니다. 대학은 물론이고요. 학업을 마친 이후에 운명이 저를 자란 곳으로 되돌려 보냈다는 느낌이 들었습니다." 그 후 데이비드는 비스타(VISTA)라는 단체에서 자원봉사자로 활동했고, 이후 다양한 NPO 단체에서 직원, 관리자, 강사, 컨설턴트, 이사회 멤버로 활동했다. 또한 YMCA, 국제협회(International Institute), 그리고 '어린이를 위한 이스트베이 에이전시'(East Bay Agency for Children)와 함께 협력관계를 이끌었다. 특히 인권운동 기구인 이스트베이는 데이비드의 탁월한 리더십 덕분에 그 규모가 10배나 성장하기도 했다. 현재 데이비드는 샌프란시스코대학 NPO 경영연구소와 캘리포니아대학 하스 경영대학(Haas School of Business)에 출강하고 있다.

Q. 협력관계에서 공통적으로 발생하는 문제는 무엇이라고 생각합니까?
A : 수많은 협력관계들은 공동 목표를 가지고 있지 않아요. 하지만 처음부터 공동의 목표를 제대로 세워 두면 권력 다툼처럼 향후 나타날 위험을 예방할 수 있지요. 협력관계의 이유가 오로지 돈 때문이라면 배우자의 경제력만 보고 결혼하는 것과 마찬가지입니다. 돈이 떨어지면 결혼도 파국을 맞게 될 겁니다. 우리는 돈이 아니라 업무 자체로 진정한 관계를 맺을 수 있습니다. 그럴 때 더 높은 성과가 가능해질 테니까요.

저는 사람들에게 "협력관계에 있어 돈보다 더 중요한 것이 있습니까?"라는 질문을 종종 던집니다. 이와 더불어 "현재 유지되는 협력관계가 있습니까?"라는 질문도 던집니다. 지난 몇 년 동안 한 번도 협력관계를 맺지 못하다가 관계가 중요하다고 해서 갑자기 부랴부랴 맺어야 한다고는 보지 않습니다. 성급한 시도는 실패로 이어지고, 이는 자연스러운 협력관계를 구축할 가능성마저 사라지게 만들기 때문이죠.

협력관계가 제 기능을 발휘할 때 우리는 재정적·전략적으로 도움을 얻을 수 있습니다. 하지만 그 전에 항상 숨어 있는 다음과 같은 다양한 위험 요소에 주목해야 합니다. 첫째, 자신의 필요성 때문이 아니라 남들이 필요하다고 해서 맺는 협력관계의 위험성입니다. 둘째, 많은 사람들이 협력관계의 잠재 이익을 과소평가하는 경향이 있습니다. 이런 사람들은 그들이 맡아야 할 책임의 양까지 과소평가합니다. 아니면 다음과 같이 장밋빛 비전에 빠져 있을 수도 있죠. "우리는 하나입니다. 반드시 잘할 겁니다." 이런 사람들은 막연히 시너지 효과를 얻을 수 있으리라 기대하는 실수를 범하게 되죠. 하지만 정작 월급이나 직원 채용과 같은 간단한 문제마저도 해결이 쉽지 않음을 곧 깨닫습니다. 셋째, 기반이 약하고 업무 능력이 떨어지는 조직끼리의 협력관계입니다. 이러한 조직끼리 협력관계를 맺을 경우 오히려 약점이 배가될 수 있다는 사실을 직시해야 하죠.

Q. NPO와 기업 간의 협력관계가 성과를 거두기 위해 노력할 점 한 가지만 일러준다면?
A : NPO와 기업 간의 협력관계가 성과를 거두기 위해서는 서로의 업무문화를 공유하는 노력이 필요합니다. 하지만 그렇지 못한 경우가 많습니다. NPO는 사회적 가치에 대해서만 이야기하고 기업은 오직 돈에만 집중할 때 이들의 대화는 마치 서로 다른 언어처럼 들리기 마련입니다.

Q. 그동안 다양한 협력관계를 이끌어오면서 얻은 가장 소중한 교훈을 하나만 꼽으라면?
A : 강력하고 치밀하면서 풍부한 자원을 지닌 단체들은 항상 존재합니다. 그리고 대부분의 분야에서 이들이 앞장섭니다. 저는 이러한 주력 단체들에게 자기보다 작은 단체들을 평등하게 대우하라고 당부합니다. 반면 상대적으로 규모가 작고 힘이 없

는 단체에게는 이들과의 관계에서 당당하게 권리를 주장하고, 자신감을 가지라고 강조합니다. 이러한 태도는 단체의 사회적인 지위를 끌어올리는 데 필수적인 것입니다.

Interview 3

협력관계는 어떻게 공익단체와
기업에게 이익을 가져다줄까?

네트워크포굿

'네트워크포굿'(Network for Good)은 공익사업을 위한 일종의 포털사이트다. 이 사이트를 통해 시간과 돈을 NPO에 기부할 수 있으며, NPO들은 도움과 기부를 받을 수 있다. 이베이가 제품 거래를 위한 인터넷 공간이라고 한다면, 네트워크포굿은 공익활동을 위한 온라인 장터인 셈이다. 네트워크포굿은 IT 분야의 대표주자인 AOL과 야후, 시스코 시스템 사이의 협력관계를 통해 2001년 11월에 설립되었다. 세 기업은 인터넷을 통해 기업 이익의 사회 환원을 실현하고자 했다. 네트워크포굿은 주도적인 인터넷 자선단체로 꾸준한 성장세를 이어오며, 세 기업은 성공적인 협력관계를 유지한다.

네트워크포굿의 사례는 기업의 협력관계에 기반을 둔 공익단체도 얼마든지 성공적으로 발전할 수 있다는 새로운 가능성을 보여 준다. 네트워크포굿의 CEO인 빌 스트라트만(Bill Strathmann)과 대표를 맡은 켄 웨버(Ken Weber) 두 사람은 모두 영리와 비영리 분야에서 골고루 경력을 쌓은 인물이다. 이러한 경력 덕분에 그들은 기업과 NPO 사이에서 협력관계를 구축하는 방법을 더욱 폭넓게 이해할 수 있었을 것이다. 이에 대해 웨버는 이렇게 말한다. "NPO와 기업 간의 차이에만 주목하면 정작 중요한 사실을 놓치고 맙니다. 우리는 인터넷을 기반으로 공익사업을 추진하며, 그 과정에서 기업과 NPO 모두 중요한 역할을 하고 있습니다."

Q. 협력관계가 어떻게 공익단체와 기업 모두에게 이익을 줄 수 있나요?
A : (스트라트만) 네트워크포굿은 기업들로부터 자금, 제품, 마케팅 기술을 지원받고 때로는 인력까지 도움을 받고 있습니다. 그 대신에 기업들은 3가지 차원에서 이

익을 얻습니다. 첫째, 공익적인 기업 이미지입니다. 세 기업은 모두 공익기업으로서의 이미지를 공유하면서 치열한 경쟁 상황에서 차별화를 이룹니다. 사람들의 기부와 실천을 계속해서 자극한다는 관점에서 우리는 인터넷을 "가속 로켓"이라고 부릅니다. 함께 협력관계를 맺기 이전에, 세 기업은 모두 IT분야에서 서로 다른 비즈니스를 운영했습니다. 하지만 협력관계를 중심으로 서로의 자원과 소비자를 통합함으로써 더 많은 것을 성취했습니다. 이 기업들은 NPO들에게 인터넷 시스템을 제공함으로써 그동안 공익단체의 약점이었던 '디지털 갭'을 메우는 데 도움을 줍니다. 따로 홈페이지가 없는 영세한 자선단체들도 네트워크포굿을 통해 후원자들에게 메시지를 전달하고 기부금을 받고 사업을 활성화할 수 있게 되었습니다.

둘째, 네트워크포굿을 기반으로 세 파트너는 공동의 목표를 실현하고자 새로운 시도를 하고 있습니다. 이를테면 AOL과 야후는 콘텐츠 전략을 공유함으로써 사용자들이 온라인상에서 모든 일을 처리할 수 있도록 만들었습니다. 이들의 최종 목표는 접근하기 쉽고 효율적이면서 효과적인 자선 온라인 사이트를 구축하는 것입니다. 2004년 12월 발생한 쓰나미와 2005년 허리케인 카트리나와 리타 이후, AOL과 야후는 홈페이지에 네트워크포굿으로 바로 이어지는 링크를 걸어 불과 몇 주 만에 수백만 달러의 기부금을 모았습니다. 라우터 같은 네트워크 장비를 개발하는 시스코 역시 네트워크포굿의 온라인 인프라 구축에 중대한 역할을 합니다.

셋째, 그들은 새로운 경쟁 우위를 확보했습니다. 모든 기업은 사회적 책임을 지고 공익을 고려한다는 이미지를 소비자에게 전달하고 싶어 합니다. 점점 치열해지는 경쟁 상황에서 이러한 긍정적 기업 이미지는 차별화에 결정적 역할을 합니다.

Q. 네트워크포굿은 이러한 이익을 각 기업에 어떻게 보여 주십니까?
A : (스트라트만) 세 파트너들의 책임자로 구성된 이사회를 통해 우리는 정기적으로 미팅을 갖습니다. 이 회의는 기금을 모으고 자원봉사자를 모집하는 등의 전반적인 업무 상황을 테스트하는 맞춤형 '대시보드' 기능을 합니다. 또한 협력관계에 대한 담당 직원들의 효과적인 관리도 여기서 처리합니다. 우리는 협력관계 업무를 아예 직원들의 업무기술서 속에 포함시켰습니다. 이를 통해 각 기업들은 서로에 대한 요청

에 신속하게 대응하고, 웹사이트상에서 인지도를 높이기 위해 최선을 다하고 있습니다. 이렇게 높아진 인지도에 따라 후원자들은 더 큰 신뢰를 주고, 이는 결국 네트워크포굿의 이익으로 돌아옵니다.

Q. 기업과 협력관계를 맺은 NPO들을 위해 의사소통 노하우를 소개한다면?
A : (웨버) 네트워크포굿은 비영리적인 차원에서 진행하는 것을 기업이 쉽게 받아들일 수 있도록 번역해서 설명합니다. 실제로 저희는 네트워크포굿을 '하이브리드 조직'이라고 생각합니다. 다시 말해 공익사업을 벌이는 NPO이자 동시에 비즈니스적인 DNA를 지닌 조직이라고 보는 것이지요. 스스로를 이런 식으로 바라보지 못하면 기업과의 협력관계에서 좋은 성과를 기대할 수 없으며, 이를 지속적으로 발전시켜 나갈 수도 없습니다. 물론 지나치게 기업 관점으로 이동하는 것도 문제는 있습니다. 순수하게 비즈니스적인 관점으로 공익사업을 이해하는 것은 불가능하기 때문이죠. 기업들이 협력관계에서 가치를 쉽게 발견하지 못한다면 이미 첫 단추를 잘못 끼운 것입니다. 이는 곧 실패로 이어질 수밖에 없습니다. 좋건 나쁘건 간에 비즈니스는 이미 우리의 삶을 장악하고 있습니다. 그렇기 때문에 비즈니스의 전반적인 프로세스(목표를 세우고, 평가하고, 보고하는 과정)를 이해하는 것은 기본적인 과제라고 할 수 있습니다. 이러한 이해는 기업과의 협력에서 속도를 높이고 지속적으로 발전시키는 과정의 원동력입니다. 이러한 프로세스를 적극적으로 도입함으로써 공익사업에도 많은 변화를 가져올 수 있습니다.

물론 예외도 있기는 하지만 결국 기업인도 우리와 같은 사람입니다. 그들 역시 착한 마음과 동정심을 갖고 있습니다. 자신의 능력을 활용하여 보람된 일을 시도하는 기업인들은 이러한 성향이 더욱 강합니다. 더욱이 공익단체들과 협력관계를 맺고자 노력하는 기업이라면 사회를 걱정하는 마음이 더욱 클 것입니다. 생각보다 더 많은 공통점을 기업에서 발견할 수 있습니다. 이를 이끌어내기 위해서는 우리들이 그들의 언어로 그리고 그들의 관점에서 공동 목표를 바라볼 수 있어야 합니다.

Chapter 6

명분에 앞서
현실을 직시하자

The Heart of the Good Archer's Arrow
Put the Case First and the Cause Second

>>> → 로빈후드 법칙 No.6 활용법 ← <<<

• 우리는 청중의 가치와 욕망을 정확히 파악해야 한다.
  이를 위해서는 기존에 실시했던 리서치로 되돌아갈
  필요가 있다. 그다음으로 청중의 가치에 기반을 둔
  보상을 만들어야 한다. 이 모든 것이 마련될 때 진정한
  이익 교환이 성립한다.

'디즈니월드로 갑니다!'

1987년 미국 슈퍼볼 최고 스타인 필 심스(Phil Simms)는 텔레비전 인터뷰 도중에 이렇게 소리쳤다. "전 이제 디즈니월드로 갑니다!" 디즈니 역사상 최고의 마케팅 캠페인이 바로 이렇게 시작되었고, 이는 새로운 광고 시대의 서막을 알렸다. 그 이후로 존 얼웨이, 마이클 조던, 마크 맥과이어, 그리고 미스 아메리카들이 우승 소감을 발표하면서 모두 디즈니 테마파크로 간다고 외쳤다.

"디즈니월드로 갑니다!"의 효과는 마케팅의 핵심인 이익 교환의 개념을 보여 준다. 간단히 말해 이익 교환이란 특정한 행동에 보상을 제공하는 것을 의미한다. 사실 기업의 마케팅 활동은 소비자가 돈을 내면 얻을 수 있는 혜택을 강조하는 작업이다. 이익 교환은 또한 소비자의 다음 질문에 대한 대답이기도 하다. "내게 무슨 도움이 되지?"

"디즈니월드로 갑니다!" 캠페인 역시 이익 교환의 개념을 담고 있다. 스포츠 스타들이 경기에서 승리하고 디즈니랜드로 간다고 말하는 것은, 디즈니랜드가 바로 성공을 축하하기 위한 장소라는 의미다. 다시 말해 디즈니랜드 입장권을 구입하면 슈퍼볼 우승이나 미스 아메리카 대관식의 감격을 맛볼 수 있다고 소비자에게 말하는 것이다.

디즈니는 이 밖에도 다양한 보상을 제공한다. 그에 관해서는 다음에 집중적으로 살펴보도록 한다.

일을 해내는 것이 우선, 명분은 그 다음으로 중요하다. 청중으로부터 행동을 이끌어내는 원동력은 단체의 미션이 아니라 청중에게 제공하는 보상이다.

왜 보상이 중요한가?

우리는 청중의 행동에 적절한 보상을 제공해야 한다. 옳은 일이라고 호소한다고 해서 사람들을 움직일 수는 없다. 어떤 행동이 옳은지 잘 알고 있는 사람도 그보다 더 쉽고 즐거운 길이 있다면 따라가기 마련이다. 또한 무엇이 옳은가에 대한 생각은 저마다 다르기도 하다. 아니면 너무 바쁜 나머지 무엇이 옳고 그른지 떠들어 대는 공익단체에게 눈길을 줄 여유가 없을 수도 있다. "옳은 일을 하라"(Do the right thing)는 말은 아마도 영화 속에서나 가능할 것이다(실제로 이런 제목의 영화가 있다). 실제로 우리가 살아가는 세상에는 보상이라는 먹음직스러운 당근이 필요한 법이다. 그래서 로빈후드 화살촉 중간에 이익 교환을 심어 둔 것이다. 청중에게 구미가 당기는 보상을 제공할 수 있어야 복잡한 환경 속에서 청중의 관심을 끌고, 그들로부터 행동을 이끌어낼 수 있다. 이익 교환이 없으면 마케팅 화살은 그 어느 심장도 뚫고 들어갈 수 없다. 이익 교환이 없는 주장은 표류하는 항해이며 더 이상 아무도 찾지 않는 황폐한 셔우드 숲이다.

> ◎ 5가지 요소를 포함한 보상을 통해 우리는 실질적인 이익 교환을 만들어
> 낼 수 있다. 5가지 요소란 '즉각적일 것, 개인적일 것, 청중의 가치를 반
> 영할 것, 다른 보상보다 우월할 것, 신뢰할 수 있을 것'을 말한다.

이제 이 요소들을 하나씩 살펴보자.

즉각적으로 반응하기

> ◎ 청중이 곧바로 얻을 수 있어야 한다. 머나먼 미래에 얻을 수 있는 이익에
> 관심을 기울이는 사람은 없다. 사람이란 원래 멀리 있는 큰 선물보다 가
> 까이 있는 작은 선물을 좋아하는 존재다.

기업은 즉각성의 중요성을 잘 이해하고 있다. 기업은 제품을 사는 순
간 놀라운 경험을 하게 될 것이라고 소비자에게 말한다. 햄버거는 배
고픔을 달래고, 맥주는 축구 경기를 더 재미있게 하고, 오드콜로뉴 향
수는 섹시함을 준다고 강조한다. 그리고 최소한 그런 느낌이라도 준
다. 이러한 차원에서 공익단체들은 기업에 크게 뒤처져 있다. 우리 사
회는 지금 심각한 위험에 처해 있으며 이를 예방하는 것이 바로 우리가
제공하는 보상이라고 주장해봤자 아무도 수긍하지 않을 것이다. 우리
가 제시하는 보상 자체가 아주 오래 걸리는 것이 아니라면(예를 들어,
에이즈 예방을 위한 콘돔 사용 캠페인) 우리는 가능한 한 긴박함을 강조
해야 한다. 그래야만 사람들은 그 위험이 자신과도 관련 있으며 어떤

행동을 취하지 않으면 자신도 피해자가 될 수 있다고 긴장할 것이다. 이처럼 즉각적인 보상 또는 위험이 없는 이상, 사람들은 좀처럼 움직이지 않는다. 많은 사람들은 심장마비를 한 번 겪은 후에야 건강관리에 각별히 신경을 쓰게 된다. 생활습관을 바꾸지 않으면 조만간 죽을지도 모른다는 긴박함을 몸으로 체험했기 때문이다.

긴박함에 대한 인식이 높을수록 우리의 보상은 더 놀라운 효력을 발휘한다. 그러므로 긴박함이 부족한 상황이라면 인위적으로라도 이를 만들 필요가 있다. 숙명론을 믿는 캄보디아 청년들에게 먼 미래에 증상이 나타날 에이즈를 예방하기 위해 콘돔을 사용하라고 해봤자 아무런 쓸모가 없다. 이 책 앞부분에서 소개한 PSI의 사례는 이와 관련하여 좋은 대안을 보여 준다. PSI는 캄보디아 청년들에게 콘돔 사용의 필요성을 알려 주었다. 그들은 캄보디아 사람이면 누구나 좋아하는 '넘버 원'이라는 말로 브랜드를 구축하고, 행사에 모인 청중에게 이 브랜드의 콘돔을 나누어 주었다. 하지만 에이즈의 위험에 대한 언급은 전혀 하지 않았다. 그 대신에 멋있고 자존심을 높여 주는 일등 브랜드 제품을 나누어 줌으로써 사람들이 곧바로 사용하도록 만들었다.

이와 비슷한 방법으로 티셔츠, 모자, 손목밴드 등의 기념품을 주면서 즉각적으로 인식을 높이는 단체들도 있다. 사람들이 돈을 기부하면 그 답례로 기념품을 선물한다. 이는 훌륭한 일에 대한 '인정'이기도 하다. 또 다른 방식으로, 행동 전에 미리 보상을 제공하는 경우도 있다. 사람들에게 기부를 요청하기 위해 엽서를 보내는 것이 바로 그것이다. 엽서를 받은 사람들 중 일부는 기부를 해야 할 것 같은 책임감을 느끼게 된다.

이러한 방식으로 제공하는 기념품이나 선물은 특정한 행동을 유도하기 위한 아주 조그마한 보상이다. 하지만 일회적인 보상만으로는 지속적으로 행동을 이끌어낼 수 없다. 실천을 계속할수록 더 좋은 선물을 받을 수 있다는 가능성을 제시해야 즉각성에 대한 인식을 유지할 수 있다. 예를 들어, 기부자들에게 그들이 도운 사람들과 직접 만나는 기회를 제공함으로써 자신의 선행에 대한 보람을 직접 느낄 수 있도록 하는 방법도 가능하다. 또 다른 예로, 내가 자주 애용하는 드러그스토어(www.drugstore.com)라는 온라인 사이트를 들 수 있다. 이곳에서 주문을 하면 항상 로션이나 샴푸 샘플을 함께 보내 준다. 나는 일단 그 샘플들을 써본다. 그러다가 피부와 머릿결이 부드러워지고 윤이 나는 걸 보면 그 제품을 직접 주문한다. 공익단체의 일도 이와 다를 바 없다고 생각한다. 나는 가끔 자선단체에 기부를 하지만 한 번으로 끝내는 경우도 많다. 하지만 기부할 때마다 즉각적으로 피드백을 제시하는 단체에는 좀더 꾸준히 기부하려 한다. 그때마다 진정으로 좋은 일을 하고 있다는 보람을 확인하고 싶기 때문이다.

개인적 연결고리 제시하기

효과적인 보상이 되기 위한 두 번째 요소는 개인적인 연결고리를 제시해야 한다는 것이다. 즉, 우리의 보상이 청중의 일상을 지금보다 더 좋게 만들어 줄 것이라고 설득할 수 있어야 한다.

기업의 경우 이러한 작업은 그다지 어렵지 않지만 공익단체들은 다르다. 우리는 집단적이고 사회적인 혜택을 위한 실천을 다루기 때문이다. 이러한 일에서 개인적인 연결고리를 만들려면 청중이 개인적으로 원하고 구체적으로 만질 수 있는 보상을 제공해야 한다.

추상적인 주장은 사람들을 설득하지 못한다. 오직 뚜렷한 메시지만이 사람들의 관심을 사로잡을 수 있다. 구체적이고 분명한 메시지를 만드는 일을 결코 게을리해서는 안 된다.

추상적인 아이디어를 개인적인 차원으로 끌어내는 기술 중 하나는, 그것을 눈으로 확인할 수 있도록 변환하는 것이다. 우크라이나에서 살던 시절, 우크라이나 국세청은 국민의 세금납부를 장려하기 위한 캠페인을 벌였다. 이를 위해 국세청은 몇 가지 광고를 제작했다. 그중 하나는 '우리 정부가 제공하는 사회적 기여라는 열매에 주목합시다'라는 슬로건과 함께 꿀벌통 앞에 서 있는 벌의 모습을 보여 주는 광고였다. 또 다른 광고에는 우물과 물 펌프가 나온다. 거기에 등장하는 사람들은 우물에서 퍼 올린 신선한 물을 물통에 담고 있다. 그 아래에는 우물을 파고 도시개발을 가능하게 해준 납세자들에게 감사를 드린다는 문구가 있었다. 나는 마케팅 강의 시간에 이 두 그림을 나란히 놓고 어느 광고가 더 효과적인지 물었다. 강의실에 있던 사람들은 물 펌프 광고가 개개인에게 더 큰 의미를 전달하며, 따라서 더 많은 동기를 부여한다고 만장일치로 대답했다.

이 사례는 그저 당연한 것처럼 보이지만 실제로 대부분의 공익단체들은 꿀벌통과 같은 접근방식을 취한다. 그들은 항상 지구를 살리고 가난을 구제하고 좋은 사회를 만들자고 외친다. 우리 역시 그런 것은 아닌지 의심해 볼 필요가 있다. 우리는 청중에게 꿀벌이 아니라 맑은 우물물을 제시해야 한다.

 결국 청중의 관심을 사로잡는 것은 거창한 주장이 아니라 개인적인 연결 고리이다.

청중의 가치를 반영할 것

이미 2장에서 청중의 가치에 대해 살펴보았다. 우리의 보상은 청중의 가치를 기반으로 해야 한다.

 청중의 가치관을 바꾸려고 해서는 안 된다. 그들의 가치관과 조화를 이루어야 우리의 메시지를 가슴속 깊이 전달할 수 있다.

청중의 가치는 우리의 목표와 아무런 연관이 없을 수도 있다. 그렇다고 하더라도 우리는 그 가치를 활용할 수 있다. 우리가 매일 접하는 수많은 메시지와 그 속에 담긴 가치를 한번 생각해 보자. 가령 여성 러닝화 광고를 떠올려 보자. 거기서는 여성으로서의 활력과 에너지를 강조한다. 광고 속의 여자들은 당당하게 외친다. "나는 여자다!"라고. 밤늦은 시간에 방송되는 약품광고를 보면 노인들이 약을 먹기 시작하면서 자신이 원하는 행복하고 독립적인 삶을 되찾았다고 말한다. 농구 중계 중간에 나오는 남성 탈취제 광고에서는 엘리베이터 안에서 여성이 남성의 옷을 벗기는 장면이 나온다. 이 광고들의 메시지는 너무나 뚜렷하다. 모두 소비자들이 갈망하는 가치를 담고 있다. 사실 그 메시지들은 제품 자체와는 크게 관련이 없다. 러닝화와 자신감이 무슨 관계가 있는가? 관절염 약을 먹으면 인생이 행복해지는가? 탈취제를 뿌리면 섹시해지는가? 절대 그렇지 않다. 그런데도 그 광고들은 제품을 소비자의 욕망과 연결한다. 이 연결고리를 통해 광고의 메시지는 소비자의 마음속으로 흘러 들어간다.

공익사업에서 이러한 성공 사례로 '텍사스를 더럽히지 마세요'(Don't Mess with Texas) 캠페인을 들 수 있다. 이 슬로건은 꽤 유명세를 얻어 나중에는 텍사스뿐만 아니라 다른 지역의 캠페인으로까지 사용되었다. 원래 이 캠페인은 텍사스 주에 사는 젊은 남성들을 목표 청중으로 삼았다. 그들은 쓰레기를 함부로 버리는 주범이었기 때문이다. 텍사스의 젊은 남성들은 공통적으로 마초적인 이미지에 열광했고 고향에 대한 자부심이 강했다. 이 슬로건을 만들어낸 GSD&M이라는 광고대행사는 쓰레기를 버리지 말라고 말하는 대신 그들의 강한 애향심에 호소했다. 이 캠페인은 길거리에 넘쳐나는 쓰레기를 줄이는 데 큰 기여를 했다.

기금 마련과 같은 공익사업을 추진할 때에도 우리는 청중의 개인적인 가치에 집중해야 한다. 사람들이 기부를 하는 다양한 이유와 그 이유들이 그들의 가치에 어떻게 연결되는지를 생각할 필요가 있다. 기부를 이끌어내기 위해서는 개인적 혹은 집단적 차원에서 청중이 갖는 가치들을 이해할 필요가 있기 때문이다.

많은 공익단체들은 사람들이 숭고한 목표에 감동받았기 때문에 기

광고대행사 GSD&M의 '텍사스를 더럽히지 마세요' 캠페인

부를 하는 것이라고 말한다. 물론 대부분의 사람들은 그들의 목표도 중요하다고 생각할 테지만 단지 그러한 이유로 지갑을 여는 사람은 없다. 사람들의 생각과 행동을 좀더 자세히 들여다보면 그들이 기부하겠다고 결심한 것은 거창한 이데올로기 때문이 아니라 개인적인 가치와 욕망 때문이라는 사실을 알 수 있다. 다시 말해 기부금을 내는 행동은 그들의 정체성과 밀접한 관련이 있다. 그렇다면 사람들이 추구하는 가치는 과연 어떠한 것일까? 다양한 유형의 가치들을 잠깐 살펴보자.

- 최근 벌어지는 기아, 쓰나미, 지진과 같은 세계적인 문제에 대해 뭔가 도움이 될 만한 일을 하고 싶다.

- 친한 친구가 유방암으로 세상을 떠난 이후, 유방암 단체에 기부를 함으로써 친구를 기억하고 싶다.

- 소속감을 느끼고 싶어서 모교나 라이온스 클럽에 후원금을 내고 있다.

- 자선단체에 시간과 돈을 투자하는 것이 나의 라이프스타일과 어울린다고 생각한다.

• 기부는 사람들을 만나고 관계를 맺는 좋은 기회이다. 이를 통해 인맥을 쌓고 싶다.

• 나 자신과 내 사업에 대해 다른 사람들에게 좋은 이미지를 심어 주기 위해 공익단체에 기부하고 싶다.

• 한 사람의 인생을 바꾸는 느낌을 받고 싶다. 그래서 매달 불우한 아이들에게 기부금을 보내고 있다. 아이들의 편지를 받으면 정말 좋은 일을 하고 있다는 느낌이 든다.

• 부모님은 항상 어려운 사람들을 도와주라고 말씀하셨다. 남을 돕는 것은 우리 가족의 전통이다.

• 꿈과 이상을 실천하며 살았다는 이야기를 자녀에게 들려주고 싶다.

• 사회로부터 많은 것을 받았기 때문에 이제 이를 다시 돌려주고 싶다. 그렇지 않으면 마음이 불편할 것 같다.

• 신앙적인 차원에서 기부를 한다. 신은 내게 재물을 주셨고 또한 이를 다른 사람들과 함께 나누기를 바라고 계신다.

• 리더가 되고 싶다. 그래서 우리 사회를 위해 무언가를 하고 싶다.

• 그전부터 잘 알고 존경하던 분이 기부에 대해 말씀하셨다. 그분의 조

언으로 기부를 결심하게 되었다.

내가 기부하는 이유는 위의 몇 가지 동기가 결합된 것이다. 어쨌든 나는 이익을 얻고 개인적인 이상을 실현할 수 있기 때문에 기부를 하는 것이다. 기부를 실천할 때 나는 항상 의미 있는 인간관계를 시작한다는 느낌을 받는다. 모든 공익단체들은 작은 기부자로부터 박애주의 실천가에 이르는 모든 청중에게 메시지를 전달할 때, 그들이 얻을 수 있는 보상을 충분히 생각해야 한다. [1]

경쟁력 있는 보상 제시하기
우리는 앞서 청중에게서 행동을 이끌어내기 위해서는 다른 조직들과 경쟁을 해야 하는 현실을 살펴보았다. 이러한 경쟁 환경 속에서 청중은 다양한 보상을 선택할 수 있다. 그러므로 보상을 제안할 때 우리는 경쟁적인 마인드를 가져야 한다.

 청중이 현재 받는 보상보다 훨씬 좋은 것을 제안해야 한다.

앞서 소개한 '진실 금연 캠페인'은 10대들이 그들을 이용하려 드는 담배 회사에 직접 대항하도록 만들었다는 점에서 대단히 성공한 캠페인으로 손꼽힌다. 담배를 피운다는 것은 많은 젊은이에게 반항적인 욕구를 드러내는 보상을 제공한다. 이와 마찬가지로 진실 캠페인 또한 청소년이 원하는 보상에 초점을 맞추었다. 그들은 담배가 주는 것보다 더 좋은 보상을 마련했다. 금연 캠페인에 참여한 청소년들은 다른 친구들에게 이렇게 이야기한다. "담배를 피우는 것보다 더 멋있어 보이는 방법이 있어. 담배 회사 정문에서 팻말을 들고 시위를 벌일 수도 있고, 담배 홍보 담당자에게 항의전화를 걸고, 텔레비전에 출연하고, 멋진 사람들도 만날 수 있어." 16세 소년들에게 친구의 이러한 제안은 카멜 담배를 피우는 것보다 더욱 멋있어 보인다.

또한 우리는 청중의 심리적·사회적·문화적 마인드와도 경쟁해야 한다. 우리가 요청하는 행동이 청중의 믿음이나 경험과 일치하지 않을 수도 있을 것이다. 만약 그렇다면 이전과는 다른 방식으로 행동하는 것이 더욱 가치 있는 일임을 그들에게 설득할 수 있어야 한다. 즉, 다른 방식으로 행동하는 것 자체를 하나의 보상으로 느낄 수 있도록 해야 한다. 미국 패스트푸드 체인인 '타코벨'(Taco Bell)은 '번(햄버거용 빵)을 뛰어넘어 생각하자'라는 슬로건을 내세웠다. 정체성이 뚜렷한 일부 공익단체들도 이러한 접근방식을 사용한다. 호주 태즈메이니아의 한 여성단체는 인생을 즐기는 노인들의 이미지를 널리 알리면서 기금을 모았다. 그들은 할머니들의 누드 사진을 담은 '또 다른 인생을 위한 누드'(Bare to Be Different)라는 획기적인 달력을 제작했다. 이 달력에 등장하는 할머니들의 누드 이미지는 유머러스하고 독창적인 방식으로 사람들의 문화적 선입견을 깨부순다. 한 사진에서는 옷을 벗은 할머니들이 테이블에 모여 카드놀이를 하고 있다(중요 부위를 가리기 위해 카드를 교묘하게 배치하는 방법을 쓰고 있다). 여기서 그들은 나이와 상관없이 인생을 즐기고 싶어 하는 여성의 욕망을 표현한다.

이와는 반대되는 접근방식도 가능하다. 즉, 많은 사람들이 특정 행동을 실천하고 있다는 사실을 알림으로써 우리가 요청하는 행동이 그다지 급진적인 것은 아니라고 설득할 수도 있다. 예를 들어, 미국 공익광고협의회(Ad Council)와 광고제작사인 'DDB 시카고'는 의회도서관의 어린이용 웹사이트를 홍보하기 위해 재치 있고 역설적인 접근방식을 시도했다. 그들은 카드놀이나 공놀이를 하듯 역사적인 인물의 종이인형을 가지고 노는 어린이들의 이미지를 제시했다. 그리고 사진 옆에 이러한 문구를 적어 놓았다. "재미있게 게임을 하면서도 역사공부를 할 수 있는 방법이 있습니다. 우리 사이트에 접속하세요. 놀면서 공부할 수 있는 새로운 세상이 펼쳐집니다." 이 광고는 폭발적인 반응을 얻었다. 이들은 '인터넷을 통한 역사공부'라는 생소한 개념을 '역사와 함께 놀기'라는 이미지와 연결함으로써 더욱 친숙하게 보이도록 하는 전략을 구사한 것이다.

신뢰를 줄 것

이제 마지막으로, 우리가 제시할 보상은 청중이 믿을 만한 것이어야 한다.

> 어떤 보상을 제안할 때, 특히 아주 야심찬 약속을 제시할 경우 우리는 그것이 현실적으로 가능하다는 것을 함께 보여 주어야 한다. 물론 정량화된 형태나 과학적인 증거까지 동원해야 한다는 뜻은 아니다. 하지만 우리가 요청하는 행동과 그에 따른 보상이 현실적으로 충분히 가능하다는 사실을 보여 줄 수 있어야 한다.

정확한 수치를 제시함으로써 신뢰도를 높일 수 있다. 하지만 문제는 사람들이 수치를 오래 기억하지 못한다는 사실이다. 또한 수치를 있는 그대로 받아들이지 않으려 한다. 따라서 통계자료를 제시할 때에도 개인적인 차원에서 연결고리를 만들어야 한다. 그래야만 이를 그대로 받아들이고 오랫동안 기억할 것이기 때문이다. 예를 들어, 우리는 얼마나 많은 질산염이 강으로 흘러들어 갔는지, 또는 지하수에서 얼마나 많은 콜레라균이 검출되었는지 그 수치를 기억하지 못한다. 하지만 수돗물이 오염되었다는 뉴스는 모두 기억할 것이다.

다양한 심리학 조사연구에 따르면, 정량적인 통계자료보다 생생한 사례가 사람들에게 훨씬 강한 인상을 준다고 한다. 나 또한 제품을 사거나 책을 고르거나 여행지를 선택할 때, 평소 신뢰하는 사람들의 조언을 참조한다. 그리고 그들이 추천한 것들을 기꺼이 시도하고자 한다. 이러한 조언은 구전이나 공식적인 추천(가령 책 표지에 실린 유명인들의 추천사), 또는 다양한 성공 스토리(가령 체중감량 성공 사례)의 형태로도 나타난다.

조언을 제시하거나 성공 스토리에 등장하는 사람들은 그들이 말하는 내용 그 자체보다 더 큰 위력을 발휘할 수 있다. 이를테면 대중적으로 인기가 높은 사람이 어떤 주장을 한다면 사람들에게 더 강한 신뢰감을 준다. 즉, 누가 메시지를 전달하느냐가 신뢰성에 지대한 영향을 끼친다. 그러므로 공익단체들도 메신저를 선택할 때 신중해야 한다. 기업들은 이러한 선택에 아주 익숙하다. 치약 광고는 이렇게 외친다. "치과의사 5명 중 4명이 우리 치약을 추천합니다." 이는 권위적인 메신저를 내세운 경우다. 집단 내의 한 일원을 앞세울 수도 있다. 청소년에게 어떤 메시지를 전달하고자 할 때, 어른보다 또래 아이들을 내세우면 신뢰성을 더 높일 수 있다.

또한 힘든 노력이나 막대한 투자 없이도 쉽게 실천할 수 있다고 설득함으로써 메시지의 신뢰성을 높일 수 있다. 우리가 요청하는 행동이 대단히 어려운 과제처럼 보인다면 청중에게는 보상이 멀게만 느껴질 것이다. 그렇기 때문에 기업들은 광고 속에 항상 '쉽게'라는 말을 삽입한다. 사람들은 누구나 쉽고 편한 것을 선호한다. 그래서 리모컨과 패키지여행 상품이 사라지지 않는 것이다. 사람들은 원하는 것이 있어도 이를 위해 너무 많은 노력을 들이고 싶어 하지는 않는다.

또 다른 접근방식은 비슷한 처지의 사람들이 특정 행동을 실천하는 모습을 보여 주는 것이다. 즉, 사회심리학자나 마케팅 전문가들이 언급하는 '사회적 표준'(social norm) 또는 '사회적 증거'(social proof)를 제시함으로써 신뢰성을 높일 수 있다.

> 사회적 증거란 다른 사람들이 특정 행동을 실천하는 것을 보여 주는 객관적인 자료를 말한다. 사회적 증거가 있으면 사람들은 자신도 그렇게 행동하고자 노력한다. 사람이란 원래 환경에 순응하는 존재이기 때문이다. 우리 모두는 주변 사람들의 생각과 행동에서 힌트를 얻는다.

사회심리학자 엘리엇 애런슨에 따르면, 사람들은 확신이 서지 않는 상황일수록 믿음이 가는 인물이나 자신과 비슷한 사람들에게 더 많이 의지한다.[2] 이러한 상황에서 사회적 표준이 마켓에 더 큰 영향을 끼칠 수 있다. 만일 사람들이 다른 사람들의 의견에 전혀 영향을 받지 않는다면, 패션 업체들이 모여 올해 슬림넥타이나 롱스커트를 유행시키자고 결정하는 일은 아예 불가능할 것이다. 진실 캠페인은 바로 이러한 사회적 표준의 개념을 활용한 대표적인 사례다. 이와 마찬가지로 대학생들의 무분별한 파티를 자제하도록 요청하는 캠퍼스 캠페인 사례들역시 사회적 표준을 도입하고자 했다. 대학들은 요즘 대다수의 학생들이 음주를 자제하며, 예전에 비해 절제하는 음주문화가 캠퍼스에도 자리 잡았다는 사실을 학생들에게 알렸다. 이는 학생들 대부분이 술을많이 마신다는 믿음을 바꾸기 위한 시도였다. 하지만 하버드대학의 '학내 음주에 관한 연구'(College Alcohol Study)는 이러한 접근방식이별로 효과가 없다는 사실을 말해 준다. 첫째, 대다수의 학생들이 음주를 자제하고 있다는 말은 일부 학생들은 여전히 술을 많이 마신다는 사실을 인정하는 셈이다. 이는 메시지의 신뢰성을 감소시킨다. 둘째, 실제로 학생들은 얼굴 없는 '대다수의 학생들'보다 주변의 친구들로부터더 많은 영향을 받는다. 사람들은 자신과 비슷한 입장에 있는 사람들에게서 사회적 증거를 발견하는 경향이 있다. 그렇기 때문에 메시지의신뢰성을 높이기 위해서는 대학이 주장하는 '대다수의 학생들'이 학생들과 가까운 동료라는 사실을 알려야만 한다. 하지만 그들이 말하는 '대다수의 학생들'은 추상적인 존재이지 결코 구체적인 사람이 아니다.그렇기 때문에 이는 사회적인 증거로서 힘을 발휘하지 못했다.

로버트 우드 존슨 재단(Robert Wood Johnson Foundation)의 커뮤니케이션 연구자로서 젊은이들에 대한 주류 광고의 영향력을 조사한 드웨인 프록터(Dwayne Proctor)는 친근한 얼굴이 메시지의 설득력을 높인다는 사실을 증명했다. 그는 이렇게 주장한다. "미국의 광고 규제상 모델이 병째로 맥주를 들이키는 장면을 방송할 수는 없습니다. 하지만 사실 술을 마시는 장면은 전혀 중요하지 않습니다. 다만 맥주 광고에 '친근한 동료'와 같은 유명인이 등장하기만 하면 됩니다. 시청자들은 광고 모델과 자신을 동일시함으로써 모델이 실제로 그 맥주를 마신다고 생각하게 되지요. 반대로 유명 모델 없이 광고를 하는 경우 소비자들의 동일시 정도가 현저히 떨어진다는 사실을 확인할 수 있습니다."[3] '대다수의 학생들'보다 옆자리의 동료 한 명이 더 큰 사회적 증거를 제공하는 것처럼, 맥주를 들고 있는 유명 모델은 맥주 그 자체보다 더욱 강한 인상을 남길 수 있다.

긍정적 보상 VS 부정적 보상

지금까지 긍정적 보상을 다루어 보았다. 하지만 부정적 접근방식이 성과를 거두는 사례도 분명히 있다. 지금 아무런 행동을 취하지 않으면 나타날 수 있는 비극적인 결과를 강조함으로써 청중을 움직이는 부정적 보상의 사례는 2장에서도 잠깐 살펴보았다.

에이즈 확산에 맞서 싸운 태국의 초기 캠페인들은 이러한 위협 전략을 기반으로 했다. 많은 단체들이 카포지육종으로 야위어가며 고통에 신음하는 중증 환자들의 사진을 널리 알렸다. 물론 이러한 캠페인의 목적은 무분별한 성행위의 위험성을 경고하기 위함이었다. 하지만 이들 캠페인에 집중된 사회의 비난 여론 때문에 그들의 메시지는 제대로

> 부정적 보상의 활용에는 각별히 주의를 기울여야 한다. 불명예, 공포, 경고를 담은 메시지는 오늘날 지나치게 많이 활용되며, 간혹 분쟁을 일으키기도 한다. 부정적 보상의 활용은 즉각적이고 개인적인 위험을 제시하고 이를 피하기 위한 행동이 구체적이고 실현 가능할 때에만 효과를 발휘할 수 있다. 이러한 조건이 마련되지 않은 경우 청중은 위협만을 느낀 채 아무 행동도 하지 않을 것이다.

전달되지 못했다. 캠페인을 통해 고통에 일그러진 환자들의 이미지가 널리 퍼져 나가자 에이즈 환자의 가족들이 이들을 집 밖으로 쫓아내는 사태가 벌어졌다. 갈 곳을 잃은 에이즈 환자들이 거리를 헤매게 되면서 사회적인 위험은 더욱 증가했다. 전혀 예측하지 못한 위협 전략의 부작용이 나타난 것이다.

이와는 달리 '음주 운전에 반대하는 어머니들의 모임'(Mother Against Drunk Driving)은 즉각적이고 개인적이며 사람들의 가치관에 기반을 둔 위험을 제시함으로써 메시지를 성공적으로 전달할 수 있었다. 이들은 음주 운전의 유혹을 뿌리치지 못한다면 소중한 자녀를 죽게 할 수도 있다는 생각을 하도록 만들었다. 그리고 택시를 부르거나 대리기사를 부르는 것처럼 위험을 피할 수 있는 행동 또한 아주 쉽게 실천할 수 있는 것이었다. 이러한 사례가 하나 더 있다. '미국 청소년 금연 캠페인'(Campaign for Tobacco-Free Kids)은 광고에 상원의원들의 얼굴을 실었다. 그리고 대형 담배 회사들로부터 우리 아이들을 지키겠느냐는 질문을 적어 넣고는 마지막으로 '담배 vs 청소년. 미국은 이제 이 둘을 떼어 놓아야 합니다'라는 슬로건을 담았다. 금연 캠페인은 이 광고를 통

미국 청소년 금연 캠페인

해 청소년을 상대로 한 담배 회사들의 마케팅 규제 법안에 찬성하지 않는 것이 정치 생명에 큰 부담으로 작용하도록 만들었다. 하지만 법안에 찬성할 경우 청소년들 편에 서는 정치인이 될 수 있다는 매력적인 보상을 제시함으로써, 이 위협 전략은 이익 교환을 마련했다.

한편 지방을 많이 섭취하는 식습관이 심장마비의 위험을 증가시킨다는 사실을 알리려던 '건강한 식습관 캠페인'은 그다지 좋은 반응을 얻지 못했다. 그들이 제시한 부정적 보상이 즉각적이지 못했기 때문이다. 오늘 내가 베이컨을 잔뜩 먹는다고 해도 그 위험은 몇 년 뒤에나 나타난다. 그들이 제시한 부정적 보상은 수많은 사람들을 대상으로 하는 일반적이고 추상적인 위험이기 때문에 사람들은 이를 개인적인 것으로 느끼지 못했다. 나 역시 콜레스테롤 수치를 걱정하느라 밤잠을 설칠 정도는 아니다. 즉, 그들이 제시한 위험은 청중의 가치에 기반을 두고 있지 않았다. 그들의 주장은 오히려 깐깐한 옆집 아주머니의 쓸데없는 잔소리처럼 들린다. 게다가 그동안의 식습관을 바꾸는 일은 너무나 힘들게만 보인다. 그렇기 때문에 나조차도 그들의 메시지를 외면해 버리고 말았다.

로빈후드 법칙, 이렇게 활용하자

청중의 행동에 따른 적절한 보상을 마련하는 과정

청중의 행동에 따른 적절한 보상을 마련하는 과정과 그 과정의 마지막에 중요한 개념 하나를 들여다보자. 청중은 우리가 요청한 행동을 실천함으로써 보상을 원한다. 이렇게 이루어지는 이익 교환은 마케팅 메시지의 핵심이다(메시지에 관해서는 다음 장에서 자세하게 다룬다). 하지만 청중이 진정으로 원하는 보상을 찾기란 결코 쉬운 일이 아니다. 이 책에서 소개하는 그 어떤 다른 과제보다 매력적인 보상을 개발하는 작업에 더 많은 시간을 투자하도록 하자.

보상을 만드는 과정을 보다 자세히 설명하기 위해 다소 힘들었던 사례를 하나 소개할까 한다. 예전에 나는 '아름다운 황혼'(Aging with Dignity)이라는 유명 단체와 함께 일한 적이 있다. 이들은 심각한 병을 앓거나 죽음을 앞둔 사람들에게 의료적인 도움을 준다. 플로리다에 위치한 이 NPO는 합리적이고 간편하고 법적 효력이 있는 '사전의료지시서'(*advance directive* 또는 *living will*, 자신의 의사를 제대로 표현하기 어려운 상황에 대비해 특정 치료의 지속이나 중지에 관한 의견을 미리 밝혀 놓은 문서 — 옮긴이)의 중요성을 홍보하는 활동을 벌인다. 그들이 '5가지 소망'(Five Wishes)이라고 부르는 사전의료지시서를 작성하면 2가지 일이 가능하다. 우선 스스로 의사를 표현할 수 없는 상황에서 자신이 원하는 치료 범위를 구체적으로 정할 수 있다. 다음으로 그러한 경우가 발생했을 때 자신을 대신하여 결정을 내릴 사람이나 주체를 지정할 수 있다. 아름다운 황혼의 '5가지 소망'은 한마디로 획기적인 제품이었다. 주위의 반응 또한 뜨거웠다. 뇌사 상태에 빠진 테리 시아보(Terri Schiavo)라는 환자를 두고 부모와 남편이 벌인 다툼이 법정공방으로까지 이어진 유명한 일화처럼, 자신의 의사를 법적 문서로 남기지 않거나 대리인을 미리 지정해 두지 않았을 때 가족은 물론 판사와 정치인들까지 사회적 분쟁에 휘말릴 위험이 있다.

하지만 이 단체가 판매하는 제품에는 장애물이 있었다. 그것은 이들이 제시하는 보상은 오직 죽음에 가까워졌을 때만 의미가 있다는 사실이다. 또한 그 보상마저도 죽음이라는 그늘 아래서는 그리 빛나 보이지 않는다. 그렇다면 이제 이 단체가 그 장벽을 어떻게 뛰어넘었는지, 그리고 색이 바랜 보상에 어떻게 활기를 불어넣었는지 자세히 살펴보도록 하자.

하나. 다시 들여다보기

이익 교환을 만들려면 우선 청중의 특성과 가치를 끊임없이 되돌아보아야 한다. 이를 실천하기 위해 청중 범주별로 그들의 특성과 가치의 목록을 작성해서 이를 벽에 붙여 두는 방법을 권한다. 이렇게 만들어진 목록을 볼 때마다 중요한 것은 우리의 목표가 아니라 청중의 관심이라는 점을 떠올리면서 현실을 새롭게 바라볼 수 있을 것이다. 청중에게는 그들만의 고유한 가치와 관심사항이 있다는 사실을 항상 잊지 말자.

다음으로 청중에게서 이끌어내기를 원하는 행동에 주목하자. 우리가 바라는 행동은 영화의 한 장면처럼 머릿속에 쉽게 떠올릴 수 있을 만큼 현실적으로 실현 가능하고 충분히 구체적이어야 한다는 점을 다시 한 번 상기하자. '인지도 높이기'나 '목표 지원하기'와 같이 두루뭉술하게 행동을 정의하려는 유혹에 넘어가지 말자. 행동은 언제나 명확하고 구체적이어야 한다.

이제 청중의 상황을 테스트하자. 이를 위해 가장 필요한 것이 바로 리서치다. 청중은 지금 무엇을 하고 있는가? 과자봉지를 들고 소파에 앉아 재미있는 드라마를 보고 있는가? 우리가 아닌 다른 자선단체에 온라인으로 10달러를 기부하고 있는가? 쓰레기 더미를 강에 버리고 있는가? 공연장으로 가는 대신 CD로 음악을 듣는가? 청중의 이러한 모습은 모두 경쟁적인 행동들의 일부이다. 이는 청중의 마음 깊은 곳을 보여 준다.

여기서 아름다운 황혼의 사례로 돌아가 보자. 아름다운 황혼은 당시 사전의료지시서를 작성하지 않은 모든 이들을 청중으로 삼았다. 그들은 청중에게 어떠한 방식으로 다가갔을까? 아름다운 황혼은 죽음에 대해 설명하거나 죽음과 관련된 서비스를 소개하는 일에 초점을 맞추지 않았다. 물론 그것은 반드시 필요한 작업이기는 하다. 하지만 미국인 대부분은 보톡스와 같은 현대의학의 열매를 숭배하고 젊음을 유지하게 하는 획기적인 치료에 열광한다. 아름다운 황혼은 이처럼 젊음을 갈망하는 청중이 그들의 가족과 의사 곁에서 사전의료지시서를 작성하고, 죽음을 앞둔 상황에서 어떠한 치료를 원하는지 대화하기를 원했다. 그러나 누구나 죽음에 대한 준비는 가능한 한 미루려고 한다. 생명을 위협하는 심각한 질병은 까마득한 먼 미래의 일처럼 보이기 때문이다. 그렇기 때문에 사전의료지시서는 즉각적이지도, 개인적이지도 않아 보인다.

이러한 상황에 대해 아름다운 황혼에겐 2가지 가능성이 있었을 것이다. 첫째, 항상 죽음을 생각하고, 치명적인 질병에 걸릴지 모른다는 불안 속으로 사람들을 집어넣는 방법이다. 둘째, 행동과 보상에 대한 창조적인 연결고리를 만들어서 청중의 선입견을 없애 버리는 것이다.

둘. 행동과 연관이 있고 이익 교환의 기반이 되는 청중의 가치 선택하기

청중의 가치를 언제나 간직해야 그들과의 연결고리를 잃어버리지 않는다. 이렇게 물어보자. 우리가 제시하는 보상은 청중이 진정 원하는 것인가? 우리가 요청하는 행동이 청중의 가치와 조화를 이루는가? 이를 통해 지속적으로 관계를 강화하고 있는가?

아름다운 황혼은 미국인들 대부분이 사전의료지시서 작성을 꺼린다는 사실을 이미 잘 알았다. 하지만 일부 계층은 이를 필요로 한다는 점도 인지했다. 특히 베이비붐 세대들은 부모의 건강을 많이 염려하지만, 실제로 부모에게 만약의 경우 어떤 치료를 받길 원하는지 물어보는 것을 어려워했다. 하지만 그들은 이 문제와 관련하여 부모와 진지한 대화를 원했다. 그들의 심리 상태를 깨달은 아름다운 황혼은 사전의료지시서가 가족 간의 대화에 도움을 줄 수 있다고 판단했다. 그리고 이들을 위해 '5가지 소망'이라는 프로그램을 개발했다. 아름다운 황혼은 5가지 소망 프로그램에 참여함으로써 얻을 수 있는 보상에 대한 자세한 소개 자료를 제작했다. 사람들은 5가지 소망을 작성함으로써 자신이 받고 싶은 치료 범위를 미리 결정할 수 있고, 자신의 소망을 사전에 가족에게 알릴 수 있고, 위급상황이 발생했을 때 가족이 자신의 판단을 짐작해야만 하는 어려움에 미리 대처할 수 있다. 한마디로 가족이 내려야 하는 결정에 대해 미리 조언해 줄 수 있다.

베이비붐 세대의 걱정거리와 부모와의 대화에 초점을 맞춤으로써, 아름다운 황혼은 기존에 있던 사전의료지시서의 틀을 바꾸고 새로운 보상을 제시했다. '5가지 소망'은 더 이상 죽음을 염두에 둔 법률문서가 아니다. 이는 가족 간의 진지한 대화다. 부모님에게 5가지 소원을 말해 보라고 이야기를 시작함으로써, 지금까지 힘들게만 느껴졌던 대화의 실마리를 풀어내는 보상을 받을 수 있다. 그리고 더욱 중요한 보상은 위급상황이 발생한 이후 죄책감을 느끼기보다 바로 지금 이 순간 착한 아들, 딸로서 책임 있는 행동을 하고 있다는 뿌듯함을 느낄 수 있다는 점이다.

하지만 아름다운 황혼은 5가지 소망 프로그램의 사전의료지시서를 작성하는 일이 절대 쉽지 않다는 사실을 잘 알고 있었다. 사람들은 과연 언제 그리고 어떠한 말로써 부모에게 그 서류를 드려야 할까? 이 질문에 대답하기 위해 아름다운 황혼은 사전의료지시서 작성을 요청하는 프로세스를 마련했다. 이 프로세스를 담은 자료 키트에는 가족에게 '5가지 소망'을 소개하기, 이에 관해 대화 나누기, 이를 작성하도록 설득하기, 그리고 의사들과 함께 이야기 나누기와 같은 구체적인 방법이 자세하게 설명되어 있다. 또한 긍정적인 보상들도 다양하게 소개한다. 이 자료 키트는 즉각적이고 개인적이고 믿음이 가는 보상을 제시하면서 베이비붐 세대의 청중이 부모와 곧바로 대화를 시작하도록 돕는다. 그리고 그들의 메시지를 부모 세대에 효과적으로 전달하기 위해 베이비붐 세대의 청중을 메신저로서 활용했다. 이러한 노력의 결과 많은 부모의 참여를 이끌어낼 수 있었으며, 자녀도 함께 작성할 것을 권하는 사람들도 많았다. 서류를 작성하라고 말하는 자녀들에게 그들은 이렇게 물었다. "너는 안 하면서 왜 나보고만 이걸 하라는 거니?"

아름다운 황혼의 사례를 살펴보면 그들의 노력이 단지 죽음을 회피하는 것이 아닌가 하는 의문이 들 수도 있다. 하지만 결코 그렇지 않다. 죽음을 숨기려고 했다기보다는 오히려 그들이 제시하는 보상을 더욱 강조하기 위해 노력했다고 볼 수 있다. 또한 죽음을 자신의 것으로 받아들이지 않고서도 얼마든지 프로그램에서 제공하는 보상을 받을 수 있음을 강조했다.

셋. 이익 교환을 테스트하기

구체적인 행동을 정의하고 매력적인 보상을 마련했다면 일단 이익 교환의 틀을 만든 셈이다. 다음으로 해야 할 일은 청중의 범주별로 이익 교환을 목록으로 작성하고 이를 하나씩 테스트하는 것이다. 우리의 보상은 즉각적인가? 개인적인가? 청중의 가치를 반영하는가? 다른 보상보다 더 나은가? 믿을 만한가? 이 질문들을 통과하지 못했다면 수정작업에 들어가자. 앞서 살펴본 '5가지 소망'은 이 기준을 만족시킨다. 즉, 그들의 성공 기반은 바로 효과적인 이익 교환에 있었다.

그러나 아름다운 황혼은 여기서 멈추지 않았다. 이들은 보상 수준을 한 단계 더 높임으로써 청중의 범주를 확대할 수 있는 가능성을 발견했다. 그리고 가장 먼저 대기업 인사부를 공략하기로 했다. 최근 많은 대기업들은 직원을 위한 복리후생 수준을 높이기 위해 노력한다. 그중 한 가지로 가족에 대한 의료비 지원을 들 수 있다. 앞서 살펴본 것처럼 베이비붐 세대 직장인들은 부모의 건강에 많은 관심을 갖고 있고, 기업들은 이러한 직원과 그 부모를 위한 장기의료보험 및 의료지원 프로그램 실시를 고려하고 있었다. 직원들 또한 이러한 지원을 바랐으며, 직원의 애사심과 생산성을 높이고 근퇴 상황을 개선할 수 있다는 생각에 많은 기업들이 큰 관심을 보였다.

하지만 문제는 예산이었다. 대기업 인사부들은 가능한 한 비용을 줄이면서 이러한 지원 프로그램을 실시할 방법을 찾고 있었다. 아름다운 황혼은 인사부 담당자들을 대상으로 사전의료지시서 프로그램을 제안하기로 했다. 그들은 가족 지원 프로그램을 요청하는 직원들을 대상으로 사전의료지시서 프로그램을 실시하면 아주 저렴한 비용으로(1인당 1달러 정도) 기업이 직원 복지에 많은 관심을 갖고 있다는 사실을 알릴 수 있다고 강조했다. 또한 직원들은 부모가 위독한 상황에 처했을 때를 대비하여 미리 준비할 수 있고, 나이가 많은 직원들은 본인들이 직접 사전의료지시서를 작성할 수도 있다는 점을 설명했다.

하지만 앞의 사례와 마찬가지로, 인사부 담당자들 역시 이 프로그램을 어떻게 시작해야 할지 막막해했다. 사실 죽음이라는 주제를 언급하기에 직장이라는 공간은 그다지 적합한 곳이 아니다. 인사부 담당자들은 5가지 소망 프로그램에 큰 관심을 보였지만 어떻게 시작해야 할지에 대해서는 난감한 표정을 지었다. 그래서 아름다운 황혼은 '직장인들을 위한 5가지 소망'(Five Wishes at Work)이라는 프로그램을 따로 개발했다. 그리고 직장 내에서 효과적으로 이 프로그램을 실시할 수 있는 5가지 소망 키트를 특별히 제작했다. 이 키트 속에는 인사 담당자들이 효과적으로 프로그램을 소개할 수 있도록 도와주는 모든 프로세

스가 담겨 있었다. 그들은 이 키트를 통해 메시지의 신뢰성을 높이고
자 했다. 또한 여기에 담긴 전단지는 이 프로그램의 혜택을 기업의 관
점에서 설명했다. 전단지에는 5가지 소망 프로그램이 기업에 줄 수 있
는 실질적인 이익과 함께 프로그램을 도입한 기업의 실제 사례들을 실
었다. 게다가 인사부 담당자들이 프로그램을 자연스럽게 소개할 수 있
도록 도시락이나 뉴스레터를 활용하는 구체적인 아이디어까지 제안했
다. 이와 함께 아름다운 황혼은 자체적으로 비디오까지 제작하여 공식
석상에서 직원에게 보여 줄 수 있도록 했는데, 영상에는 프로그램에
대한 전반적인 설명과 FAQ를 담았다. 프로그램 키트는 여기서 멈추
지 않고, 뉴스레터에 들어갈 기사 및 직원들에게 보내는 이메일 샘플
까지 친절하게 소개한다. 그리고 기업들이 직접 복사해서 쓸 수 있도
록 빈 양식지와 함께, 5가지 소망에 대해 가족 및 의사들과 대화를 나
눌 수 있는 안내 자료까지 제공했다. 아름다운 황혼은 인사부 담당자
들이 행동을 실천하는 데 발생하는 문제점들을 해결하고 보상을 강조
함으로써 이 프로그램을 성공적으로 이끌 수 있었다.

이 프로그램은 큰 관심을 받았다. 미 국무부, 미식축구선수협의회
(National Football League Players Association), MTV와 같은 거대 조직
들이 이 프로그램을 도입하기로 했다. 그리고 수천 명의 직장인은 자
신과 가족을 위해 프로그램을 신청했다. 유명한 조직들이 메신저 역할
을 맡음으로써, 이 프로그램의 목표가 죽음을 준비하는 부담스러운 작
업이 아니라 책임감을 실천하고 중요한 의료지원을 신청하는 것이라
는 인식이 널리 퍼지게 되었다. 지금까지 7천 개가 넘는 기업 및 단체
들이 5가지 소망 프로그램을 도입했다.

2005년 초, 이 프로그램의 중요성을 사회적으로 알리는 한 사건이 발생했다. 뇌사 상태에 빠진 테리 시아보에 대한 생명연장 조치를 둘러싸고 남편과 부모 그리고 정치권까지 참여한 사회적 논쟁이 벌어졌다. 언론 또한 이 사건의 법정공방에 지대한 관심을 보였다. 이는 하나의 사건이 공익단체에 큰 영향을 줄 수 있다는 것을 보여 준 사례이기도 하다. 미국인들은 한 여성의 목숨을 놓고 가족, 정치인, 사회운동가, 법률가들이 치열한 다툼을 벌이는 광경을 지켜보면서, 자신이 그러한 일을 당한다면 가족이 어떻게 해주기를 바라는지에 대해 진지하게 고민하기 시작했다. 이로 인해 사전의료지시서를 작성하고 의료대리인을 지정하는 일이 지금 당장 필요하다는 사회적 인식이 높아졌다. 시아보의 사건은 사전의료지시서를 작성하지 않거나 대리인을 지정하지 않음으로써 자신의 목숨에 대한 권리를 행사하지 못하는 위험을 극명하게 보여 주었다. 당시 아름다운 황혼 대표였던 폴 말리(Paul Malley)는 거의 매일 언론과 인터뷰를 했다. 그는 "시아보의 비극은 주위의 어느 누구도 그녀의 생각을 파악해서 이를 실현해 주지 못했다는 것"이라고 언급했다. 그리고 "그녀가 사전에 가족에게 자신의 소망을 정확하게 알려 주었더라면 이처럼 가슴 아픈 사건은 벌어지지 않았을 것"이라고 강조했다. 그의 인터뷰는 많은 사람들에게 강한 인상을 남겼다. 시아보 사건 이후, 사전의료지시서 신청은 하루 평균 50개 정도에서 무려 6천 개 이상으로 급증했다. 그리고 5가지 소망 프로그램에 대한 문의는 한 달에 30만 건에 육박했다.

이 사례는 매력적인 이익 교환을 마련하는 것만큼이나 우리의 제안을 새로운 형태로 만들고, 청중의 범위를 확대하고, 보상을 더욱 매력적으로 만드는 사건을 활용하려는 시도가 중요함을 보여 준다. 우리가 제시하는 보상의 매력은 특정 사건에 의해 갑자기 높아질 수도 있다 (반대로 낮아질 수도 있다). 그렇기 때문에 우리는 그러한 사회적 사건에 따라 보상을 수정할 수 있는 준비를 갖추어야 한다.

사전의료지시서 팔기

짐 토웨이

겸손하면서도 열정적인 짐 토웨이(Jim Towey)는 냉철한 판단과 뜨거운 가슴으로 다양한 공익단체를 이끌고 있다. 그는 테레사 수녀를 도우면서 동시에 백악관의 공익사업을 추진하기도 했다. 그런데도 그는 자신이 한 일을 널리 알리는 데 소극적인 편이다. 사회적으로 널리 알려야 하는 캠페인을 추진하는 경우 그는 맨 앞에 나서지 않는다. 토웨이는 이익 교환의 힘을 믿는다. 검소한 삶을 사랑하는 그는 탁월한 유머 감각으로 상대방을 설득하는 비장의 무기를 가졌다.

토웨이가 처음부터 공익분야에 뛰어든 것은 아니었다. 그의 인생을 바꾸어 놓은 것은 바로 테레사 수녀와의 만남이었다. 1985년, 그는 오리건 상원의원 마크 햇필드(Mark Hatfield Jr.)의 캠프에서 일하다가 죽음을 앞둔 사람을 돕기 위해 캘커타에 있는 테레사 수녀의 집을 방문하였다. 그녀를 만난 이후 토웨이는 자신의 인생을 어려운 사람들을 위해 바치기로 결심했다. 이후 정계를 떠나 테레사 수녀의 무료급식, 호스피스 사업에서 자원봉사자로 활동했다. 또한 테레사 수녀를 위해 법률적인 업무를 처리하기도 했다(믿기 어렵겠지만 테레사 수녀에게도 법률적 이슈가 있었다. 그것은 테네시 주의 한 커피숍에서 테레사 수녀의 얼굴을 닮은 시나몬 빵이 인쇄된 티셔츠를 판매하는 것을 중지하도록 요청한 사건이었다). 토웨이는 호스피스 단체에서 죽음을 앞둔 여러 사람들과 함께 많은 시간을 보냈다.

Q. 주어진 사명을 실천하기 위해 공익단체를 설립하면서 비즈니스적인 접근방식을 활용하기 힘들 거라 걱정하지는 않았나요?

A : 일반 기업의 영업사원들은 매출 목표를 달성하기 위해 가장 효과적인 방법을 모

색합니다. 우리 사회에는 고래를 보호하고 기아문제를 해결하고 문화, 예술을 홍보하기 위해 노력하는 다양한 NPO들이 있습니다. 이러한 단체들이 경쟁적인 마켓 환경에서 저마다의 목표를 달성하기 위해서는 비즈니스적인 접근방식을 외면해서는 안 됩니다.

Q. 그러면 사전의료지시서라는 제품은 어떻게 판매하고 있습니까?

A : 저는 아무도 좋아하지 않는 일을 시작했습니다. 아무도 죽음이나 질병에 대해 이야기하고 싶어 하지는 않습니다. 그래서 저는 '죽음'이라는 표현을 직접적으로 사용하지 않기로 했습니다. 부정적인 생각은 목표달성에 치명적이기 때문이죠. 이러한 관점은 아주 중요합니다. 저는 호스피스 단체에서 일하면서 죽음을 앞둔 많은 사람들과 함께 오랜 시간을 보냈으며, 그들 모두 죽음을 긍정적인 경험으로 받아들이려고 애쓴다는 사실을 발견할 수 있었습니다. 하지만 그 누구도 죽음을 기뻐하지는 않습니다. 반가운 마음으로 장례식장을 찾는 사람은 없습니다. 그렇기 때문에 우리는 삶의 마지막을 준비하는 치료를 계획하고 죽음을 맞는 과정을 직접적으로 언급하지 않기로 했습니다. 그렇다고 해서 죽음의 문제를 사탕발림으로 포장해서 이야기하는 어리석음을 범하지도 않았습니다. 죽음은 행복하고 즐거운 일이 아니지만, 우리가 진정으로 의미 있는 일을 하고 있다면 많은 사람들이 사전의료지시서의 진정한 가치를 깨닫게 될 것이라고 믿었습니다.

사전의료지시서가 마지막 소원이 아니라 반드시 필요한 준비 작업이라는 사실을 강조하기 위해 우리는 프로그램 이름을 '5가지 소망'이라고 지었습니다. 그리고 죽음을 앞둔 사람들이 인간으로서의 존엄성을 지키고, 가족에게 좋은 기억을 남겨주고, 의식을 잃었을 때 나를 위해서 하고 싶은 작은 소원들을 보다 자연스럽고 편안하게 이야기할 수 있도록 프로그램을 다듬었습니다. 또한 사람들이 적극적으로 자기주장을 전달할 수 있도록 질문을 만들었습니다(이를테면 "의식을 잃었을 때 산소 호흡기나 급식관 삽입에 동의하십니까?"). 하지만 우리 질문이 단지 생명을 연장하는 기계의 도움을 받을 것인지를 결정하라는 것이라면 누가 기꺼이 이에 관해 이야기하려 들겠습니까? 대부분의 사람들은 이런 식의 질문을 좋아하지 않습니다. 사전의료지시서를 작성한 사람들도 그러한 질문은 가급적 피하려고 합니다.

Q. 아름다운 황혼을 이끌어 나가면서 얻은 가장 소중한 교훈은?
A : 첫째, 우리의 일은 끊임없이 배워 나가는 과정이라는 점입니다. '5가지 소망'에 대해 사람들은 이렇게 이야기하더군요. "우리나라에서 가장 유명하고 앞서 나가는 프로그램이군요." 하지만 사실 저는 아이스크림 회사인 '벤앤제리'(Ben & Jerry)의 사례에서 많은 것을 배웠습니다. 제 사비를 털어 아름다운 황혼을 설립하고는 이렇게 외쳤습니다. "이제 시작이군!" 우리 단체는 아주 작은 일부터 시작했습니다. 많은 NPO들이 조직 규모가 성공의 기준이라는 생각에 덩치를 키우는 일에만 집착합니다. 하지만 규모가 작은 여러 NPO들이 탄탄한 재정적 기반을 바탕으로 목표에 집중함으로써 훌륭한 성과를 올린다는 사실에 주목할 필요가 있습니다.

둘째, 사람들이 움직이도록 설득할 구체적인 계획이 없다면 결코 좋은 성과를 거둘 수 없습니다. NPO들은 많은 사람들과의 관계를 통해 그들의 관심을 이끌어내고 그들이 움직이도록 자극할 수 있어야 합니다.

셋째, 다양한 전문가들의 도움입니다. 세상에는 훌륭한 전문가들이 많습니다. 지금도 우리 단체는 의사, 간호사, 변호사, 마케터들로부터 많은 조언을 받습니다.

넷째, 마지막으로 언급하고 싶은 것은 시간의 흐름을 읽어야 한다는 점입니다. 우리가 세운 목표를 100퍼센트 달성하는 경우도 얼마든지 있습니다. 만약 그런 경우가 발생했다면 우리는 서둘러 불을 끄고 문을 닫아야 합니다. 조직을 억지로 지속시키려고 노력하는 것은 좋지 않습니다. '5가지 소망' 프로그램 역시 더 이상 사람들을 설득하지 못하는 순간에 이른다면 저희는 얼마든지 문을 닫을 마음의 준비가 되어 있습니다. NPO들은 모두 이렇게 생각해야 합니다. 성공 또는 실패로 인해 막다른 골목에 들어섰을 때, 악수를 나누고 각자의 길로 헤어질 수 있어야 합니다. 하지만 많은 NPO들이 영원을 꿈꿉니다. 목표가 사라진 곳에 우리가 서 있을 공간은 없습니다.

청중

환경 마켓 경쟁자 파트너

메시지 이익교환 메시지 다듬기 메시지 전달하기

행동

Chapter 7

메시지의 4가지 핵심 요소

Sharpening the Arrow's Point
The Four Things Your Message Must Do

>>>→ **로빈후드 법칙 No.7 활용법** ←<<<

- 3가지 형태로 CRAM(Connection, Reward, Action, Memory)을 실천할 수 있다. 일방 의사소통, 쌍방 의사소통, 그리고 마지막으로 스토리텔링이다.
- 우리는 쌍방 의사소통의 달인이 되어야 한다.
- 엘리베이터 안에서도 CRAM을 실천할 수 있는 경지에 이르러야 한다. 스토리텔링은 메시지의 색상, 질감, 이미지, 감정, 의미 등 다양한 측면을 전달할 수 있다.

"전 소중하니까요"

많은 소비자들이 로레알 광고에 등장하는 모델의 관능적인 머릿결과 은밀한 미소에 열광한다. 영화배우 앤디 맥도웰 그리고 '퀴어아이' (*Queer Eye for the Straight Guy*) 라는 프로그램에 출연한 카이안 더글라스와 같은 유명 스타들이 "전 소중하니까요" (*Because I'm worth it*) 라고 말한다. 이 카피의 효과는 놀라웠다. 대형 화장품 기업인 로레알의 놀라운 마법은 소비자에게 우리 모두는 사치와 매력을 누릴 권리가 있다는 것을 강조한다. 이 카피는 소비자의 자존심을 높여 줌으로써 로레알이 제시하는 보상을 기꺼이 받아들이도록 한다. 로레알 화장품을 쓰면서 소비자는 자신도 당당하게 사람들의 주목을 받을 가치가 있다고 느낀다. 다시 말해, 나는 소중한 존재이기 때문에 로레알 제품을 산다.

하지만 "전 소중하니까요"는 평범한 광고 카피가 아니다. 이것은 하나의 강력한 메시지다. 로레알은 이 메시지를 통해 그들이 제공하는 보상을 더욱더 빛나게 만들었다. 7장에서 우리는 로레알의 마법을 훔쳐 낼 것이다.

> 청중이 쉽게 인식하고 공감하고 실천할 수 있도록 짧고 분명한 메시지를 만들자. 메시지를 통해 이익 교환을 제시하고, 이를 오랫동안 기억하도록 만들어야 한다.

슬로건, 텔레비전 광고 또는 대형 풍선콘돔 등 메시지는 다양한 형태로 나타난다. 하지만 그 형태에 관계없이 메시지는 4가지 요소를 담고 있어야 한다. 그것은 바로 관계, 보상, 행동, 기억이다. "전 소중하니까요"의 광고에서 이익 교환, 즉 소비라는 행동에 따른 보상은 로레알 제품을 사용함으로써 얻을 수 있는 뿌듯함이다. 물론 로레알 샴푸보다 더 좋고 가격도 저렴한 제품들이 분명 있을 것이다. 특히 파마머리를 하고 있다면 다른 전용 브랜드를 선택하는 것이 더 좋을 것이다. 그러나 그건 소비자에게 별로 중요치 않다. 로레알이 제시하는 핵심적인 보상은 빛나는 머릿결이 아니라 소비자의 자존심을 높여 주는 것이므로. 로레알 제품을 사용하면서 소비자는 자신을 소중한 존재라고 느낀다. 이와 비슷한 차원에서 엽서 전문 업체인 홀마크(Hallmark) 또한 '최고를 드려야 할 소중한 분께'라는 슬로건을 내세웠다. 홀마크 카드를 보냄으로써 우리는 이를 받는 친구, 가족, 지인과 함께 소중한 존재가 되는 것이다.

메시지의 4가지 요소는 쉽게 기억할 수 있다. 우선 메시지의 중심에는 이익 교환을 의미하는 보상(reward)의 R과 행동(action)의 A가 있다. 그리고 여기에 다른 2가지 요소가 RA를 액자처럼 감싼다. 왼쪽에는 관계(connection)를 의미하는 C가 청중과 관계를 맺는다. 그리고 오른쪽에는 기억(memory)의 M이 이익 교환을 지속적으로 강화한다. 여기서 관계는 시작점이다. 관계를 맺음으로써 우리가 제시하는 이익 교환을 인식하게 할 수 있다. 반대로 기억은 마무리가 된다. 기억은 청중이 집으로 돌아가서도 우리의 이익 교환을 잊어버리지 않도록 한다. 관계의 C와 기억의 M을 RA의 시작점과 마무리로 만들면, C(R A)M이라는 완성된 형태가 만들어진다. CRAM의 4가지 요소를 모두 포함할 수 있어야 우리의 메시지는 비로소 합격점을 통과할 수 있다. "전 소중하니까요"에는 CRAM의 모든 요소가 담겨 있다. 청중이 개인적인 연관성을 느끼고, 보상을 얻기 위해 행동을 실천하고, 이를 계속해서 기억한다는 의미를 담은 CRAM은 메시지를 만드는 가장 근본적인 틀이라고 할 수 있다.

로빈후드 법칙 7

메시지는 관계(connection)를 형성하고, 보상(reward)을 제시하고, 행동(action)을 자극하고, 기억(memory)에 남을 수 있어야 한다. CRAM은 정신없이 바쁜 청중이 우리에게 관심을 기울이게 하는 열쇠다.

7장에서는 마케팅 메시지가 담아야 할 4가지 요소를 중점적으로 살펴본다. 이를 통해 우리는 마켓과 청중 그리고 보상에 대해 알고 있는 모든 정보와 조사 자료를 빛나는 메시지로 탈바꿈시킬 것이다. 그리고 이렇게 만들어진 메시지를 마케팅 화살촉에 집어넣을 것이다. 이 작업은 공익단체와 청중에게 반드시 필요하다. 우리 모두는 '소중하기' 때문이다.

CRAM 활용하기

우크라이나의 ISC(Institute for Sustainable Communities)에서 지원받는 두 공익단체가 주최한 워크숍에서 나는 CRAM의 개념에 대해 강의했다. 이 두 단체는 생활환경을 개선하기 위한 소규모 공동체 협의회와 학대받는 여성들을 위한 센터였다. 그중 가정폭력지원센터는 남편의 폭력에 시달리는 여성들에 초점을 맞추었다. 그들은 피해 여성들에게 가정폭력을 당할 때 해당 지역의 보호소로 전화를 걸도록 홍보했다.

가정폭력지원센터는 메시지에 이익 교환의 개념을 전혀 담아 내지 못했다. 이들은 가정폭력에 시달리는 여성에게 가족과 아이들을 보호하기 위해 도움을 요청해야 한다는 메시지를 전달하려 했다. 아이들을 지켜 준다는 보상은 아주 중요한 것이기는 했지만, 피해 여성들은 그 보상을 행동으로 연결시키지 못했다. 이 여성들은 가정폭력을 일상적인 것으로 여겼고, 외부에 도움을 요청하는 행동은 가정을 파괴하는 이기적인 행동이라고 생각했다. 그렇다면 가족을 지키기 위해서는 폭력을 참지 말고 도움을 요청해야 한다는 사실을 그들에게 어떻게 설득할 수 있을까?

그 해답은 바로 이익 교환에 있다. 가정폭력지원센터는 외부의 도움으로 가족의 행복을 지킬 수 있다는 사실을 인식시키고자 피해 여성들과의 관계 형성을 위해 꾸준히 노력했다. 그들은 가정폭력이 여성 자신뿐만 아니라 아이에게도 똑같이 피해를 준다는 사실을 강조하기 위해 어린이의 목소리를 등장시키기로 했다. 워크숍에서 15분간의 브레인스토밍이 진행된 끝에, 내내 조용히 듣고만 있던 한 여성이 손을 들고는 인상적인 슬로건 하나를 제안했다. '아빠가 엄마를 때릴 때, 제 마음도 멍들어요.' 그녀는 거기에 슬픔으로 가득한 어린이의 이미지도 넣자고 했다. 또한 여성들이 곧바로 도움을 요청할 수 있도록 '도움이 필요하세요? 지금 무료전화를 이용하세요. 여러분과 아이를 지켜 드립니다'라는 문구도 삽입하자고 했다.

어머니가 지켜야 할 아이의 이미지를 전면에 부각시킴으로써 이들의 메시지는 피해 여성들과의 관계 형성에 많은 도움을 주었다. 그 메시지는 그들이 제공하는 보상을 분명하게 제시하고, 도움을 요청하는 것만이 아이를 지키는 유일한 방법임을 강조한다. 또한 어린이의 이미지는 피해 여성들에게 강한 인상을 남겼다. 이 메시지는 아이라는 효과적인 메신저를 통해 그들에게 공감을 불러일으키고 마음의 문을 열도록 했다. 메신저의 역할에 대해서는 다음 장에서 더 자세하게 다루어 보자.

CRAM 활용법

CRAM의 개념을 이해했다면, 다음으로 이를 실천할 수 있는 3가지 방법을 살펴보자. 여기서 3가지 방법이란 일방 의사소통, 쌍방 의사소통, 마지막으로 스토리텔링을 의미한다.

일방 의사소통은 마케터에게 가장 익숙한 방식이다. 이는 말 그대로 한 사람이 일방적으로 메시지를 전달하는 방식을 말한다. 슬로건, 브로슈어, 광고와 같이 전통적인 마케팅 방식을 통해 메시지를 전달하는 것이 모두 여기에 속한다. 공익단체들 또한 일방 의사소통을 가장 즐겨 사용한다. 우리는 모두 메시지를 만들고 포장하고 전달한다. 이 과정이 제대로 이루어진다면 청중은 이를 인식하고 실천할 것이다.

다음으로 쌍방 의사소통이란 대화 형식으로 청중과 의견을 주고받는 방식을 말한다. 쌍방 의사소통은 어떤 청중이 우리 사무실로 찾아왔거나, 버스 정류장에서 만났거나, 아니면 무료전화로 전화를 건 경우에 이루어진다. 쌍방 의사소통은 종종 '1 대 1' 형태로 이루어지지만 '1 대 n'이 되기도 한다. 청중에게 연설하거나 강의하는 경우가 '1 대 n'에 해당한다. 공익단체들에게는 쌍방 의사소통의 기회가 풍부하다. 그럼에도 그것이 CRAM을 실천할 수 있는 하나의 방식이라는 사실을 잘 모른다. 우리는 대화를 나눌 때마다 의식적으로 관계를 형성하고, 보상을 제시하고, 행동을 자극하고, 강한 인상을 남기기 위해 노력해야 한다.

세 번째 방식인 스토리텔링은 사람들에게 이야기를 들려주는 방식이다. 스토리텔링을 일방 의사소통의 범주에 포함시켜야 한다는 사람도 있지만, 그것은 스토리텔링의 놀라운 힘을 잘 모르고 하는 소리다. 우리가 사람들에게 이야기를 들려줄 때, 사람들과 나는 지금의 장소와 시간을 떠나 다른 장소와 시간으로 여행을 하게 된다. 사람들은 모두 내가 겪은 경험 속에서 함께 존재하고 나의 눈으로 세상을 바라보게 된다. 스토리텔링은 일방 혹은 쌍방의 방식으로 모두 진행이 가능하다. 마다가스카르 우림 속을 걸은 신비로운 경험을 상대방에게 그냥 이야기해 줄 수도 있고, 마다가스카르에 대해 함께 이야기를 나눌 수도 있다. 일방 혹은 쌍방의 방식과는 관계없이, 스토리텔링은 듣는 이에게 강한 인상을 남겨 줄 수 있다. 또한 스토리텔링 속에 메시지의 전체 혹은 일부를 담을 수도 있다. 가령 스토리텔링으로 메시지의 일부를 전달한 다음, 일방 혹은 쌍방으로 메시지를 전달할 수 있다. 이처럼 우리는 3가지 방식을 자유롭게 조합하여 CRAM을 실천할 수 있으며, 특히 스토리텔링을 통해 메시지의 전달력을 크게 높일 수 있다.

그렇다면 3가지 의사소통 방식을 통해 CRAM을 실천하는 것이 구체적으로 어떤 의미인지 몇 가지 사례를 통해 살펴보자.

일방 의사소통: 슬로건

마크 트웨인은 이런 말을 남겼다. "편지를 짧게 쓸 시간이 없었다. 그래서 어쩔 수 없이 장문의 글을 써야만 했다." 그의 말처럼 메시지를 짧은 글로 압축하기란 대단히 힘들다. 《허클베리 핀의 모험》을 하이쿠(일본의 짧은 시)로 압축하는 것이 가능할까? 짧은 메시지 속에 얼마나 많은 의미를 담을 수 있는지 알아보기 위해, 다양한 슬로건과 태그라인의 사례를 살펴보자.

 슬로건처럼 아주 짧은 형태의 일방 의사소통도 핵심 메시지를 담고 있어야 한다. 그렇지 못하면 아무런 의미 없는 멋진 말에 불과하다.

세 자동차 기업의 슬로건을 하나씩 살펴보자. 폭스바겐은 '운전자들의 희망'(Drivers wanted)이라는 슬로건을 내걸었다. 이 두 단어 속에 중요한 의미가 모두 담겨 있다. 운전자들을 최고로 배려하는 브랜드이기 때문에 폭스바겐을 타면 최고의 느낌을 체험하게 될 것이라는 의미를 나타낸다. 이 슬로건을 통해 소비자들은 개인적인 연결고리와 보상을 느끼고 또한 오랫동안 기억할 것이다. 물론 멋진 슬로건 하나 때문에 매장으로 달려가서 차를 덥석 구매하는 사람은 없다. 다만 이 슬로건은 소비자들에게 폭스바겐의 긍정적인 이미지를 부각시켰고, 이는 폭스바겐의 다양한 마케팅 활동 강화에 크게 기여했다.

반면 혼다는 '파워 오브 드림'(The power of dreams)이라는 슬로건을 내세웠다. 사실 나는 3번이나 혼다 차를 산 열성 소비자다. 그리고 3번 모두 만족했다. 하지만 이 슬로건은 정말 아니다. 그것은 마이크로소프트, 바비 인형, 포드 등이 모두 사용할 수 있을 만큼 너무 평범하기 때문이다.

 우리 슬로건이 다른 기업과 단체에 자연스럽게 적용될 수 있다면, 다시 한 번 생각해 볼 필요가 있다.

마지막으로 최악의 슬로건으로 꼽힌 올즈모빌(Oldsmobile)의 '아버지 세대의 올즈모빌이 아닙니다'(This is not your father's Oldsmobile)를 살펴보자. 이 메시지는 효과적인 마케팅 전략이라기보다 당시 올즈모빌이 직면한 문제점을 고스란히 드러내는 슬로건이다. 여기서 올즈모빌은 과거에서 벗어나고자 안간힘을 쓰는 애처로운 모습을 보여 준다. "우리 기업은 지금 심각한 어려움에 빠져 있습니다"라고 외치는 슬로건을 과연 어떤 소비자가 좋아할까?

다음으로 NPO 사례로 넘어가 보자. 우선 유명한 기금모금 단체인 미국 적십자의 '함께하면 생명을 구할 수 있습니다'(*Together, we can save a life*) 라는 태그라인을 살펴보자. 다소 일반적인 내용이기는 하지만 적십자는 그 속에 많은 메시지를 담았다. 청중과 관계를 형성하고, 그들의 사업이 중요한 이유에 대해 설명하고, 그들의 핵심 활동을 알리고, 살아 있는 보상을 제시하고, 사람들의 행동을 자극하고, 정체성의 핵심인 긴박함을 드러낸다. '소원을 말해봐' 캠페인 역시 '소원의 힘을 나누어 주세요'라는 태그라인을 통해 효과적으로 CRAM을 실천한다.

하지만 공익단체들의 슬로건이나 태그라인 대부분은 그 시선이 청중이 아닌 내부를 향한다. 먼저 '우리가 최고' 형태가 있다. 습지보호단체인 '덕스 언리미티드'(Ducks Unlimited) 의 슬로건인 '세계 제일의 습지보호 단체'(*World Leader in Wetlands Conservation*) 가 여기에 해당한다. 다음으로 '우리의 존재 이유' 형태가 있다. CARE의 '빈곤의 종말이 시작되는 곳'(*Where the end of poverty begins*) 이란 슬로건이 여기에 포함된다. 북한지원단체인 아메리케어 (AmeriCare) 의 '전 세계에 도움의 손길을'(*Humanitarian lifeline to the world*) 과 체서피크 만 연합 (Alliance for the Chesapeake Bay) 의 '만의 외침'(*The voice of the bay*) 또한 여기에 해당한다. 공익단체의 슬로건은 그들의 청중에게 연결고리를 만들어 줄 수 있을 때에만 의미가 있다. 그리고 단체의 모든 요소들을 한꺼번에 전달하는 것은 불가능하다. 그렇기 때문에 메시지에는 언제나 핵심적인 내용만 담겨 있어야 한다. 만약 청중이 우리 단체의 특정한 요소에 관심을 갖고 있다면 거기에 맞게 슬로건을 수정해야 할 것이다. 우리의 슬로건을 보고 "맞아. 그게 바로 내가 원하던 거야"라고 손뼉을 칠 수 있다면, 그것이야말로 최고의 메시지다.

쌍방 의사소통: 엘리베이터에서 CRAM 실천하기

엘리베이터를 타고 올라가는데 중간에 한 사람이 들어섰다. 그 짧은 순간에도 메시지를 전달할 수 있을까?

 엘리베이터를 타고 올라가는 짧은 시간에도 CRAM 메시지를 전달할 수 있도록 쌍방 의사소통의 달인이 되어야 한다.

예전에 나는 소외계층 여성들을 지원하는 의류기업의 디자이너와 함께 일한 적이 있다. 그녀는 소외계층 여성들에게 디자인 기술을 가르치고, 그들이 직접 아동복이나 여성의류를 만들 수 있도록 도와주었다. 그리고 이렇게 만든 옷을 '해피엔딩'(Happy Endings)이라는 소규모 여성의류 매장에서 판매했다. 그 옷들은 로맨틱한 스타일로, 얼핏 보면 요정들이 나오는 동화를 떠올리게 한다. 소비자들의 반응은 꽤 괜찮은 편이었다.

그 디자이너는 이와 비슷한 스타일의 옷을 입은 여성들을 엘리베이터에서 만나면 먼저 대화를 시도한다. 그녀는 우선 상대방의 스타일이나 패션 아이템을 칭찬한다. 순수한 칭찬을 싫어하는 사람은 없다. 이렇게 대화를 시작하면 더욱 자연스럽게 이야기를 나눌 수 있다. 그녀의 칭찬에 사람들은 대부분 감사나 겸손의 대답을 한다. 이를테면 "감사합니다. 오래전에 산 거예요"라면서. 그러면 그녀는 다시 상대방의 패션이 왜 눈에 띄었는지에 대해 설명한다. "사실 저는 패션 디자이너 거든요. 제가 만드는 옷과 스타일이 비슷해서요. 저는 이런 스타일의 옷을 볼 때마다 기분이 좋아진답니다."

그러고는 상대방의 대답을 기다린다. 엘리베이터 대화는 일방이 아니라 쌍방 의사소통이기 때문이다. 대화를 나누다 보면 사람들은 자연스럽게 그녀의 매장에 관심을 보인다. 그 순간 그녀는 보상(R), 행동(A), 기억(M)을 제시한다. "매장 이름은 해피엔딩이라고 해요. 저희는 소외계층 여성들에게 디자인을 교육하고, 그들이 직접 만든 옷을 팔고 있어요. 많은 사람들이 저희 매장의 옷을 마음에 들어 해요. 예쁜 옷을 사고 어려운 이들도 도울 수 있기 때문이죠. 기쁨과 보람을 동시에 느끼는 거죠!" 그러면서 그녀는 명함을 건넨다. 그녀의 명함은 양면으로 되어 있다. 한 면에는 4가지 색상의 작품이 인쇄되어 있고, 다른 한 면에는 이름과 매장 정보가 나와 있다. 그러고는 "오늘 즐겁게 보내시기 바랍니다", "만나서 반가웠습니다", "한번 놀러 오세요"라는 인사로 헤어진다.

이처럼 그녀는 고작 30초 만에 CRAM을 실천했다. 개인적인 관계를 맺고, 만족스러운 쇼핑이라는 보상을 제시하고, 매장을 방문해 달라는 행동을 요청하고, 나중에 기억할 수 있도록 명함을 주었다. 이를 통해 그녀는 다음과 같은 메시지를 전달한다. "당신의 스타일이 마음에 들어서 특별한 제안을 드리고 싶네요. 우리 매장에 한번 들러 주세요. 당신은 그럴 만한 자격이 있어요." 그녀는 이런 식의 대화를 자주 그리고 어디에서나 나눈다. 그리고 대화를 나누는 시간에 따라 알맞은 분량의 메시지를 사용한다. 30초보다 더 긴 시간 동안 이야기를 나눌 수 있는 사람들에게는 소외계층 여성들에 관한 감동적인 이야기를 들려준다. 기회가 생길 때마다 곧바로 CRAM을 시작할 수 있도록 그녀는 언제나 만반의 준비를 갖추고 있다.

일방 의사소통의 CRAM과 쌍방 의사소통의 CRAM에는 큰 차이가 있다. 쌍방 의사소통의 경우가 훨씬 힘들다. 연습이나 준비가 되지 않은 상태에서 자연스럽게 대화를 나누기는 힘들기 때문이다. 공익단체에서 의사소통을 맡는 사람들은 칵테일파티, 컨퍼런스의 휴식시간, 헬스클럽에서 운동할 때 등 언제 어디서나 이러한 대화를 이끌 수 있는 능력을 갖춰야 한다. 이러한 능력이 습관이 될 때까지 끊임없이 연습하고 실천하자.

세 번째 방식 : 스토리텔링

공익단체는 성공 스토리, 흥미로운 이야기, 간단한 사례 등 다양한 이야기들을 발굴해 놓아야 한다.

> ◎ 스토리텔링은 색상, 질감, 이미지, 감정, 의미와 같은 메시지의 다양한 측면을 전달할 수 있다. 흥미로운 이야기는 사람들에게 감동을 주고 관심을 자극한다.

나는 예전에 연설문을 써 달라는 요청을 받은 적이 있다. 대형 원조단체의 간부가 농민들을 대상으로 연설하는 데 필요한 것이었다. 나는 흥미로운 이야기로 연설문을 시작하기로 했다. 좋은 연설문은 대부분

이야기로 시작한다. 이야기는 경험을 공유하면서 사람들과 자연스럽게 관계를 맺을 수 있도록 해준다. 연설문의 주제는 미국 정부가 해외 식량원조 프로그램을 통해 국내 농산물을 대량으로 구입함으로써 농가 소득을 높이고, 수천 명의 어려운 사람들을 돕는다는 사실을 알리는 것이었다. 그리고 정치인들이 원조 프로그램의 예산삭감 법안에 반대하기를 촉구한다는 내용도 포함해야 했다. 나는 이러한 주제에 걸맞은 이야기를 골라야 했다.

그전에 나는 이 단체로부터 지원받은 사람들의 자료를 꼼꼼히 읽어보았다. 그리고 그중 전쟁을 겪으면서 만신창이가 되었지만 이 단체의 도움으로 가족과 함께 다시 농장을 일구어낸 농부의 이야기를 발견했다. 나는 그 이야기를 시작으로 연설문을 쓰기로 했다. 거기에는 CRAM의 모든 요소가 담겨 있었다. 나는 이 이야기로 농부와 후원자, 농부와 식량원조 프로그램, 그리고 그 단체와 농부 사이에 감성적인 연결고리를 마련하고자 했다. 그리고 해외 식량원조 프로그램이 청중에게 경제적 보상을 줄 뿐만 아니라 다른 지역에 있는 농부들의 생명까지 살릴 수 있다는 사실을 강조하고자 했다. 그렇게 농부의 사례를 가지고 연설문에 CRAM을 심을 수 있었다.

이미지 하나가 이야기를 대신하기도 한다. 나는 우크라이나에 막 도착했을 때 그러한 경험을 했다. 낡은 교회 앞에서 허리 구부정한 할머니가 쭈그리고 앉아 컵을 내밀고 돈을 구걸하고 있었다. 참으로 아이러니하게도 그 컵에는 맥도날드 로고가 찍혀 있었다. 그 모습은 굉장히 인상적이었다. 공산주의의 몰락과 자본주의의 물결이 사람들에게 더 많은 기회를 주었지만, 기존의 연금수급자들은 모든 것을 잃고 말았다. 노후연금이 모두 사라진 이 나라에서 연금수급자 대부분은 길거리로 쫓겨났다. 기댈 곳을 잃은 노인들은 어지럽게 돌아가는 도시 속에서 쓰레기를 뒤지는 신세로 전락하고 만 것이다.

청중 범주별로 서로 다른 메시지를 만들고 기억에 남기기

하나. 청중 범주별로 가치와 이익 교환 확인하기

여기서 우리는 다시 한 번 청중과 보상을 검토해야 한다. 이러한 검토 작업이 중복적인 것이라 생각할 수도 있지만 이를 통해 큰 도움을 받을 수 있다. 청중을 따라가다 놓치는 경우가 계속해서 발생하기 때문이다. 길을 잃어버리지 않기 위해서 우리는 항상 청중의 마음을 읽어야 한다. 또한 각 청중의 범주별로 관계, 보상, 행동, 기억의 4요소를 담은 서로 다른 메시지를 만들어야 한다. 모든 범주의 청중에게 공통적으로 전달할 수 있는 보편적인 메시지를 만들 수 있다는 유혹에 빠지지 말자. 그것은 그리스식 기둥과 프랭크 로이드 라이트식 창문으로 된 튜더 양식의 집을 짓는 것만큼이나 흉물스러운 결과를 낳을 수 있다. 누가 그런 집을 사려고 하겠는가? 모든 사람을 만족시키려다가는 단 한 사람도 만족시키지 못할 수도 있다는 것을 명심하자.

청중별로 가치와 이익 교환을 확인했다면, 우리는 청중의 컬러 사진을 손에 넣은 셈이다. 이제 해야 할 일은 그 사진 속으로 우리 자신의 모습을 밀어 넣는 일이다.

둘. 관계 맺기

버스 정류장에 사람들이 서 있다. 우리는 이상한 사람으로 오해를 받지 않고 최대한 자연스럽게 그들의 관심을 끌어내고 싶다. 사람들은 모두 이런저런 생각에 빠져 있다. 우리는 조심스럽게 다가가 그들에게 말을 걸고 싶다. 그전에 한번 생각해 보자. 혹시 우리는 지금 사람들에게 설교를 하려는 것이 아닌가? 또는 일방적인 연설을 시작하려는 것은 아닌가? 그렇다면 사람들은 이상한 눈길로 바라볼 것이다. 대화를 시작하는 좋은 방법은 정서적인 연결고리를 만드는 것이다. 이를테면 가볍게 인사를 건네거나 미소를 지어 보일 수 있다. 또는 스웨터가 맘에 든다거나 헤어스타일이나 버버리 우산이 멋져 보인다고 말해도 좋다. 아니면 같은 브랜드 시계를 차고 있다고 이야기를 꺼낼 수도 있겠다. 어디로 가는지 또는 어느 동네에 사는지 물어볼 수도 있다. 낯이 익다면 그전에 어디서 보았는지 이야기를 해볼 수 있을 것이다. 날씨에 대한 이야기도 괜찮고, 버스가 왜 이리 늦게 오는지 불평해 보는 것도 가능하다. 사람들은 대부분 처음 만나는 사람과 이러한 이야기를 주고받는다. 인간은 사회적인 동물이기 때문에 상대방과 공통점을 발견하려는 본능이 있다.

우리는 버스 정류장에서 이러한 대화를 나누다가 자연스럽게 메시지로 넘어갈 수 있다. 이렇게 버스 정류장에서 대화를 나누는 것처럼, 우리는 청중에게 다가가야 한다. 하지만 버스 정류장 대화보다는 더욱 자극적인 메시지가 필요하다. 그 이유는 무엇일까? 앞서 소개한 것처럼 타임스퀘어를 걸어가는 사람들의 시선을 생각해 보자. 현대인들은 항상 바쁘다. 그들은 매일 수많은 메시지의 폭격에 시달린다. 따라서 시선을 잡아끌 수 있는 메시지를 내세우지 못하면 사람들은 그냥 지나쳐 갈 것이다.

다시 버스 정류장 대화로 돌아가 보자. 처음 대화를 나누기 위해 우리는 다양한 방법을 시도할 수 있다. 인사나 잡담을 나눌 수도 있다. 미소를 지어 보이거나 코트가 멋있다고 말을 건넬 수도 있다. 또 다른 방식은 자신과의 공통점을 찾아내는 것이다. 사투리나 패션 스타일도 공통점이 될 수 있다. 아니면 과거의 사건에서 공통점을 발견할 수 있다. 만약 같은 학교를 졸업했다면 순식간에 강력한 연대감을 형성할 수 있을 것이다.

이처럼 사람들과 관계를 형성하는 과정에서, 기업과 공익단체가 어떤 차이를 보이는지 생각해 보자. 로레알 광고는 자존심을 높이고 고급스러운 제품을 사용한다는 느낌을 제시함으로써 소비자와 관계 형성을 시도한다. 이 광고에서 보여 주는 기대와 소망이 소비자들의 시선을 사로잡았다. 이와는 반대로 부정적인 느낌을 제시하면서 관계 형성을 시도할 수도 있다. '음주 운전에 반대하는 어머니 모임'은 가족을 잃은 슬픔을 통해 청중과 연대감을 형성한다. 그렇다면 우리는 과연 어떻게 청중과 관계를 형성해야 할까? 버스 정류장의 옆 사람에게 어떻게 말을 건네야 할까? 전단지에 어떤 메시지를 담아야 할까? 엘리베이터에서는? 다양한 상황에서 청중들의 관심을 끌어낼 수 있는 메시지를 만들어 보자.

셋. 오랫동안 기억으로 남기기

일단 관계 형성을 시도했다면 이익 교환을 제안할 수 있는 시작점을 마련한 셈이다. 다음으로 해야 할 일은 청중이 이익 교환을 오랫동안 기억하도록 마무리에 초점을 맞추는 것이다. 우리가 전달하고픈 것은 순간적인 강렬한 인상이 아니다. 우리의 메시지가 오랫동안 청중의 머릿속에 남아 있도록 만들어야 한다. 이익 교환을 오랫동안 기억하게 만드는 것은 바로 CRAM을 마무리하는 것이다. 그리고 이는 우리의 메시지를 완성하는 일이다.

메시지의 어떠한 요인이 기억에 오래 남도록 만드는 것일까? 그 해답은 차별화에 있다. 우리는 출근 중에 주변에서 벌어지는 대부분의 일들을 무관심하게 스쳐 지나간다. 하지만 도로에서 트럭이 전복되는 사고를 목격했다면 아마 오랫동안 기억에 남을 것이다. 한편 "전 소중하니까요"라는 말은 어찌 보면 건방진 표현이다. 하지만 그렇기 때문에 아직까지 기억에 남아 있다. 차별화와 더불어 매력적인 측면도 갖고 있어야 한다. "전 소중하니까요" 역시 사람들의 호기심을 확 잡아끈다. 그래서 머릿속으로 금방 흡수된 것이다. 이 표현을 실제로 인터넷에서 검색해 보면, 참으로 다양한 사람들이 이 말을 사용함을 확인할 수 있다.

개인적이고 구체적이며 인간적인 측면 역시 기억을 더욱 오래가게 한다. 2004년에 쓰나미로 몇 명이 죽었는지 기억하는 사람은 거의 없다. 하지만 몇 시간 동안이나 아이를 안고 나무에 매달려 있던 어머니의 일화는 아직까지 많은 사람들이 기억한다. 만약 로레알이 광고에서 그들의 제품을 쓰는 소비자가 지구상에 과연 몇 명이나 되는지 강조했다면, 아무도 그 광고를 기억하지 못할 것이다. 소비자들의 마음속에 더욱 오래 남기 위해 로레알은 "우리 화장품을 사용하는 많은 여성과 남성들은 소중하니까요"라는 말 대신 그냥 "전 소중하니까요"라고 말한다. 로레알의 이 카피는 소비자들에게 더욱 개인적인 연결고리를 느끼게 해주었기에 많은 사람들이 아직도 이를 기억한다.

하지만 여기서 주의해야 할 사항이 한 가지 있다. 청중이 기억하기를 바라는 내용은 반드시 우리의 목표와 긴밀하게 연결되어야 한다는 점이다. 기발한 광고를 보고 한바탕 웃고 나서 나중에 친구에게 그 광고를 이야기해 주려고 할 때, 어떤 기업의 광고였는지 도무지 기억나지 않을 때가 있다. 중요한 것은 기억하기 쉬운 아이디어나 이미지 그 자체가 아니다. 우리의 목표를 떠올리게 하는 아이디어와 이미지임을 잊지 말자.

넷. CRAM 실천하기

CRAM을 실천하기 위해서는 4가지 요소를 짧은 슬로건이나 엘리베이터 대화, 또는 하나의 이야기에 모두 압축해서 집어넣을 수 있어야 한다. 공익단체들은 대부분 다양한 이야기를 갖고 있지만 이를 제대로 활용하지 못한다. 이야기가 놀라운 힘을 발휘하기 위해서는 먼저 현장에서 근무하는 직원들에 대한 각별한 교육이 필요하다. 좋은 사례가 생기면 직원들이 기록으로 남기고, 특히 웹사이트를 통해 체계적으로 정리할 수 있도록 하는 것이 중요하다. 한 청중이 우리 단체에서 기분 좋은 경험을 하면 즉각 이를 기록하고 널리 알릴 수 있는 시스템을 마련해야 한다. 현재 청중을 대상으로 어떤 서비스를 실시하고 있다면, 서비스를 받은 사람들이 피드백을 줄 수 있는 통로를 따로 마련해야 한다. 부정적인 답변은 교훈으로 삼고 긍정적인 답변은 좋은 이야기로 활용하면 된다.

좋은 이야기는 CRAM과 함께 3가지 요소를 포함해야 한다. 그것은 바로 호감이 가는 주인공, 문제 상황, 그리고 해결책이다. 우리는 이야기를 통해 청중이 공감을 얻고, 개인적인 차원에서 메시지를 받아들일 수 있기를 바란다. 그리고 우리가 요청하는 행동을 청중이 자발적으로 실천할 수 있기를 원한다. 이야기에는 이 모든 소망을 실현할 수 있는 힘이 있다. 못 믿겠다면 공익단체에 가장 최근에 기부한 순간을 떠올려 보자. 여러분이 기부를 실천하기까지 분명 어떠한 이야기가 결정적인 역할을 했을 것이다(만약 아니라면 이 책을 공짜로 한 권 더 주겠다). 나 또한 예전에 〈워싱턴포스트〉(*Washington Post*)에서 전쟁으로 손과 팔을 잃은 아이들에 관한 기사를 읽고, 곧바로 시에라리온 어린이들을 돕는 구호단체에 기부한 적이 있다. 그 기사는 시에라리온 어린이들이 미국을 방문하여 의족과 의수를 선물 받은 이야기를 소개하는 것이었다. 이 이야기는 구호단체에 달려가도록 내 마음을 움직였다. 이것만이 아니다. 자녀들을 학교에 보내기 위해 힘든 투쟁을 벌이는 싱글맘들에 관한 사연을 라디오에서 듣고 나서 세인트루이스에 있는 한 단체에 기부한 적도 있다. 또한 허리케인 카트리나 희생자들의 기사를 읽고서도 기부를 했다. 내가 기부한 것은 우리 사회가 엄청난 피해를 입었기 때문이 아니라, 홍수로 모든 것을 잃고 도움의 손길을 간절하게 기다리는 가족들의 이야기 때문이었다.

Interview

굿맨의 스토리텔링

앤디 굿맨

앤디 굿맨(Andy Goodman)은 공익활동에 가장 어울리는 이름으로 태어났다. 하지만 공익사업에 뛰어들기까지 굿맨은 다양한 분야에서 두루 경력을 쌓았다. 처음에 시작한 일은 광고 업무였고, 다음에는 국제 라디오 단체인 '아메리칸 코미디 네트워크'(American Comedy Network)를 설립했다. 이후 방송작가로 활동하면서 '다이너소어'(*Dinosaurs*)라는 프로그램의 세 시즌에서 대본을 쓰고 공동 프로듀서까지 맡았다. 그리고 '못 말리는 유모'(*The Nanny*) 첫 번째 시즌의 대본을 맡았다. 하지만 일을 할수록 그의 머릿속에는 한 가지 의문이 계속해서 맴돌았다. '이게 전부란 말인가?' 당시에 대해 그는 이렇게 말한다. "방송일은 재미도 있고 수입도 짭짤했어요. 하지만 거울을 보면서 '나는 정말 대단한 일을 하고 있는 거야'라고 말할 자신은 없었죠."

'못 말리는 유모'의 다음 시즌 제작 참여를 준비하고 있을 때 편지 한 통이 날아왔고, 그것은 그의 인생을 송두리째 바꿔 놓았다. 오랜 친구로부터 온 그 편지에는 '환경미디어연합'(Environmental Media Association)에서 책임자를 구한다는 소식이 들어 있었다. 그 자리는 영화 및 방송 업체들과 공동으로 환경보호 캠페인을 홍보하는 역할이었다. 굿맨에게 그 자리는 지금까지 쌓아온 광고, 라디오, 텔레비전 경력을 바탕으로 공익분야에 뛰어들 수 있는 기회처럼 보였다. "물론 업무 내용은 다소 애매모호했죠. 하지만 그 자리를 위해 지금껏 달려온 게 아닌가 싶을 정도로 확신이 있었습니다." 그는 환경미디어연합에서 5년 동안 근무했다. 그리고 지금은 프리랜서 커뮤니케이션 컨설턴트로 활동하면서 공익단체를 위해 다양한 형태의 의사소통 작업을 도와주고 있다. 그는 메시지를 전달하는 형태의 하나인 스토리텔링에 특히 많은 관심이 있다. 또한 《공익단체들은 왜 형편없는 광고만 하는가?》(*Why Bad Ads Happen to Good Cause*)라는 책을 펴내기도 했다.

Q. 스토리텔링에 관심을 갖게 된 계기는?

A : 방송작가로 일을 시작하면서 저는 '다이너소어'라는 프로그램을 맡았습니다. 당시 프로그램의 프로듀서였던 마이클 제이콥스(Michael Jacobs)가 제게 해준 말을 아직까지 잊을 수 없습니다. "흥미진진한 대본을 쓸 수 있다는 것은 대단한 능력입니다. 하지만 그런 능력을 지닌 사람들은 우리 주위에 너무나 많습니다. 우리 프로그램은 1년에 에피소드 22개를 쏟아 냅니다. 거기서 완전히 차별화된 이야기를 만들어 내기란 너무 어렵습니다. 당신이 그러한 이야기를 쓸 수 있다면, 그건 정말로 대단한 겁니다." 마이클의 조언이 계속해서 제 귓전을 맴돌더군요. 시나리오 강좌로 유명한 로버트 맥키(Robert McKee) 역시 스토리텔링을 중점적으로 강조했지요. 흥미로운 이야기가 없다면 우리는 아마 아무것도 얻을 수 없을 겁니다.

우리가 알고 있는 많은 것들은 사실 사람들이 진실이라고 믿는 다양한 이야기들로 이루어집니다. 이야기는 한 사람, 기업, 단체, 문화, 국가를 설명할 수 있습니다. 여러분의 자아 또한 여러분이 스스로에 대해 생각하는 수많은 이야기들의 집합입니다. 새로운 곳에서 새로운 사람들을 만날 때, 우리는 자신과 가족 그리고 좋아하는 것들에 대해 이야기를 나눕니다. 그리고 그러한 이야기들은 상대방이 받아들이게 되는 자신의 모습입니다. 다시 말해 우리의 정체성은 일련의 이야기들로 이루어지며, 그렇기 때문에 우리는 이야기를 통해 정체성을 강화하거나 수정할 수 있습니다.

의사소통의 차원에서 스토리텔링은 가치가 높습니다. 만화가 개리 라슨(Gary Larson)의 재미있는 만화 한 토막을 잠깐 소개할까 합니다. 만화 속에서 한 사람이 강아지에게 뭐라고 이야기를 합니다. 하지만 강아지 귀에는 이렇게 들립니다. "웅얼, 웅얼, 웅얼, 진저, 웅얼, 진저, 웅얼, 웅얼, 웅얼." 강아지는 오직 자신의 이름만 알아듣습니다. 우리도 별반 다르지 않습니다. 우리 귀에 사람들의 말은 이렇게 들립니다. "웅얼, 웅얼, 웅얼, 어제 내가 말이야 … ." 이야기가 시작되는 순간, 우리는 귀를 기울입니다.

Q. 스토리텔링이 공익단체에게 중요한 이유는 무엇일까요? 그리고 아직까지 스토리텔링을 제대로 활용하지 않는 이유는 무엇일까요?

A : 공익단체에서 일하는 많은 분들이 스토리텔링에 대해 부정적인 선입견을 가지고 있습니다. 그들은 스토리텔링이 간접적인 의사소통 형태라고만 여깁니다. 스토리텔링은 말 그대로 사람들에게 이야기를 늘어놓는 작업입니다. 그러다 보니 많은 사람들이 스토리텔링을 업무가 끝나고 나서 혹은 점심시간에 나누는 잡담 정도로 생각합니다. 스토리텔링을 만드는 작업은 정부나 재단에서 지원하는 활동도 아닙니다. 게다가 일상생활 속에서 수많은 이야기를 접하다 보니, 우리는 그 소중함을 잘 느끼지 못합니다.

하지만 인간이라는 존재는 본능적으로, 문화적으로, 그리고 수천 년의 진화를 통해 이야기를 추구합니다. 우리는 다른 사람들의 말에서 항상 이야기를 찾아내려 합니다. 그리고 결말을 이해한 순간 이렇게 이야기합니다. "아, 그 주인공이 바로 그 사람이었어? 이제 알겠군!" 우리가 어디에서 왔고, 이 세계는 어떤 의미가 있으며, 어떻게 해야 더 좋은 세상을 만들 수 있을지 설명할 수 있는 이야기를 만들어낸다면, 공익단체가 겪는 의사소통의 문제는 모두 사라질 것입니다.

Q. 스토리텔링의 장애물에는 어떤 것이 있습니까?

A : 2가지 장애물을 들 수 있습니다. 첫째, 이야기에 너무 가까이 있는 경우입니다. 둘째, 반대로 너무 멀리 떨어져 있는 경우입니다. 지금 여러분이 하는 일이 매일 행인들을 대상으로 거리 캠페인을 벌이는 것일 수도 있습니다. 그렇다면 행인들이 가던 길을 멈추고 관심을 기울일 수 있는 솔깃한 이야깃거리를 만들어야 합니다. 하지만 그렇다고 해서 지금까지의 모든 성과를 한꺼번에 집어넣는 거창한 이야기를 만들려고 해서는 안 됩니다. 모든 사람들이 공감할 수 있는 최고의 이야기를 만들어내는 것은 불가능합니다. 그렇기 때문에 우리에게 필요한 것은 청중에게 연결고리를 만들어 줄 수 있는 이야기들입니다. 저는 사람들에게 이렇게 이야기합니다. "캠페인을 통해 여러분이 전달하고자 하는 주제는 무엇입니까? 각각의 주제마다 하나의 이야기를 마련해 두어야 합니다." 물론 한 가지 이야기에 다양한 주제를 담는 일

도 가능할 것입니다. 하지만 현실적으로 대단히 힘든 작업이 될 것입니다.

Q. 수많은 이야기들을 어떻게 발굴하고 또 어떻게 활용하고 있습니까?
A : 스토리텔링에 관한 많은 성공 사례가 있습니다. 30년의 역사를 자랑하는 '환경 보호협회'에서는 260명의 직원들이 미국 전역에 있는 지사에서 근무하고 있습니다. 이 협회는 짤막짤막한 이야기를 통해 사람들에게 성과를 알리고자 하는 프로젝트를 추진했습니다. 저도 그 프로젝트에 함께 참여하여 보호수용소와 관련된 이야기를 87개나 발굴했습니다. 물론 그중 모든 이야기가 성공 사례는 아니었습니다. 하지만 그 이야기들은 모두 이 협회가 환경보호를 위해 무슨 일을 하는지 자세하게 알려 주는 자료였습니다. 우리는 87개 이야기 중에서 최종적으로 12개를 선정하여 '직원들이 들려주는 이야기'라는 소책자로 만들었습니다. 그리고 이를 잠재 후원자, 신입 직원, 이사회 멤버 등 다양한 사람들에게 나누어 주었습니다. 그 책자에서 우리는 이렇게 말합니다. "환경보호협회가 궁금하시다면 우리의 이야기를 읽어 주세요." 이 책자는 연간보고서나 오리엔테이션 자료 혹은 정책집보다 협회를 더욱 자세히 소개하는 홍보자료로 활용되었습니다. 이 책자에서 환경보호협회는 과학적인 성과에 주목하는 공익단체임을 강조하며, 동시에 스토리텔링을 의사소통의 기반으로 삼는 단체라는 인상을 독자에게 심어주었습니다.

　마지막으로 하고 싶은 말은, 스스로 이야기를 만들어 보라는 것입니다. 사람들이 여러분의 단체에 대해 무엇을 궁금해 하는지 생각해 보고, 이를 주제로 이야기를 만들어 보십시오. 우리 단체가 어떻게 시작되었는지 그리고 어떤 어려움을 겪었는지에 대한 이야기, 우리를 상징적으로 드러내는 성공 스토리, 고난을 통해 얻은 교훈에 관한 이야기, 향후 목표에 관한 이야기를 발굴하여 청중에게 들려주십시오. 그렇게 할 수 있다면 여러분이 겪는 의사소통의 많은 어려움이 사라질 것입니다. 그리고 사람들의 기억에 오랫동안 남을 것입니다.

사람들이
모인 곳으로
메시지를 들고 가라

Aiming for Hearts and Minds
Take Your Message to Where Your Audiences Are

⟫⟫→ 로빈후드 법칙 No.8 핵심 주제 ←⟪⟪

- 청중이 물리적, 정신적, 감정적으로 존재하는 곳으로
  메시지를 들고 가자.
- 8장의 원칙들을 실천하기 위해 느낌, 메신저, 순간,
  채널이라는 4가지 요소를 갖추어야 한다.
- 단체의 특성, 메시지의 주제, 청중의 가치관과 조화를
  이루도록 메시지를 포장하자.
- 외부 사람들의 입을 통해 메시지를 퍼뜨리자.
- 청중이 우리가 제안하는 제품과 서비스 그리고 보상을
  가장 원하는 순간, 즉 마음이 열리는 순간을 놓치지 말자.
- 마음이 열리는 순간은 라디오, 광고, 이메일 등
  가장 적절한 채널을 우리에게 알려준다.
- 느낌, 메신저, 순간, 채널을 청중과 더불어 사전에
  시험해 보자.

'Welcome to Millertime'

이 슬로건은 무려 30년 전에 나왔다. 밀러(Miller)는 이 슬로건을 통해 소비자의 마음이 열리는 순간을 정의했다. 그들이 말하는 밀러타임이란 고된 하루가 끝나는 퇴근 시간이다. 하루 종일 자신을 짓눌렀던 서류 뭉치를 던져 버리고 편안함과 즐거움을 향해 거리를 나서는 때, 이때가 바로 밀러타임이다. 퇴근 시간에는 누구나 맥주 한 잔쯤 마실 권리가 있는 것이다.

8장에서 할 일은 우리만의 밀러타임을 찾는 것이다. 밀러의 마케터들은 사람들이 맥주를 원하는 순간을 정확히 알았다. 그리고 그들의 브랜드를 붙여 이름을 지었다. 제품이나 메시지를 효과적으로 들이미는 방법은 사람들이 원하는 순간에 번쩍이는 포장을 해서 보여 주는 것이라는 진리를 바탕으로, 밀러는 전략을 세웠다. 우리는 이러한 밀러의 전략을 훔쳐 낼 것이다.

로빈후드 법칙 8
청중에게 다가가고 싶다면, 그들이 있는 곳으로 가자.

이 법칙은 일방 의사소통의 핵심을 담고 있다. 그렇기 때문에 메시지를 전달하는 과정에서 중요한 의미를 지닌다.

청중이 메시지를 찾아 헤매도록 해서는 안 된다. 그들이 물리적, 정신적, 감정적으로 존재하는 곳으로 메시지를 들고 가자. 그곳은 지금 우리들이 있는 곳에서 아주 멀리 떨어져 있을 수도 있다. 그러므로 항상 여행 준비를 하고 있어야 한다.

우리의 메시지가 청중의 가슴속으로 파고들기 위해서는 네 가지 요소가 필요하다. 바로 느낌, 메신저, 순간, 채널이다. 이 네 가지 요소는 '메시지 전달 시스템'에서 중요한 역할을 담당한다. 어떤 메시지를 전달하고자 한다면 메시지의 전체적인 느낌(mood), 메시지를 전달하는 메신저(messenger), 사람들이 마음을 여는 순간(moment) 그리고 텔레비전 광고나 이메일과 같은 채널(channel)을 선택해야 한다. 이 네 가지 요소가 충족되어야 로빈후드의 화살을 청중의 심장에 명중시킬 수 있다.

그렇다면 밀러의 메시지는 어떠한가? 밀러의 마케터들은 즐겁고 친절하고 차별화된 느낌으로 메시지를 만들었다. 밀러를 즐겨 마시는 사람들은 그 느낌을 쉽게 이해할 수 있다. 고된 하루를 마치고 퇴근하면서 동료와 함께 맥주를 들고 야구 중계를 볼 기대에 부풀어 있다. 그럴 때 어떤 느낌이 들까? 편안함? 즐거움? 설렘? 밀러 광고는 바로 이 순간을 연상시키는 특별하고 매력적인 느낌으로 소비자들의 눈길을 사로잡았다. 광고에 등장하는 노동자들은 서로 어깨를 두드리며 맥주를 즐긴다. 그리고 넥타이를 맨 직장인들이 술집에 모여 지난번 소프트볼 경기에서 승리한 것을 자축한다. 이렇게 밀러는 우리를 초대한다. '지금 밀러의 세계로 오세요'라고.

광고 속에서 밀러타임을 즐기는 모델들은 밀러의 메신저다. 소비자는 이 광고를 보며 그들을 '우리와 비슷한 부류'로 동일시한다. 용접공에서 펀드매니저에 이르기까지 밀러타임은 모든 소비자를 위한 것이 된다. 소비자는 광고 속 메신저들의 일상을 간접 체험하면서 이를 자신의 경험으로 연결한다. 자신과 비슷해 보이는 사람들이 광고에 등장하는 모습을 보고, 소비자는 밀러의 메시지를 바로 자신을 위한 것으로 받아들인다. 밀러의 메신저들은 오랫동안 만나지 못한 우리의 옛 친구인 셈이다.

밀러타임은 사람들이 맥주를 가장 마시고 싶어 하는 순간이다. 이처럼 기업들은 소비자가 제품을 가장 필요로 하는 순간에 다가가고자 한다. 하지만 밀러는 여기서 한 걸음 더 나아가 그 순간의 이름을 자신의 브랜드를 따서 지어 버렸다. 그리고 편의점, 술집, 야구장 등 맥주를 파는 모든 곳에 홍보용 설치물을 놓아둠으로써 소비자들이 손쉽게 밀러타임을 즐길 수 있도록 했다. 다시 말해 밀러는 감성적, 정신적, 물리적으로 청중이 있는 바로 그곳으로 찾아간 것이다.

메시지 전달 시스템의 마지막 단계는 채널이다. 채널의 종류는 점점 다양화되고 그만큼 우리의 선택권도 늘어난다. 그 종류를 한번 열거해 보자. 텔레비전, 라디오 광고, 공익광고, 브로슈어, 뉴스레터, 기자회견, 행사, 연설, 개인적 만남, 조사, 텔레마케팅, 이메일, 홈페이지, 간판, 추천, 입소문, 캠페인, 공연, 뮤직비디오, 샘플, 홍보, 편지, 후원, 기념 단추와 열쇠고리 등 그 종류는 어마어마하게 많다. 밀러는 이 중에 텔레비전 광고에 주력하면서 기타 다양한 채널들도 함께 활용했다. 술집에 가보면 밀러타임을 알리는 시계를 종종 발견할 수 있다.

밀러타임은 사람들이 맥주를 마시는 모든 공간에 있다. 이것이 바로 밀러 메시지의 핵심이다. 1970년대 인상적인 마케팅 중 하나인 밀러 타임은 메시지 전달 시스템의 네 가지 요소를 적절히 활용했다. 이제 그 요소들을 자세히 살펴보고, 공익단체에 어떤 도움을 줄 수 있는지 알아보도록 하자.

느낌

느낌(*mood*)이란 메시지를 감싸는 포장이다. 우리는 흥미진진하게, 친절하게, 실용적이게, 편안하게, 거칠게, 활력 넘치게, 멋지게, 무섭게, 충격적으로, 슬프도록, 불쌍하게 등 다양한 방식으로 메시지를 포장할 수 있다. 텍스트와 이미지, 음악을 통해 이러한 다양한 느낌을 나타낼 수 있다.

> 메시지의 주제, 그리고 청중의 가치관과 조화를 이룰 수 있도록 메시지의 느낌을 설정하자. 청중 범주별로 메시지를 다르게 만드는 것처럼, 느낌도 청중에 따라 차별화해야 한다는 사실을 명심하자.

물은 아주 단순한 물질이다. 하지만 수많은 기업들이 소비자 계층에 따라 다양한 방식으로 물을 포장한다. 예를 들어, 프랑스 탄산수 브랜드인 페리에(Perrier)의 광고는 패러디를 통해 재미있고 우스꽝스러운 느낌을 준다. 이 느낌은 그들이 강조하는 '식탁용 광천수' 브랜드로서의 이미지, 그들이 공략하는 상류층 소비자와 조화를 이룬다. 반면 코카콜라의 다사니(Dasani)와 펩시의 아쿠아피나(Aquafina)는 유머러스한 이야기를 통해 친근하고 다가가기 쉬운 느낌을 준다. 또한 철저한 수질 검사로 위생에 각별히 신경을 쓰고 가격도 낮추었다는 점을 언급하면서 실용적인 느낌을 부각한다.

실제로 메시지를 전달하는 과정에서 느낌은 아주 중대한 역할을 한다. 이와 관련해 미국에서 있었던 두 가지 운동 권장 캠페인을 살펴보자. 우선 첫 번째로, 기존에 나온 '식품 피라미드'(food pyramid, 미 농림부에서 1992년 발표한 영양 권장표 — 옮긴이)의 업데이트 버전에 대해 이야기해 보자. 2005년 미 농림부는 기존의 식품 피라미드에서 그림과 설명을 모두 없애고 대신에 피라미드 왼쪽에 계단과 함께 사람이 올라가는 모습을 넣은 새로운 식품 피라미드를 선보였다. 새로운 버전은 음식을 선택하는 일만큼 운동도 중요하다는 점을 강조한다. 그리고 피라미드 상단에는 '건강으로 가는 계단'이라는 문구가 적혀 있다. 그렇다면 이 새로운 피라미드를 본 사람들은 어떤 느낌을 받았을까? 가파른 계단을 오르는 모습이 힘들어 보인다는 반응이었다. 게다가 계단을 오르는 사람은 마치 마네킹 같아서 얼굴도 없고 손발도 없는 모습이었다. 과연 사람들이 이 마네킹을 자신의 모습으로 받아들일 수 있을까? 또한 피라미드 아래에는 다양한 음식들이 놓여 있고, 이를 무지개 광선이 비추고 있다. 그림은 그럴듯해 보이지만 전체적으로 조화를 이루지 못했다. 과연 사람들이 생각하는 건강한 삶이란 이런 느낌인가?

여기서 끝이 아니다. 이 피라미드 기능을 제대로 활용하려면 웹사이트에 들어가야 한다. 사이트에 접속해서 열두 가지의 피라미드 중 자신과 가장 잘 맞는 하나를 고르면 이를 기준으로 무엇을 얼마나 먹고 어떻게 운동해야 하는지 정보가 나온다. 대부분 하루 30분 정도의 운동을 추천했다. 하지만 여기에는 출퇴근이나 집안일과 같은 일상적인 활동은 전혀 포함되지 않았다. 나도 이 사이트에 들어가 시키는 대로 따라가 보았는데, 현재의 상태를 유지하려면 매일 집 밖에서 6~9분 정도 운동해야 한다고 나왔다. 하지만 페이지를 넘겨보니 이상하게도 일부러 운동을 하기보다는 즐거운 마음으로 강아지와 산책을 하거나 텔레비전을 보면서 스트레칭을 하는 게 더 좋다고 나왔다.

나는 뭔가 뒤죽박죽된 느낌을 받았다. 어떤 때는 엄격하고 권위적이다가, 또 어떤 때는 친근하고 상냥하다. 이것이 가장 큰 문제점이었다. 현대인은 너무나 바빠서 복잡한 정보를 받아들일 여력이 없다. 그렇기 때문에 메시지는 간결하고 일관된 느낌을 제시할 수 있어야 한다. 나는 컴퓨터 앞에 앉아 20분 동안이나 피라미드를 들여다보았지만, 그와 같은 느낌은 받을 수 없었다. 그뿐만이 아니다. 이 피라미드는 중요한 사실 한 가지를 놓치고 있었다. 사람들이 건강 식단과 규칙적인 운동을 실천하지 못하는 이유는 그것을 몰라서가 아니라 라이프 스타일을 바꾸기가 힘들기 때문이다. 누구나 쉽게 실행에 옮길 수 있다면 아무도 그것을 '과제'라고 부르지 않을 것이다. 그런데도 식품 피라미드는 이러한 사실을 고려하지 못한 채, 오히려 그 과제를 더 힘들게 만들어 버렸다. 나는 아무런 도움도 받지 못한 채 차디찬 길바닥에 덩그러니 남겨진 기분이었다.

다음 사례로, 미 농림부의 식품 피라미드가 나온 것과 비슷한 시기에, 미국 공익광고협의회와 보건복지부는 이와는 완전히 다른 공공 캠페인을 실시했다. '작은 단계'(*small steps*) 캠페인의 텔레비전 광고를 보면, 사람들이 공원과 식품매장, 농구장 등 다양한 장소에서 무언가 이상한 물질을 줍고 있다.

한 남자가 계단에서 발견한 흐물거리는 물건을 분실물센터로 가지고 간다. 그는 센터 직원에게 물건을 건네주면서 이렇게 묻는다. "도대체 이게 뭡니까?" 그러자 센터 직원이 대답한다. "허릿살이네요. 어떤 사람이 엘리베이터 대신 계단을 이용하면서 떨어뜨렸나 봐요." 다른 광고에서는 밤늦게 제설차를 몰던 인부 두 명이 길에서 이상한 물체를 발견하고 내려가 본다. 한 남자가 두 개의 살색 물체를 집어 들고 난감한 표정을 짓는다. 그걸 본 동료는 이렇게 이야기한다. "허벅지 살이군. 누가 아이들과 눈밭에서 놀다가 잃어버렸구먼." 광고 끝에는 체중 감량을 통해 느낄 수 있는 즐거움과 이를 실천할 수 있는 다양한 방법이 자막으로 올라간다. 그리고 "엘리베이터 대신 계단을 이용하세요"나 "자녀들과 하루 30분만 뛰어 노세요"라는 문구로 끝나는 것이다. 한편, 웹사이트에 들어가면 쉬운 실천 단계들을 구체적으로 설명한다.

이 광고를 보자마자 나는 홈페이지에 접속했다(물론 광고만 보고서도 그 내용을 명확하게 이해할 수 있었다). 그들은 첫 페이지에서 이렇게 말하고 있었다. "라이프스타일은 한 번에 바꿀 수 있는 것이 아닙니다. 우리는 일상생활에서 작은 것부터 바꿔 나갈 수 있는 비결을 알려 드립니다." 그 바로 옆에서는 통통한 남자가 헐렁해진 바지를 붙잡고 체중계 위에서 웃고 있었다. 여기서 사람들은 어떤 느낌을 받을까? 나는 친절하고 고무적이고 즐거운 느낌이 들었다.

공익광고협의회와 보건복지부 캠페인의 광고는 청중에게 합격점을 받았을까? 광고의 느낌은 단체의 특성, 메시지의 주제, 사람들의 가치관과 조화를 이루는가? 이들의 작은 단계 캠페인은 관공서에서 주도했던 기존의 캠페인과는 상당히 다른 특징을 보인다. 바로 유머러스하다는 점이다. '이렇게 살아라!'라고 설교하는 대신 보는 이들로 하여금 웃음을 짓게 한다. 그들은 군더더기 없이 메시지의 주제를 분명하게 전달한다. 또한 개인적이고 친절하고 쉽게 다가갈 수 있는 목소리로 "분명 성공할 수 있을 거예요!"라고 말하는 것은 청중의 가치관과도 조화를 이룬다. 메시지의 전체적인 느낌은 멋진 몸매와 건강한 삶을 꿈꾸지만 미처 시도하지 못하고 있던 사람들의 심리 상태와 완벽하게 맞아떨어진다.

식품 피라미드와 작은 단계, 두 캠페인은 모두 정부기관이 주도한 홍보 캠페인이다. 두 캠페인 모두 단계적인 실천 방안과 함께 여러 이미지를 제시하고, 웹사이트에서 세부적인 정보를 제공했다. 하지만 공통점은 그것뿐이다. 두 캠페인은 메시지를 전달하는 과정에서 완전히 다른 느낌을 주었다. 작은 단계 캠페인은 유머러스한 방식으로 점진적인 변화를 제시한 반면, 식품 피라미드는 많은 정보를 제공하면서 이상적인 실천 방안을 강요했다.

우리는 메시지를 효과적으로 전달하는 방식에 대해 논의하고 있다는 사실을 다시 한 번 떠올려 보자. 전문가들은 계단을 오르내린다고 해서 갑자기 살이 빠지는 것은 아니라고 지적할 수 있다. 금방 효과를 보려면 하루에 한 시간씩 계단을 오르내려야 한다고 주장할지도 모른다. 하지만 그것은 우리에게 너무나 가혹한 숙제다. 우리에게는 쉽게 시작할 수 있는 현실적인 단계가 필요하다. 운동은 하룻밤의 혁명이 아니라 오랜 시간이 걸리는 실천 과제다. 그렇기 때문에 시작 단계는 쉬울수록 좋다. 생각해 보자. 오늘부터 운동을 실천에 옮기기로 마음먹었다면 어떤 방법을 선택할 것인가? 작은 단계의 조언처럼 엘리베이터 대신 계단을 한번 이용해 보겠는가? 아니면 식품 피라미드의 말처럼 한 시간 동안 조깅을 하겠는가?

또 다른 사례를 들어 보자. 메시지의 느낌은 청중과 얼굴을 직접 마주할 때 더욱 그 힘을 발휘한다. 예를 들어, 학부모로서 학교에 어떤 문제를 해결하기 위한 방안을 건의한다고 상상해 보자. 여러분이라면 고래고래 고함을 치며 학교 이사회의 무능함을 따지는 드센 학부모가 되고 싶은가? 아니면 정책 변화를 통해 얻을 수 있는 이익을 조목조목 설명하는 지혜로운 엄마로 기억되고 싶은가?

> 긍정적이고 차분하게 설득하는 태도는 공격적이고 비판적인 태도보다 더 좋은 결과를 가져온다. 물론 모든 사람들이 만족하는 메시지를 만들어 낼 수는 없다. 아무리 훌륭한 메시지라도 누군가는 이 때문에 손해를 볼 것이다. 하지만 우리는 그 정도 부작용은 감수해야 한다. 정작 조심해야 할 것은 우리의 청중이 손해를 보는 일이다.

메시지의 느낌이 언제나 가볍고 흥미롭고 즐거울 필요는 없다. 이러한 접근방식이 효과적이라고 하더라도, 모든 청중과 사안에 적용되는 것은 아니다. 가끔은 가벼운 것보다 진중한 것이 좋고, 친절한 것보다 비판적인 것이 좋다. 그린피스는 절대 부드럽거나 애매모호한 느낌을 주지 않는다. 그래서도 안 될 것이다. 우리의 최종 목표는 단체의 특성과 조화를 이루면서 청중을 설득할 수 있는 느낌을 통해 청중과 관계를 형성하는 것이다.

메신저

주장을 듣고, 대화를 나누고, 관계를 형성할 때 우리는 기업이나 단체가 아니라 사람의 얼굴을 본다. 그러므로 메신저를 잘 선택하는 일은 '느낌'을 선택하는 것만큼 중요하다. 무엇보다 단체의 목표, 메시지, 청중과 가장 잘 어울리는 사람을 메신저로 골라야 한다. 우리 단체에서 일하는 직원, 자원봉사자, 임원 역시 적절한 메신저가 될 수 있다. 우리들 중 누군가가 단체의 활동과 목표에 대해 청중에게 설명을 한다면, 이는 대변인의 자격으로서 메시지를 전달하는 것이다. 그렇기 때문에 자원봉사자에서 위원회 회원에 이르기까지, 단체의 모든 구성원은 메시지를 전달하는 일에 신중할 필요가 있다. 모든 구성원이 일관적인 메시지를 전달할 수 있어야 한다.

메시지를 전달하는 과정에서 외부 인사를 적극적으로 활용하자. 외부 인사는 우리보다 자연스럽게 청중과 관계를 형성할 수 있다. 그리고 메시지의 설득력을 더 높일 수 있다.

《로빈후드 마케팅》을 내가 직접 읽어 보라고 권하는 것과 여러분의 친구가 추천하는 것 중 어느 쪽이 더 믿음이 가겠는가? 치약을 고른다면, 치약 회사와 치과의사의 말 중 무엇을 더 믿겠는가? 여러분이 10대라면 양복을 입은 사람과 스케이트보드를 어깨에 둘러멘 친구의 조언 중 무엇에 더 끌리겠는가?

메신저의 역할은 메시지의 주제만큼이나 중요하다. 훌륭한 메신저는 메시지를 전달하는 과정에 활기를 불어넣는다. 청중은 우리보다 메신저가 객관적이며, 최소한 편파적이지는 않을 것이라고 생각한다. 메일함을 열었을 때 잘 알고 있는 사람이 보낸 편지는 모두 읽지만 그렇지 않은 편지는 대부분 휴지통으로 직행할 것이다. 이처럼 메시지 전달 과정에서 메신저는 결정적인 역할을 한다.

효과적인 메신저 선택을 위해 다시 리서치로 돌아가자. 리서치를 통해 우리는 누가 청중에게 강력한 영향력을 발휘할지 알아낼 수 있다. 청중은 어떤 인물을 좋아하고 신뢰하는가? 그들의 마음속에 누가 자리를 잡고 있는가(특정한 분야나 주장과는 상관없이)? 청중에게 영향력을 행사할 수 있는 부류를 하나씩 살펴보자.

권위자 및 전문가 ▌ 청중이 권위자나 전문가의 말에 큰 영향을 받는다면 이러한 인물들의 추천이 중요한 과제가 될 것이다. 예를 들어, 어린이용품을 판매하는 기업은 제품에 '소아과협회 승인'이라는 마크를 붙이고 소프트웨어 업체는 '컴퓨터 잡지에서 최고 등급을 받은'이라는 문구를 강조한다. 청중이 정치인이나 교수 집단이라면 관련분야 전문가를 메신저로 내세우는 방법이 도움이 될 것이다. 하지만 청소년에게 권위자를 내세우는 것은 오히려 역효과가 날 수 있다.

오피니언 리더 ▌사회적으로 유명하고 신뢰감을 주는 인물에게서 많은 영향을 받는 경우라면, 이러한 인물들을 메신저로 선택해야 할 것이다. 그 대표적인 사례로 게토레이를 들 수 있다. 게토레이는 마이클 조던을 광고 모델로 기용해 요란하게 홍보를 함으로써 많은 젊은이들에게 강한 인상을 남겼다. 소비자들은 '조던과 같아지고 싶은 마음'으로 게토레이를 집어 들었다. 이처럼 많은 기업들이 제품 홍보를 위해 유명인을 내세운다. 그것은 유명인에 대해 청중이 품고 있는 친근한 이미지가 제품과의 감성적인 연결고리를 만들어 주기 때문이다. 하지만 유명인을 메신저로 선택하는 작업에도 위험은 따른다. 특히, 특정분야에서 강한 이미지를 지닌 유명인을 다른 분야의 메신저로 활용하려는 시도에는 많은 어려움이 따른다. 베티 포드(Betty Ford)와 리즈 테일러(Liz Taylor)가 약물 남용과 에이즈 예방에 앞장섰던 사례들이 바로 그러했다. 하지만 좋은 소식은, 오피니언 리더가 반드시 유명인일 필요는 없다는 사실이다. 지역의 원로 인사, 종교지도자, 존경받는 교수들도 할리우드 톱스타 못지않은 영향력을 행사할 수 있다.

친한 동료 ▌사람들은 자신과 비슷한 부류의 사람이 어떤 행동을 하면, 자신도 그 행동을 해야 할 것처럼 생각한다. 이러한 관점에서 동료는 가장 훌륭한 메신저가 될 수 있다. 앞서 6장에서 우리는 사회적 증거의 개념에 대해 살펴보았다. 동료는 '여러분과 비슷한 사람이 지금 어떤 행동을 실천하고 있습니다'라는 사회적 증거를 전달할 수 있는 최고의 적임자다. 10대 청소년들은 또래 친구들의 말에 가장 먼저 귀를 기울인다. 그러므로 만약 그들을 청중으로 삼는다면 그들과 비슷한 부류에 속한 사람들의 증언이나 추천을 수집하고 널리 알려야 한다. 청소년을 대상으로 한 광고를 보면, 대부분 10대 모델들이 등장하고 그들 또래의 말과 몸짓으로 메시지를 전달한다. 10대 메신저들을 효과적으로 활용하려면 반항적인 모습과 그들만의 유머 감각을 적절히 사용해야 할 것이다.

가족과 친지 ▌ 이들 역시 영향력이 높은 메신저가 될 수 있다. 자신과 가장 가까운 사람이 어떤 제품을 권하면, 그 제품을 구매할 가능성은 커진다. 할인 매장의 진열대 맨 아래 칸에 어린이들이 좋아하는 제품을 집중적으로 배치하는 전략도 여기에 속한다. 마트에 따라온 아이들은 이를 쉽게 발견하고, 엄마에게 사달라고 조른다. 그들은 어린아이들을 메신저로 활용하는 것이다. 이러한 전략은 공익단체에서도 가능하다. 우리가 주장하는 이슈가 가족이나 친구들의 건강과 행복에 중대한 영향을 끼치는 경우, 이들을 메신저로 내세울 수 있다. 이를테면 중년 남성에게 건강검진을 받으라는 메시지를 전달할 수 있는 최고의 메신저는 바로 그들의 아내이다. 따라서 남성의 결장암 검사 홍보 캠페인을 추진하는 단체라면 주부를 최고의 메신저로 활용해야 할 것이다.

우리는 메신저를 다양한 형태로 활용할 수 있다. 메신저들과의 인터뷰 내용을 인쇄물로 만들 수도 있다. 아니면 우리 단체의 정식 대변인으로 활용할 수도 있다. 또한 그들의 이미지만을 활용하는 방법도 가능하다. 어떠한 형태든, 메신저 활용의 목표는 청중이 실제로 살고 일하고 즐기는 공간으로 찾아가서 일관된 목소리로 메시지를 전달하는 것임을 잊지 말자.

마음이 열리는 순간

 마음이 열리는 순간, 청중은 우리가 제시하는 보상, 제품, 서비스에 가장 큰 관심을 갖는다.

우리는 살아가는 동안 특정한 순간에 마음의 문을 연다. 차를 바꾸려고 마음을 먹는 순간, 관심을 두고 있던 몇몇 모델이 갑자기 엄청나게 늘어난다. 볼보나 혼다가 하룻밤 사이에 두 배가 된 느낌이다. 물론 그 수가 갑자기 증가한 것은 아니다. 차를 바꾸려고 마음먹기 전에는 그 자동차들이 그렇게 많이 도로를 내달리는지 인식하지 못했을 뿐이다. 사람은 원래 보고 싶은 것만 보는 존재다. 주변 사람들도 나와 비슷한 경험에 대해 이야기한다. 아이가 태어날 때도 그렇다. 첫아이가 태어났을 때, 그전에는 깨닫지 못했던 수많은 것들이 보이기 시작했다. 쇼핑을 하다가도 어린아이들을 발견하면 달려가 얼굴을 바라보고 미소를 보냈고, 육아 관련 뉴스도 유심히 보고, 다른 엄마들과 함께 기저귀 용품을 놓고 장시간 토론을 벌이기도 했다. 아이를 낳고 열흘 동안 잠을 제대로 못 자면서도 아이들이 뛰어노는 맥도날드의 텔레비전 광고를 보고 눈물짓기도 했다. 엄마가 된다는 고단함과 희열은 다른 눈으로 세상을 바라보게 했다. 이와 같은 사례들은 마음이 열리는 순간이 우리에게 심리적·육체적으로 강력한 영향을 준다는 사실을 깨우쳐준다.

마음이 열리는 순간, 우리는 어떤 메시지를 그대로 흡수하고 그대로 따라 한다. 이 순간은 특정한 장소(술집), 특정한 시간(소득신고 시즌) 또는 특정한 심리 상태(엄마가 되었을 때)에 우리를 찾아온다.

우리의 마음이 카메라라면, 마음이 열리는 순간은 셔터가 열리는 찰나이다. 셔터가 열리는 그 짧은 순간, 빛이 들어와 필름에 상이 맺힌다. 우리는 갑자기 머릿속으로 들이닥친 이미지와 정보를 한꺼번에 받아들인다. 그리고는 이렇게 외친다. "아차, 밀러타임이군. 여기 밀러 한 병 주세요!" 그리고 곧바로 셔터는 닫힌다. 더 이상 맥주 광고가 눈에 들어오지 않는다. 관심이 폭발적으로 증가한 순간은 사라지고, 우리의 관심사는 이제 다른 대상으로 눈길을 돌린다.

이 셔터가 언제 열리는지 알 수 있다면, 그리고 셔터를 열게 하는 사건을 파악할 수 있다면, 그 순간에 맞춰 우리의 모습을 렌즈 앞으로 들이밀면 된다. 이러한 방법은 청중에게 셔터를 눌러 달라고 강요하는 것보다 훨씬 우아하다. 아무리 멋지게 차려입었다고 하더라도 그 순간에 맞춰 청중의 렌즈 앞에 등장하지 못하면 그들의 필름에 우리의 이미지를 남길 수 없다.

하지만 자신의 숭고한 메시지를 반드시 전달해야만 한다는 사명감을 가진 많은 공익단체들이 이러한 순간을 외면한다. 자신들이 주장하는 메시지가 위대한 것이라서 이를 전달할 시간이나 장소는 하등 중요하지 않다고 여긴다. 그리고 마음이 열리는 순간을 건너뛰고 채널을 선택하는 단계로 직행한다. 이들은 청중의 마음이 열리는 순간이 언제

인지 신중하게 살펴보지도 않은 채 강연회와 행사 일정을 잡고, 포스터를 붙일지 기념품을 나누어 줄지 고민한다.

그렇다면 마음의 문이 도대체 언제 열리는지 어떻게 예측할 수 있을까? 여러분이 사전에 리서치를 제대로 수행했다면 청중이 메시지를 받아들이고, 실천하고, 보상을 원하는 시간을 파악할 수 있을 것이다. 바로 그 시점이 우리가 메시지를 들이밀어야 하는 순간이다. 청중이 행동을 할지 말지 결정을 내리려고 고민하는 순간, 우리는 그들 옆에 있어야 한다.

주변의 기업들을 한번 둘러보자. 그들은 기회가 있을 때마다 우리에게 다가오기 위해 안간힘을 쓴다. 할인마트에 가면 할인쿠폰이 빨간색 박스에 가득 담겨 있다. 할인쿠폰은 항상 진열대 맨 끝에 붙어 있다. 그곳이 바로 소비자들이 어떤 제품을 선택할지 최종적으로 결정하는 공간이기 때문이다. 미용실에 가면 수많은 헤어제품 광고 포스터가 붙어 있다. 여자들은 미용실에서 머리를 하는 동안 앞으로 머리를 어떻게 관리할지 생각하는데, 바로 그 순간을 놓치지 않기 위해 광고 포스터가 미용실 벽에 즐비한 것이다. 코카콜라는 여기서 한발 더 나아갔다. 코카콜라 광고는 우리가 걸어 다니는 거리 곳곳에 있다. 그렇기 때문에 우리는 하루라도 코카콜라 광고를 보지 않고 살 수가 없다. 코카콜라 마케터들은 언제나 소비자들 바로 옆에 존재하는 것이 마케팅 목표라고 말한다.

마음이 열리는 순간은 공익단체에게 특히 중요하다. 대부분의 공익단체는 코카콜라처럼 도시 전체를 광고로 도배할 넉넉한 예산이 없기 때문이다. 그래서 우리에겐 아이디어가 필요하다. 단순히 '메시지를 전달하고', '전단지를 배포하고', '강연회를 벌이는' 것이 아니라, 청중들의 마음이 열리는 바로 그 순간에 우리의 메시지를 집어넣을 수 있어야 한다.

저 멀리 우크라이나에서 젊은 여성들을 인신매매하는 매춘업자들과 전쟁을 벌이는 한 조그마한 공익단체도 이와 같은 접근방식을 이용한다. 이 단체는 젊은 여성들을 꼬드겨서 해외 매춘업체로 팔아넘기는 사기의 위험성을 알리고 있다. 악덕 매춘업자들은 유럽 각 지역에서 가정부로 일하며 돈을 많이 벌 수 있다는 속임수로 젊은 여성들을 끌어 모았다. 하지만 결국 그들이 가는 곳은 해외의 매춘업소였다. 이 단체는 젊은 여성들이 사기에 넘어가는 결정적인 순간을 포착하고, 바로 그 순간에 그들에게 경고 메시지를 주기로 했다.

물론 이 단체 외에도 다양한 단체에서 학교나 직업훈련소를 통해 국내에서 취업을 할 수 있도록 여성들을 지원하는 프로그램을 실시하고 있었다. 그러나 여전히 많은 여성들이 교육의 사각지대에 놓여 있었다. 그래서 이 단체는 해외 취업을 희망하는 여성들에게 보다 신중히 알아보라는 메시지를 전달하고자 했다.

그들은 마음이 열리는 순간을 파악하기 위해 스스로에게 이렇게 질문을 던져 보았다. "젊은 여성들은 언제 어디서 그토록 위험한 결정을 내리는가? 또한 언제 어디서 우리의 메시지를 가장 잘 받아들일까?" 대답은 간단했다. 그 순간은 바로 그들이 신문에서 구인 광고를 읽을 때였다. 해외에서 일자리를 갖고 멋진 인생을 살 수 있다는 가능성을 꿈꾸는 순간, 그들의 마음은 활짝 열린다.

하지만 매춘업자들 역시 그 순간을 잘 파악하고 있었다. 그래서 그들은 구인 광고에 허위 광고를 게재했다. 이에 대항하기 위해 그 단체는 악덕업주들과 똑같은 방법을 사용하기로 했다. 일반적인 해외 취업 광고와 동일하게 구인 광고를 낸 것이다. 광고 제목도 '해외 취업'이라고 실었다. 그리고 젊은 여성들의 관심을 모을 수 있도록 '높은 월급'과 '좋은 조건'이라는 문구도 달았다. 하지만 그 중간에 암호를 해독할 수 있는 열쇠를 살짝 끼워두었다. '높은 월급'이란 여성들의 인생이고, '좋은 조건'이란 영원히 집으로 돌아오지 못하는 것이라는 설명을 덧붙인 것이다. 맨 아래에서는 이렇게 강조했다. "행간을 읽으면 허위 광고가 보입니다!" 그리고 단체의 직통 전화번호를 적어두었다. 이 단체는 그 광고를 지역신문과 공동체 게시판 구인 광고에 게재했다. 이를 통해 그들은 적은 비용으로 놀라운 성과를 거두었다. 그 메시지가 효과를 발휘할 수 있었던 것은 메시지를 최적의 시간과 장소에서 전달했기 때문이다. 이들의 성공 사례는 '마음이 열리는 순간'의 힘을 우리에게 설명해 준다.

하지만 마음이 열리는 순간을 도무지 파악하기 힘든 경우도 있다. 이러한 순간들은 갑자기 나타나서 우리를 놀라게 한다. 하지만 예고 없이 찾아오는 이러한 순간에 주목할 필요가 있다. 그것은 느닷없이 찾아왔다가 곧 사라져 버리기 때문이다. 2001년 탄저균 테러는 미국인들로 하여금 공공보건에 관심을 집중하게 한 사건이었다. 그 사건으로 많은 미국인들이 국민들의 건강을 지키는 일에 정부가 적극 나서야 한다고 생각하게 되었다.

정부기관에 로비를 벌이는 사람들 또한 마음이 열리는 순간을 적극적으로 활용하려 한다. 연방 정부에 정책을 제안하는 방법에 관한 연구로 유명한 존 킹던(John Kingdon) 교수는 '정책의 창'(policy windows)이라는 용어를 사용한다.[1] 정치적인 변화 또는 위기의 상황은 국민들의 관심을 일순간에 집중시키기 때문에 로비스트에게는 절호의 기회가 된다. 바로 그 순간 정책의 창이 열리고, 이를 준비하던 로비스트들은 자신의 제안을 잽싸게 밀어 넣는다. 그러고 나면 창문은 다시 굳게 닫혀 버린다.

카메라 셔터와 정책의 창은 동일한 의미를 나타낸다. 이 두 가지 비유는 마음이 열리는 순간이 금방 지나간다는 것을 말해 준다. 그렇기 때문에 우리는 항상 긴장을 늦추지 말고 메시지를 준비하고 있어야 한다.

기부와 자원봉사활동을 위한 대표적인 온라인 사이트 '네트워크포굿'은 기업들과의 긴밀한 협력관계를 기반으로 운영된다. 이들 역시 순식간에 왔다가 사라지는 순간을 포착하기 위해 최선을 다한다. 국가적인 위기나 재난이 발생할 때, 협력관계의 일원인 AOL과 야후는 그들의 사이트에 '하우 투 헬프'(how to help)라는 배너를 통해 사람들이 자연스럽게 네트워크포굿 사이트로 넘어갈 수 있도록 유도했다. 특히 2005년 허리케인 카트리나가 몰아쳤을 때, 이러한 방식으로 네트워크포굿 사이트에 접속한 많은 사람들이 몇 번의 클릭만으로 기부를 할 수 있었다.

마음이 열리는 순간은 우리에게 엄청난 힘을 가져다준다. 중대한 사회적 이슈가 등장했을 때, 절호의 찬스를 발견할 수 있다. 하지만 너무 오래 고민하거나 신속하게 대응하지 못하면 그 문은 금방 닫혀 버린다. 그리고 그 앞에서 다시 오랜 시간을 기다려야 한다.

순간을 채널로 연결시키기

청중이 마음을 여는 순간을 파악했다면 이제 채널을 선택해야 한다. 우리는 주변에서 전단지, 현수막, 거대한 풍선콘돔 등 다양한 채널을 마주한다. 그중 과연 어떠한 채널을 선택해야 할까? 이 질문의 정답을 얻기 위해 우리는 앞서 살펴본 마음이 열리는 순간을 정확하게 파악해야 한다. 바로 그 순간이 우리에게 최적의 채널을 알려 주기 때문이다.

> 순간과 채널은 메시지를 전달하는 과정의 음과 양이다. 채널은 순간이라고 하는 엔진을 탑재한 자동차다. 순간과 채널을 모두 확보해야만 일관되고 강력한 메시지를 전달할 수 있다.

기업의 경우를 보면 순간과 채널이 절묘하게 맞아떨어지는 사례를 발견할 수 있다. 예를 들어, 해외여행을 가서 좋은 볼거리나 먹을거리를 찾아 돌아다니는 '순간', 안내 전단지는 손쉽게 들고 다니면서 활용할 수 있는 최고의 '채널'이다. 마트에서 물건을 선택하려는 '순간', 50센트 할인쿠폰은 특정 브랜드의 티슈를 고르게 하는 최고의 '채널'이다. 미용실에서 직원이 머리를 감겨 주는 '순간', 자연스럽게 보이는 천장에 붙은 광고 포스터는 최고의 '채널'이다.

우크라이나의 젊은 여성들에게 해외 취업의 위험성을 경고하는 단체 역시 젊은 여성들이 미끼 광고를 보는 '순간'을 포착하기 위해 신문의 구인 광고라는 '채널'을 선택한 것이다.

7장에서 스토리텔링을 주제로 인터뷰한 전직 방송작가 앤디 굿맨은 컵 받침과 장의차를 활용한 참신한 캠페인 사례를 통해 '순간'에서 '채널'을 이끌어내는 방법에 대해 설명한다. 버몬트에 자리 잡은 가족계획협회(Planned Parenthood)는 젊은이들에게 콘돔 사용을 권장하는 캠페인을 벌이고 있었다. 그들은 남성이 섹스를 가장 많이 떠올리는 장소로 술집을 지목했다. 그리고 술집에서 가장 유용한 아이템인 컵 받침을 채널로 선택했다. 컵 받침의 한쪽 면에는 "깜깜한 곳에서는 섹스를 삼가세요"라는 문구가 적혀 있고, 다른 면에는 에이즈와 콘돔 사용에 관한 정보와 함께 무료 전화번호가 적혀 있다. 가족계획협회는 술집 주인들이 이 컵 받침을 손님에게 무료로 나누어 줄 것을 요청했다. 가족계획협회의 이 캠페인은 지역 텔레비전으로도 방송되었다.

다음 사례로 굿맨은 환경단체와 함께 일하던 무렵, 교통 체증이 심각한 산타모니카 출근길에서 느꼈던 순간에 대해 이야기한다. 수많은 운전자들이 도로에 갇혀 매연을 들이마시는 모습을 보면서 그는 바로 그 '순간'을 느꼈다. 몇 주 후, 굿맨은 바로 그 도로에 장의차 다섯 대를 끌고 나왔다. 장의차 지붕에는 남부 캘리포니아 지역의 공기 오염을 고발하는 팻말을 달았다. 그리고 맨 마지막 장의차에는 환경단체의 전화번호가 적힌 팻말을 달아 두었다. 그 특이한 행사를 벌인 날 아침, 지역 텔레비전과 라디오 방송국들은 이를 집중적으로 다루었다. 그리고 그날 걸려온 문의 전화는 평소에 비해 50퍼센트나 증가했다.

이 사례들에서 우리는 몇 가지 교훈을 얻을 수 있다. 첫째, '순간'이라는 엔진이 '채널'이라는 자동차를 달리게 한다. 둘째, 순간을 신중하게 고려함으로써 창조적인 채널을 발견할 수 있다. 이러한 창조적인 채널은 언론의 관심을 자극해서 사회적 인지도를 크게 높일 수 있다. 셋째, 비용을 크게 들이지 않아도 효과적인 채널을 선택할 수 있다. 구인 광고, 컵 받침, 장의차 캠페인은 전단지를 제작하는 비용 정도만으로 그보다 훨씬 높은 성과를 올렸다.

마음이 열리는 순간에 예산과 시간을 집중 투자함으로써 아무도 관심을 가지지 않는 캠페인에 소중한 자원을 낭비하는 위험을 막을 수 있다.

8장 첫머리에서 우리는 웹사이트에서 홍보용 기념품에 이르기까지 다양한 채널을 살펴보았다.

적절한 느낌으로 포장된 메시지를 청중이 있는 곳으로 들고 가기 위해서 우리는 다양한 채널을 활용해야 한다. 느낌과 순간 그리고 채널을 가지고 최적의 조합을 구성하기 위해서 청중의 관심을 사로잡고, 마음이 열리는 순간을 파악하고, 차별화를 이루는 일에 주목하자.

채널의 함정

지금까지 살펴본 것들을 떠올리면서, 채널을 선택하는 과정에서 공익단체들이 주로 빠지는 함정에 대해 살펴보자. 이를 위해 몇 가지 사례를 소개한다.

'일반대중'의 함정

넉넉지 못한 예산 때문에 많은 공익단체들이 비용을 줄이려고 안간힘을 쓴다.

 서로 다른 범주의 청중에게 동일한 의사소통 방식을 적용해서 예산을 줄이려는 유혹에 빠지지 말자.

IBM은 데스크톱 컴퓨터와 노트북 제품을 동시에 광고하지 않는다. 그들에게 그건 시간 낭비에 불과하다. 메시지를 전달하기 위해 채널을 선택할 때, 우리의 마음속에는 하나의 청중 범주만이 있어야 한다.

전단지를 제작할 때도 하나의 청중 범주만을 염두에 두어야 한다. 지정된 범주의 청중에게 우리가 왜 그들에게 관심을 가지는지 그리고 어떠한 행동을 요청하는지 분명하게 설명해야 하기 때문이다. 그렇지 못한 전단지를 읽다 보면, 나는 전 세계에서 온 600명을 대상으로 하는 무미건조한 강의실에 앉아 있는 느낌이 든다. 하지만 특정 청중을 위한 전단지를 볼 때면, 누군가 나만을 위해 정성스레 쓴 편지를 읽는 기분이다.

넘쳐흐르는 메시지

'일반대중의 함정' 바로 다음이 '흘러넘치는 메시지의 함정'이다.

 메시지의 양은 기억의 양과 반비례한다. 정보를 더 많이 집어넣을수록 청중은 더 적게 기억한다.

특히 광고를 할 때에는 메시지의 주제를 헤드라인으로 만들어야 한다. 역사적으로 가장 유명한 카피라고 할 수 있는 '저스트 두 잇'은 우연히 나온 것이 아니다. 우리는 메시지에서 주제를 뽑아내고 이를 채널의 전면에 내세워야 한다. 너무 단순화한 것이 아닌가 하는 걱정은 일단 접어 두자. 세부적인 사항은 핵심 주제를 성공적으로 전달한 이후에 추가적으로 집어넣으면 된다.

CRAM 빼먹기

너무 많이 말하려고 하면, 되레 아무것도 전달할 수 없게 된다.

 각각의 채널에 전략적인 메시지로 소통한다.

당연한 말이다. 하지만 전단지, 서비스 계획, 옥외 광고판 등을 살펴보면 많은 공익단체들이 이 함정에 빠져 있다는 생각이 든다. 그들은 채널을 통해 CRAM을 제대로 실천하지 못하고 있다. 청중은 메시지에서 개인적인 연결고리를 발견하고, 행동과 보상을 쉽고 정확하게 이해하고, 또한 이를 오랫동안 기억할 수 있어야 한다. CRAM을 실천하는 손쉬운 방법으로 유머를 들 수 있다. 운동을 홍보하는 '작은 단계' 캠페인 역시 유머를 통해 CRAM을 실천했다. 그들은 유머러스한 표현을 통해 청중과 관계를 맺고, 실천 가능한 행동과 높은 보상을 제시하며, 이를 오랫동안 기억할 수 있도록 만들었다. 허릿살과 허벅지살 캠페인 역시 마찬가지다.

순간과 채널의 잘못된 만남

8장 서두에서 지적했듯, 많은 공익단체들은 마음이 열리는 순간을 외면한 채 채널을 선택하고, 여기에 무작정 많은 메시지를 집어넣으려고만 한다. 하지만 순간에 조금만 관심을 기울이더라도, 책을 거의 읽지 않는 청중(글을 읽지 못하거나 또는 너무 바쁜 사람들)에게 운동 방법을 소개하는 50쪽 분량의 소책자를 배포하려는 시도는 하지 않을 것이다. 순간과 채널이 메시지를 전달하는 음과 양이라는 사실을 잊지 말자.

 청중의 몸이 있는 곳, 마음을 두는 곳으로

병원 진료실의 모습을 한번 떠올려 보자. 벽에 붙어 있는 다양한 약품 광고들은 이번에 새로 출시한 약품에 대해 의사와 상의해 보라고 환자를 부추긴다. 건강검진을 받으면서도 우리는 광고 포스터를 보게 된다. 의사가 쓰는 포스트잇을 보면 특정 제약 회사의 로고가 희미하게 인쇄되어 있다. 그리고 제약 회사가 무료로 제공한 샘플 약품도 많이 가지고 있을 것이다. 제약 회사들이 선택한 '채널'은(광고 포스터, 포스트잇, 샘플 약품) 환자와 의사와 함께 있는 '순간'과 절묘한 조화를 이루고 있다. 의사를 청중으로 삼고 있는 공익단체들도 이와 비슷한 전략을 쓰고 있다. 미국 질병통제예방센터(Centers for Disease Control and Prevention, CDC)의 사례가 그러하다. 그들은 의사로 하여금 위궤양이 단순한 스트레스성 증상이 아니라 박테리아 감염으로 인한 질환이라고 환자들에게 알려줄 것을 당부한다. 실제로 박테리아가 위궤양의 주범이라는 것은 이미 학계에서 인정받은 사실이기도 하다. 그리고 이와 함께 진료실에 위궤양의 원인을 설명하는 포스터를 붙여두고, 또한 '박테리아 감염에 관한 정보'를 담은 전단지를 통해 위궤양이 완치 가능한 만성질환임을 강조한다.

한 채널에만 의지하는 것

이처럼 좁은 진료실에서도 다양한 메시지 채널들이 공존한다. 진료실보다 더 넓은 공간이라면 더 다양한 채널이 가능할 것이다. 코카콜라처럼 수억 달러를 마케팅 예산으로 쓸 수는 없더라도, 한 가지 채널만을 고집하는 것은 바람직한 방법이 아니다.

다양한 채널을 반복적으로 활용하자. 청중의 행동을 끌어내기 위해서는 다양한 채널을 통해 반복적으로 메시지를 전달할 필요가 있다.

규모가 작은 단체도 얼마든지 채널의 범위를 폭넓게 사용할 수 있다. 전봇대에 현수막을 걸고, 현관에 전단지를 붙이고, 자동 이메일링 시스템을 활용하고, 전화를 거는 등의 다양한 시도를 동시에 추진할 수 있다.

기존 채널에 대한 과도한 투자

대부분의 공익단체가 전단지, 뉴스레터, 웹사이트 등 전통적인 채널을 활용하고 있다. 그러다 보니 기존 채널에서 쉽게 벗어나지 못하는 경향이 있다. 하지만 뉴스레터와 홈페이지를 주기적으로 업데이트하는 과정에도 상당한 자원과 시간이 소요된다. 그렇기 때문에 우리가 투자하는 기존 채널이 과연 효과적인 채널인지 시험할 필요가 있다. 청중에게 효율적으로 메시지를 전달할 수 있는 채널에 대해서만 지속적으로 투자할 필요가 있다.

 공익단체는 늘 예산이 부족하다. 그러므로 적은 비용과 시간으로 메시지를 효율적으로 전달할 수 있는 새로운 채널을 계속해서 모색해야 한다.

단지 보편적이라는 이유만으로 특정 채널을 고집해서는 곤란하다. 우리가 채널을 선택하는 이유는 그것이 표준이어서가 아니라 차별화할 수 있기 때문이어야 한다. 우리는 컴퓨터 게임이나 손목밴드 등 다양한 채널을 활용해 메시지를 전달할 수 있다. 협력관계를 통해 새로운 채널에 대한 정보를 얻고, 파트너가 보유한 채널을 공동으로 활용하는 아이디어도 생각해 보자.

허술한 디자인

아마추어임을 자백하는 허술한 디자인 역시 일반적인 함정이다. 글자만 빼곡히 들어섰거나 가독성이 떨어지는 전단지를 나누어 준다면, 아무리 메시지가 감동적이라 하더라도 사람들은 그냥 지나쳐 버릴 것이다. 공익단체 사람들은 전문 디자이너는 아니지만, 그래도 디자인 업무에 자주 관여하게 된다. 예산이 없을 때에는 직접 디자인 작업을 해야 하는 경우도 있다. 그러다 보니 공익단체에서 나온 마케팅 자료의 크리에이티브나 콘셉트 수준이 떨어질 때가 많다. 또한 메시지와 너무 가까이 있다 보니 혁신적인 아이디어를 제시하기가 쉽지 않다. 물론 외부 디자이너를 쓴다고 해서 모든 문제가 해결되는 것은 아니다. 디자이너에게 메시지를 정확하게 전달하지 못하면 엉뚱한 방향으로 결과물이 나올 위험이 있기 때문이다. 일반적으로 디자이너의 역할은 주제를 흥미롭게 부각시키는 것이다. 하지만 디자이너의 그러한 역할이 메시지를 분명하고 효과적으로 전달하려는 우리의 목적과는 어긋날 수 있다. 이러한 위험을 예방하기 위해 메시지를 담은 초벌 자료를 우리 스스로 만들어 두는 것이 좋다. 그 자료 속에는 청중에 대한 설명과 메시지의 전반적인 느낌도 담겨 있어야 할 것이다. 이렇게 사전에 준비를 철저히 한다면 안심하고 결과물을 받아 볼 수 있을 것이다. 이런 과정을 거쳐 자료가 완성되었다면, 이렇게 질문을 던져 보자. "이 자료를 보고 청중이 쉽게 우리 메시지를 이해할 수 있을까?" 아니라면 더 쉽고 흥미롭게 자료를 수정하도록 하자.

 멋있으면서 난해한 것보다는, 평범하면서 쉬운 메시지가 낫다.

갈팡질팡하는 모습

유명 작가들은 그들만의 독특한 문체가 있다. 그들의 문체는 작품의 고유함을 높여 주고, 작가의 정체성에 힘을 실어 준다. 공익단체도 효과적으로 메시지를 전달하기 위해서 그들만의 독특한 목소리를 가져야 한다.

복잡하고 어지러운 색상, 형태, 로고, 주제는 메시지의 전달력을 크게 떨어뜨린다. 잡동사니를 끌어모아 하나의 그림을 완성하기는 대단히 어려운 일이다. 그렇기 때문에 메시지의 내용과 형식을 매번 수정하는 것은 계속해서 제자리걸음만 하는 것과 같다. 힘들게 노력하고도 마일리지를 하나도 쌓지 못한다. 메시지에서 단체의 이름을 빼더라도 청중이 그 단체의 메시지라는 사실을 인식할 수 있는 수준에 이르러야 한다. 대기업들은 내부 규정을 통해 로고의 크기는 물론 전단지를 제작하는 종이의 질까지 세부적인 사항을 철저하게 관리한다. 이러한 노력은 일관된 '목소리'를 유지하기 위해서다. 공익단체들도 내부적으로 규정을 만들고 실천에 옮겨야 할 것이다.

내부적으로 결정하는 디자인

디자인에 대한 생각은 사람마다 다르다. 주장이 강한 여러 사람들이 함께 디자인을 결정하다 보면 결국 프랑켄슈타인이 나오게 된다. 일반적으로 공익단체가 주요한 의사결정을 내릴 때에는 위원회 멤버들의 의견을 서로 수렴한다. 마케팅 자료들이 이렇게 만들어질 경우, 청중의 관점은 외면을 받고 디자인의 일관성은 흔들리게 된다.

 합의 과정을 없애 버릴 수는 없다. 하지만 디자인에 대한 최종 결정 기준은 청중의 관점이라는 사실을 내부 동료들에게 설득시켜야 한다.

청중에 대한 테스트 작업(자료를 보여 주었을 때 청중들의 반응)을 근거로, 색상이나 형태가 마음에 들지 않는다고 불평하는 동료를 설득할 수 있어야 한다. 디자인에 대한 의견 충돌을 기술적으로 피할 수 있는 요령이 있다. 우선 이사회 멤버든 자원봉사자든 간에 디자인에 이의를 제기하는 사람들에게는 일단 긍정적인 반응을 보여 주어야 한다. 그다음에 테스트 작업을 통해 얻은 객관적인 데이터를 제시해야 한다. 그러고는 이렇게 말한다. "좋은 의견이군요. 표지에 아리스토텔레스의 말을 그리스어로 집어넣는다는 시도는 참 기발하네요. 하지만 청중 대부분이 알아보지 못한다면 문제가 되지 않을까요?"

결과를 모니터하지 않음

마지막 함정은 많은 공익단체들이 기존 채널에 대한 효율성을 실험해 보지도 않은 채 관성적으로 따라가고 있다는 점이다. 이 문제만큼은 일반 기업들도 마찬가지다.

 기존 채널의 효과가 감소하면 채널을 바꾸거나 또는 메시지를 수정하라.

이 주제는 10장에서도 다루고 있다. 여기서는 메시지가 제대로 전달되는지 실험해 봄으로써 많은 도움을 얻을 수 있다는 점만 언급하도록 하겠다. UPS와 페덱스(FedEx) 서비스를 이용해 보면 내 물건이 어디까지 와 있는지 실시간으로 조회할 수 있다. 우리가 요청하는 행동을 실천하고 청중에게 어떻게 그런 결정을 내리게 되었는지 물어봄으로써, 우리가 전달하는 메시지의 배송 위치를 파악할 수 있다.

로빈후드 법칙, 이렇게 활용하자

'메시지 전달 시스템' 그려 보기

7장에서 우리는 메시지를 만드는 법을 알아보았고, 이번 장에서는 그 메시지를 언제 그리고 어떻게 전달할지를 논의했다. 메시지가 청중에게까지 전달되는 시스템 전체를 한번 그려 보자. 메시지의 포장(느낌), 메시지 전달자(메신저), 적절한 시기(순간) 그리고 최고의 수단(채널)을 삽입해 도표나 그림을 그려 보자.

하나. 느낌으로 시작하기

메시지 전달 시스템은 메시지의 '느낌'에서 시작된다. 우선 우리 단체의 목표와 특성을 생각해 보자. 어떤 형용사가 떠오르는가? 이를 모두 적어 보자. 다음으로 메시지의 목소리 톤에 대해 생각해 보자. 영감을 주는가? 고무적이고 엄격한가? 아니면 재미있는가? 그리고 메시지를 받아들이고 행동으로 실천하는 청중의 심리 상태를 묘사하는 형용사를 떠올려 보자. 이제 세 가지 항목(우리의 목표와 특성, 목소리 톤, 그리고 청중의 심리 상태)에 해당하는 형용사를 함께 비교해 보자. 세 항목에 해당하는 형용사 중 공통된 것이 있는가? 세 항목에 모두 걸쳐 있는 느낌이 있는가? 이와 같은 작업의 최종 목표는 나 자신에 충실하면서 청중들에게 가장 효과적으로 메시지를 전달할 수 있는 '느낌'을 찾아내는 것이다.

둘. 메신저 선택하기

우리의 메시지와 느낌을 생각하면 어떤 유형의 인물들이 떠오르는가? 우리가 선택한 느낌과 가장 조화를 이루는 메신저는 누구일까? 권위자 및 전문가, 오피니언 리더, 가까운 동료, 가족과 친구 등 다양한 후보들이 있다. 이 모든 후보들을 놓고 과연 누가 메시지를 가장 잘 전달할 수 있을지 생각해 보자. 이들은 청중에게 강한 인상을 남길 수 있는가? 우리의 공식 대변인으로서 활동할 의지와 능력이 있는가? 아니면 그들의 말이나 이미지만을 따로 사용하는 것이 더 효과적일까?

셋. 순간을 확인하기

다음으로 청중이 우리의 메시지를 가장 잘 받아들일 수 있는 장소와 시간 그리고 심리적인 상태를 확인하자. 리서치를 통해 청중이 메시지를 받아들이고, 보상을 요구하고, 행동을 실천할 수 있는 시간과 장소를 파악할 수 있다. 청중의 마음은 과연 언제 열리는가? 그리고 그 순간 그들은 어떤 생각을 하는가? 거리 곳곳을 우리의 메시지로 도배할 수 없다면, 그 순간을 찾아 메시지를 전달해야 한다. 이 점을 염두에 두고 신문이나 뉴스를 유심히 관찰하자. 그리고 청중의 움직임을 자세히 관찰하고 그들이 언제 메시지를 가장 잘 받아들일 수 있는지 확인한다. 청중과 마켓에 대해 우리가 아는 모든 것을 고려해 보자. 또한 청중이 결정을 내리는 시기와 장소에 대해 생각해 보자.

넷. 채널 선택하기

우리는 '순간'에서 '채널'을 도출할 수 있다. 우리의 마지막 단계는 마음이 열리는 순간에 청중들 마음 깊숙이 메시지를 전달할 수 있는 가장 효과적인 수단을 발견하는 것이다. 기존 채널의 성과를 검토해 보고, 어떤 것들을 수정하고 제거하고 혹은 추가해야 할지 생각해 보자. 그리고 청중에게 한 걸음 더 가까이 다가갈 수 있는, 활발하고 독창적인 채널을 살펴보자. 어떤 채널을 활용해야 복잡한 장애물을 뚫고 청중의 가슴속으로 들어갈 수 있을까? 그리고 일반적으로 나타나는 실수를 예방하기 위해 앞서 살펴보았던 함정을 다시 한 번 확인해 보자. 이 단계의 목적은 활용 가능한 채널의 목록을 작성하는 것이다. 이 목록이 완성되었다면 이제 활동을 시작해야 한다. 하지만 우리는 이 목록상의 채널을 유연하게 활용해야 한다. 형식적으로 접근해서는 좋은 성과를 기대하기 어렵다. 갑작스러운 법률 안건에서 긴급 속보에 이르기까지, 다양한 사회적 이슈들이 만들어 내는 '마음이 열리는 순간'을 적극적으로 활용할 수 있는 적절한 채널을 신속하게 찾아낼 수 있어야 한다.

다섯. 메시지 전달 시스템 테스트하기

이제 우리는 메시지의 느낌, 메신저, 순간, 채널까지 모두 살펴보았다. 다음으로 해야 할 일은 메시지 전달 시스템이 잘 돌아가는지 테스트하는 것이다. 사전에 테스트해서 시간과 예산 낭비를 막을 수 있다. 청중에게 별다른 감흥을 주지 못하는 편지 수천 통을 우편으로 보내기 전에 치명적인 실수를 발견할 수 있다. 테스트 작업은 다양한 방식으로 가능하다. 규모가 작은 조직이나 소규모 자원봉사 단체들은 청중 몇 명을 대상으로 그들이 만든 로고나 연설문을 보여 주고 반응을 알아보는 비공식적인 방법을 택할 수 있다. 반면 규모가 있는 조직이라면 포커스 그룹, 인터뷰, 설문조사 혹은 전문적인 테스트 프로그램을 통해 체계적인 테스트를 실시할 수 있다. 만약 가능하다면, 청중이 선호하는 다른 조직의 메시지와 우리의 메시지를 함께 놓고 청중의 반응을 살피는 작업이 큰 도움이 될 것이다. 잡지나 뉴스레터의 광고를 채널로 선택한 경우라면, 다른 기업이나 단체의 광고와 우리의 광고를 함께 보여 주고 청중의 반응을 확인해 보자. 포스터를 채널로 선택했다면, 벽에 다른 단체의 포스터들과 함께 걸어 놓고 의견을 들어 보자.

테스트 작업은 친구와 가족을 대상으로 하는 것이 아니다. 반드시 목표 청중을 대상으로 해야 한다. 우리의 메시지가 특정 인물을 통해 청중에게 전달되는 구조에 있다면, 그러한 인물의 반응도 테스트 작업에 포함시켜야 한다. 그들에게 우리 메시지를 청중에게 전달할 의사가 있는지 사전에 물어봄으로써, 우리 단체에 대한 그들의 관심 수준을 더욱 높일 수 있다.

청중은 우리 메시지에서 개인적인 연결고리를 발견하고 있는가? 우리의 메시지가 '그들 자신을 위한 것'이라고 느끼는가? 청중은 무엇에 관심을 두고 있으며 또한 자극을 받는가? 한편 무엇을 싫어하는가? 우리 메시지를 오랫동안 기억하는가? 우리가 만든 자료에서 최고와 최악은 무엇인가? 어지럽고 복잡한 세부적인 정보와 이미지들이 청중에게 혼란을 주는 것은 아닌가?

물론 청중이 주는 피드백이 모두 유용한 것은 아니다. 부정적인 반응이 아주 극소수에 불과할 수도 있다. 하지만 많은 청중이 우리의 메시지를 계속해서 받아들이지 않는다면, 이를 그대로 두어서는 안 된다. 따라서 피드백의 범위를 가능한 한 넓혀 보는 것이 좋다. 단, 단체

의 내부 구성원들은 제외해야 한다. 내부 구성원들은 우리 메시지를
한층 긍정적인 시각으로 바라볼 것이기 때문이다.

Interview

벨로루시 사례에서 배울 점 캐시 라이언

AOL(America Online)에서 탁월한 성과로 인정받은 캐시 라이언(Kathy Ryan)은 제품 개발부터 유통에 이르는 비즈니스의 모든 단계에서 실력을 발휘했다.

"제품 개발, 홍보, 마케팅 등 전반적인 업무에서 두루 경험을 쌓으면서 어떻게 해야 뛰어난 제품을 만들 수 있는지에 대해 깨달을 수 있었어요. 바로 소비자에게 초점을 맞추고 그들의 욕구를 충족시켜 주는 것이죠."

라이언은 AOL에서 수십 년간 근무한 뒤, 러시아의 한 고아원에서 두 아이를 입양하기 위해 비즈니스 업계를 잠시 떠났다. 나중에 복귀하려고 마음먹었을 때, 그녀는 완전히 새로운 분야에서 홍보 업무를 해보고 싶다는 생각을 했다.

"그때부터 어떻게 하면 제 실력을 NPO분야에서 발휘할 수 있을지 고민하기 시작했죠. 마침내 제가 정말로 좋아하는 곳에서 일할 기회를 발견했습니다."

최근 라이언은 '체르노빌 피해아동들을 위한 국제협력단체'(Chernobyl Children's Project International Inc.) 미국 지사를 이끌면서 마케팅 실력을 발휘하고 있다. 자신의 자녀가 태어난 지역에서 그리 멀지 않은 곳에 사는 아이들을 위해 일하면서, 라이언은 우리 사회로부터 받은 능력을 세상에 다시 돌려주고 있다. 이 단체는 의료적인 전문 기술뿐만 아니라 비즈니스적인 전략까지 동시에 활용하여 체르노빌 방사능 사고로 고통 받는 많은 젊은이들을 도와주고 있다.

"우리 위원회에는 방사능사고 복구 분야의 많은 전문가들이 포진해 있습니다. 일반 기업, 금융, 법률 분야에서 경력을 쌓은 사람들도 있죠. 이처럼 비즈니스 세계에서 온 직원들은 우리 단체의 업무 추진방식을 아주 마음에 들어 합니다. 그들은 기부를 투자의 개념으로 생각하는 사람들과 함께 근무한다는 사실에 만족감을 느껴요."

Q. 기부에 대한 사회적 관심은 어떻습니까?

A : 체르노빌 지역의 심각성을 홍보하는 데 가장 힘든 부분은 쓰나미와 기아 문제처럼 최근에 벌어진 일이 아니라 아주 오래전의 사고라는 점입니다. 머나먼 외국에서, 그것도 20년도 훨씬 전에 일어난 사건에 관심을 가지는 사람은 거의 없습니다. 체르노빌의 악몽은 아직 진행 중입니다. 하지만 이 사실을 아는 사람들은 많지 않죠. 사람들은 재난이란 항상 시작과 끝이 있다고 생각합니다. 미국 각지에서는 해마다 '유방암 환자를 위한 달리기 대회'가 열립니다. 참여한 사람들에게는 최종 목적지가 있죠. 그것은 유방암 환자들이 암을 이겨내도록 하는 것입니다. 그 종착지가 우리에게는 없습니다. 하지만 이미 수많은 사람들이 방사선의 심각성을 알고 있으며 최근에는 사회적 이슈로 자리 잡았습니다. 우리에게는 긍정적인 소식이죠. 우리는 여기서 한 걸음 더 나아가 사람들에게 체르노빌 사고에 관한 정확한 정보를 제공하고 대안을 제시하려 합니다.

Q. 그 문제들에 어떻게 대처해 나가고 있습니까?

A : 우리는 직원들에게 월급을 주지 못하고 있습니다. 그야말로 진정한 자원봉사 단체라고 할 수 있죠. 예산이 넉넉지 않기 때문에 가장 효율적인 방법으로 사회적 관심을 모으기 위해 최선을 다하고 있습니다. 우리는 구글에서 '체르노빌'이라는 검색어를 구입했어요. 구글에서 체르노빌을 검색하는 사람들은 우리 사업에 관심이 있는 이들인 만큼 우리의 청중이 될 수 있는 가능성이 가장 높은 사람들이라는 생각에서였습니다. 그들이 웹사이트(www.chernobyl-international.org)를 방문하면 우리는 직접적으로 메시지를 전달하고 네티즌의 응답률도 체크해 볼 수 있었습니다. 이는 이메일로 직접 메시지를 보내는 것보다 훨씬 경제적인 방법이었습니다. 다양한 헤드라인을 테스트해 본 후 '체르노빌: 그 진실'이 가장 효과적인 제목이라고 결정했습니다. 이 방식으로 많은 사람들의 관심을 모을 수 있었습니다. 또한 웹사이트를 방문한 사람들에게는 단체의 일원이라는 생각으로 새로운 정보들을 제공해 주었지요. 한편 우리는 한 여성 영화감독과 손잡고 〈체르노빌 하트〉(*Chernobyl Heart*)라는 다큐멘터리 영화도 제작했습니다. 이 영화는 2004년 아카데미상을 받았고, HBO 채

널에서도 방영되었습니다. 이를 통해 커다란 사회적 반향을 일으킬 수 있었습니다.

Q. 다양한 마켓 요인들을 어떻게 활용하고 있습니까?

A : 2006년 4월은 체르노빌 참사 20주년을 맞이하는 달입니다. 그러다 보니 사회적 관심이 집중되었죠. 우리는 더욱 적극적으로 체르노빌 관련 정보를 알려 나갔습니다. 최근 벨로루시를 중심으로 많은 정치적 변화가 일어났습니다. 우크라이나와 벨로루시 지역이 세계적인 이슈로 떠오르기 시작하면서 체르노빌은 다시 한 번 새로운 관심을 받을 수 있었습니다. 이 기회를 활용해 당면 과제들을 알려 나갔습니다. 또 원자력 발전소가 테러리스트의 새로운 타깃이 되고 있다는 소문이 돌기 시작했습니다. 자신의 삶과 관련 있다고 느끼는 순간 사람들은 그것에 관심을 기울이게 됩니다. 마틴 크루즈 스미스(Martin Cruz Smith)는 체르노빌의 통제구역에서 벌어지는 일들을 소재로 《늑대가 개를 사냥하는 곳》(*Wolves Eat Dogs*)이라는 책을 발간하기도 했습니다.[2] 체르노빌 사고를 소재로 한 〈스토커〉(*Stalker: In the Shadow of Chernobyl*)라는 비디오게임도 출시가 되었고요. 저는 게임 개발 업체에 편지를 보내서 게임 속에 우리 단체에 대한 정보를 실어 달라고 요청했지요. 오랫동안 소비자 마케팅 업무를 한 경험 덕분에 대중문화를 활용하는 작업에 아주 익숙해져 있습니다.

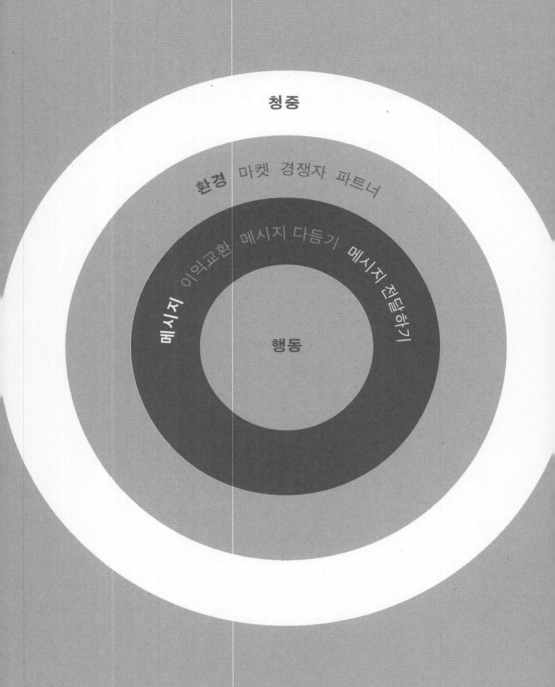

청중

환경 마켓 경쟁자 파트너

메시지 이익교환 메시지 다듬기 메시지 전달하기

행동

Chapter 9

언론도 청중이라는 사실을 직시하라

Robin Hood Media Savvy
Approach the Media as a Target Market

>>>——→ **로빈후드 법칙 No.9 활용법** ←——<<<

• 우리가 선택한 기자들과 꾸준히 관계를 발전시켜 나가자.
  그리고 우리 활동을 널리 알릴 수 있는 기사를 쓰도록
  그들에게 동기를 부여하자.

'……'

이제까지 기업의 마케팅 사례로 각 장을 시작했지만 9장만큼은 그렇지 않다. 거기에는 그만한 이유가 있다. 언론사와 탄탄한 협력관계를 구축하고자 한다면, 우리는 일반 기업들처럼 해서는 안 된다. 우리는 언론사를 하나의 청중으로 보아야 한다. 청중에게 다가가는 것처럼 기자들의 마음속으로 들어갈 때, 우리는 언론과 올바른 협력관계를 구축할 수 있는 통찰력과 기술을 터득하게 될 것이다.

 언론을 하나의 청중으로 생각하자. 그들의 관심사와 가치관, 좋아하는 보상 유형에 대해 분석하자. 그리고 거시적인 차원에서 접근하자.

우리는 언론사를 청중으로 바라보아야 한다. 이 말은 아주 중요한 의미를 담고 있지만 많은 단체들은 이를 놓치고 있다. 나는 로이터와 AP를 포함한 다양한 언론사에서 기자로 활동했다. 하지만 기자 시절 내게 접근한 사람들 중 언론과 기자에 대해 전반적으로 이해하는 사람은 거의 없었다. 기업이나 NPO 홍보 담당자들은 내게 전화해 보낸 자료를 잘 받았는지 물어본다. 그게 전부였다. 그들은 기자를 저마다의 가치관을 가진 개인이 아니라, 단지 메시지를 전달하는 도구로 생각하고 있었다.

로빈후드 법칙 9
언론을 메시지 전달을 위한 스피커가 아니라, 목표 청중으로 정의해야 한다.

물론 아주 소수이긴 하지만 그렇지 않은 이들도 분명 있었다. 그들은 나와 지속적으로 인간관계를 유지하면서 뉴스가 될 만한 이야깃거리를 가끔씩 들려준다. 그러다가 간혹 흥미진진한 소문이나 중요한 정보가 있을 때 내게 전화한다. 그러면 나는 그들의 말에 귀를 기울인다. 그들은 기자를 한 사람의 청중으로 대하면서 인간적인 관계를 쌓아간다. 결국 기자가 그들의 이야기를 기사로 다룰 가능성은 점점 높아진다.

언론을 청중으로 바라보고 다가가기 위해서는 지금까지 살펴본 모든 마케팅 법칙을 활용해야 한다. 우리는 언론과 관계를 형성하여 이익 교환을 제시하고 기억에 남을 만한 강한 인상을 주어야 한다. 즉, CRAM을 실천해야 한다. 그리고 적절한 느낌, 정확한 순간, 영향력 있는 메신저, 효과적인 채널을 가지고 메시지를 전달해야 한다.

언론과의 관계가 왜 중요할까?

언론과 바람직한 협력관계를 형성하기 위해서는 지금까지 살펴본 모든 마케팅 법칙들을 시간과 노력을 들여 실천해 가야 한다. 언론은 투자가치가 충분하다. 언론사와 우호적인 관계를 맺으면, 특정 이슈에 대해 사회적인 관심을 모으고 여론을 조성해 시민들의 실천을 이끌어낼 수 있기 때문이다.

강둑을 지나가던 한 행인이 빠른 물살에 휩쓸려 허우적거리는 사람들을 목격하고 강물로 뛰어들었다. 사람들을 건져내기 시작했지만 아직 몇 명을 더 구해야 하는 상황에서 그만 지쳐 버리고 말았다. 그때 또 다른 행인이 걸어오는 모습이 보였다. 그는 손을 들어 그 행인에게 도움을 요청했지만 행인은 바라만 보다가 그냥 지나쳐 가버렸다. 그는 제발 도와 달라고 외쳤다. 그러자 그 행인은 사람들이 더 이상 떠내려 가지 않도록 댐을 수리하러 상류로 올라가는 중이라고 대답했다. 이 이야기는 문제에 접근하는 방식으로 단기적인 해결책(하류)과 장기적인 해결책(상류)이 있음을 말해 준다. 예를 들어, 도시의 공기 오염은 어린이의 천식을 유발한다. 천식 아동에게 흡입기를 주는 것은 하류식 접근방식이다. 반면 공장을 대상으로 엄격한 배출 기준을 적용하고 이를 단속하는 방법은 상류식 접근방식이다.

상류식 접근방식에 가장 적합한 사람들은 정치인과 언론인이다. 물론 정치인에 대한 로비 활동도 아주 중요한 과제이기는 하지만(이 장의 첫 번째 인터뷰에서 다룬다), 여기서는 언론을 더 중점적으로 다루겠다. 상류식 접근방식을 시도하고, 사회적인 관심을 이끌어내고, 효과적인 광고 캠페인을 벌이기 위해서, 우리는 언론과 협력관계를 맺는데 많은 투자를 해야 한다. 언론사가 우리의 이야기에 흥미를 갖게 해야 한다. 사회적인 이슈가 터질 때 언론사들은 이와 관련된 기사를 집중적으로 다룬다. 또한 지역 공동체와 관련 단체들의 관심을 이끌어내고 사회적인 토론의 장을 벌인다. 이러한 점에서 공익단체는 일반 기업보다 언론사와 관계를 맺을 수 있는 더 좋은 위치에 있다고 볼 수 있다. 사회적인 문제를 해결해 나가는 과정에서 우리는 언론의 힘을 빌릴 수 있다. 하지만 언론과 탄탄한 협력관계를 구축하기 위해서는 먼저 언론을 이해해야 한다.

언론을 이해하자

언론과 NPO 두 분야에서 경력을 쌓는 동안, 나는 사회적으로 부정적인 비판을 받기도 하는 언론사 또한 공익단체와 크게 다르지 않다는 사실을 깨닫게 되었다.

> 언론인들은 대부분 열정적이고 부지런하다. 국민의 알 권리를 지켜야 한다는 사명 의식 또한 투철하다. 공익단체 역시 열정적이고 사명감이 있다는 말은 아주 익숙하다. 실제로 언론과 공익단체는 많은 부분을 공유하고 있다.

또한 우리와 마찬가지로 기자들 대부분은 고액 연봉을 받거나 사회적 명성을 누리지는 못한다. 샘 도날드슨(Sam Donaldson)이나 케이티 쿠릭(Katie Couric)처럼 부와 명예를 한꺼번에 거머쥔 방송기자는 지극히 예외인 경우다. 올바른 기자들은 묵묵히 자기 일을 하면서 작은 보람에 만족을 느낀다. 우리 또한 그것이 어떤 느낌인지 잘 알고 있다.

우리는 언론인을 좀더 인간적인 존재로 바라볼 필요가 있다. 관심과 위치는 다를 수 있겠지만, 기자들 역시 그들만의 가치관으로 사회에서 일어나는 일들을 많은 사람들에게 전달하기 위해 노력한다. 언론단체들은 언론의 공정한 이미지를 강조한다. 언론사는 모두 자신들의 객관적인 시각을 가장 먼저 앞세운다. CNN은 자신을 "가장 신뢰할 수 있는 뉴스 채널"이라고 소개하고 폭스 뉴스(Fox News)는 "공정과 균형"을 앞세운다.

하지만 이러한 주장에 동의하는 사람들은 그다지 많지 않다. 대부분은 언론사들이 늑장을 부리고 선정적인 사건에만 집착하며 정치적으로 독립적이지 못하다고 비판한다. 사람들이 언론을 이렇게 생각하는 이유는 무엇일까? 그 이유를 함께 생각해 보자.

> 기자에게는 다섯 가지 과제가 있다. 모든 분야에서 전문가가 되어야 하고 시간 안에 마감을 해야 한다. 게다가 일등이 되어야 하고 정확해야 할 뿐만 아니라 흥미로운 기사를 만들어 내야 한다. 이러한 과제들은 기자의 생각과 행동에 큰 영향을 준다. 그렇기 때문에 그 과제들을 이해하고 그들에게 도움을 줄 수 있다면, 우리는 협력관계를 맺고 많은 이익을 얻을 수 있다.

자, 이제부터 과제들을 하나씩 살펴보자.

첫째, 기자들은 모든 분야에서 전문가가 되어야 한다. 언론사에서 근무하던 시절, 나는 하루에 기사 1~3개를 쓰고 일주일에 7일을 근무했다. 비행기 사고에서 쿠데타 그리고 에이즈에 이르는 모든 분야를 다루어야 했다. 예를 들자면 항공기의 '유시계비행 규칙'(*visual flight rules*), 박격포와 로켓포 소리의 차이, 시골에서 발생하는 태아 에이즈 감염에 관한 전문적인 지식을 순식간에 섭렵해야만 했다. 기자들은 밤을 새워서라도 자신의 숙제를 끝마쳐야 한다. 잇단 기사들 속에서 일관된 목소리를 내기 위해서는 해당 분야를 전반적으로 꿰뚫고 있어야 한다. 교내 총기 사건에 대해 다룬다면 학교의 보안 시스템과 청소년들의 심리 상태에 대해 전문가 못지않은 견해를 내놓을 수 있는 수준이 되어야 한다.

둘째, 마감을 지켜야 한다. 24시간 가동되는 뉴스 시스템은 기자들에게 엄청난 압박감을 준다. 이에 대처하기 위해 기자들은 계속해서 새로운 이야깃거리를 찾아다니고, 항상 새로운 시각으로 문제를 바라보며 기사를 써내야 한다.

셋째, 1등을 해야 한다. 마감 시간을 지키는 것만으로는 충분하지 않다. 다른 누구보다 빨라야 한다. 한 통신사에서 근무하던 시절, 내가 편집국에 기사를 제출하면 편집장은 곧바로 전화를 걸어와 그 기사가 다른 방송국보다 몇 분 혹은 몇 초나 빠르거나 늦은지를 물었다.

넷째, 정확해야 한다. 하지만 이 과제는 둘째, 셋째 과제와 모순을 이룬다. 그래서 기자와 편집장은 아무리 머리가 좋다고 하더라도 실수를 저지르기 마련이다. 물론 기자의 실수를 변명하는 것은 아니다. 다만 실수가 벌어지는 원인은 기자가 게을러서가 아니라, 모든 정보를 신속하게 그리고 1등으로 보도해야 한다는 압박감 때문이라는 사실을 우리는 이해할 필요가 있다.

마지막으로 다섯째, 흥미로운 기사를 만들어 내야 한다. 우리는 이 다섯 번째 과제에 가장 주목해야 한다. 회사에서 쫓겨나지 않으려면 흥미로운 기사를 계속해서 써내야 한다. 그러다 보니 기자들은 자연스럽게 분쟁이 벌어지고 긴장이 넘치는 곳을 찾아 돌아다닌다. 사람들의 이목을 끌 수 있는 소재를 발견해야만 기사를 1면에 올릴 수 있다. 더욱 흥미로운 기사를 쓰기 위해, 현장에서 주인공과 악역 그리고 갈등 상황을 찾아내려고 애쓴다. 어디서 많이 들어 본 소리가 아닌가? 그건 우리가 앞서 살펴본 스토리텔링의 구성이다. 기자들도 흥미로운 기사를 만들기 위해 스토리텔링 기법을 사용한다. 그들은 시청자와 독자가 기사의 앞부분에서 개인적인 연결고리를 발견하길 바란다. 그리고 새로운 정보와 즐거움이라는 보상을 제시하고자 한다. 앞머리에서 강한 인상을 주지 못하면 기자도 시청자와 독자에게 다가갈 수 없다. 그냥 그것으로 끝나는 것이다. 이러한 부분도 공익단체와 공통된 점이다. 해외 특파원으로 근무할 때 CRAM은 기사를 쓰기 위한 핵심적인 기술이었다. 라오스나 마다가스카르 같은 머나먼 지역에서 벌어지는 사건에 사람들의 관심을 모으기 위해서 CRAM은 수적인 무기였다. 공익단체도 마찬가지 처지다. 우리는 공익활동에 청중의 관심을 끌어모으기 위해 CRAM을 활용해야 한다.

다방면에서 전문가가 되고, 마감을 지키고, 1등을 하고, 정확하고 흥미로운 기사를 쓰는 것은 모든 기자들의 과제이자 목표다. 기자가 그 목표를 달성하는 과정에 우리가 도움을 줄 수 있다면 언론과 협력관계를 형성하고 꾸준히 발전시켜 나갈 수 있을 것이다.

이야기를 팔자

> 우리는 언론에 두 가지 차원으로 다가가야 한다. 첫째는 앞서 살펴본 것처럼 언론과 협력관계를 구축하는 것이다. 이를 위해 공통적인 연결고리를 찾고, 기자들의 관심을 자극하도록 동기를 부여해야 한다. 둘째는 우리 이야기를 기자들에게 판매할 수 있도록 자신을 포지셔닝하는 것이다. 정리하자면, 첫째는 관계 형성이고 둘째는 이야기 판매이다.

예를 들어 보자. 예전에 나는 CNN 인터내셔널의 특파원으로부터 태국의 에이즈 예방 프로젝트에 관한 정보를 제공해 달라는 요청을 받은 적이 있다. 그런데 그것은 결코 간단하게 처리할 수 있는 문제가 아니었다. 태국의 에이즈 문제는 최근에 불거진 이슈가 아닐 뿐더러 관련 정보도 대부분 태국 정부의 보건 사업에 관한 것들이었다. 그마저도 방콕에 체류하거나 방문한 모든 특파원들이 한 번씩은 다루었던 내용이었다. 나는 CNN에 그것과는 다른 흥미로운 이야기를 제공하고 싶었다. 그런 자료를 제공하려면, 즉 이야기를 판매하려면 세계적인 관심을 끌 만한 독특한 이야기를 찾아내야만 했다.

　나는 우선 정보를 요청한 CNN 특파원의 기사들을 두루 살펴보았다. 그리고 그중 일부를 유심히 분석했다. 이러한 작업을 통해 그 특파원이 태국의 산업화에 관심이 많고 그와 관련된 이야기를 드라마틱하게 보도하고 싶어 한다는 점을 알게 되었다. 그는 유머 감각이 있었고 사건을 새로운 시선으로 바라보려고 노력하는 스타일이었다. 또한 방송기자였기 때문에 영상 자료에도 크게 신경을 쓰고 있었다. 한편 그는 교통지옥으로 유명한 방콕에서 바쁜 나날을 보내고 있었기 때문에, 촬영 장소를 방콕 주변으로 잡아야겠다는 생각이 들었다. 이러한 생각들을 종합해 나는 태국의 산업화 흐름 속에서 에이즈 예방 단체가 사업을 벌여 나가는 전반적인 과정을 소개하기로 하고, 이에 관해 그와 아이디어를 나누었다. 영상 자료를 긍정적인 방향으로 제작하면 무엇보다 돋보이는 기사를 쓸 수 있을 것이라는 조언도 주었다. 다시 말해 나는 그 특파원에게 '신선한 시각으로 에이즈 문제를 바라본다'라는 매력적인 보상을 제시한 것이다.

다행스럽게도, 내가 추진하던 다양한 캠페인 가운데 이 주제와 딱 어울리는 것이 하나 있었다. 당시 그 단체는 시골에서 막 상경해 방콕의 의류 공장에서 일하는 젊은 여성들을 대상으로 에이즈 관련 교육 프로그램을 실시하고 있었다. 여성들은 대부분 어리고 순진한 데다 생전 처음으로 타향살이를 하고 있었다. 그런 까닭에 이 여성들은 에이즈에 감염될 위험이 비교적 높은 편이었다. 교육 프로그램은 점심시간 동안에 이루어졌고, 내용은 주로 에이즈 예방 수칙과 콘돔 사용에 관한 것이었다. 실제로 현장에서 교육을 진행하는 모습이 영상 자료로 가장 적합할 것 같다는 생각이 들었다.

다음으로 나는 하고픈 말들, 즉 CNN 시청자들에게 들려주고픈 메시지에 대해 고민했다. 남아시아 지역의 에이즈 문제는 실로 심각한 수준이며, 이는 세계적으로도 알려져 있었다. 하지만 시간이 흐르면서 관심과 기부자들의 호응은 점점 줄어드는 실정이었다. 이런 시점에서, 한 공익단체가 문제에 색다른 방식으로 접근하고 있다는 이야기를 들려줌으로써 세계의 관심을 다시 한 번 불러일으킬 수 있을 것이라는 생각이 들었다.

> 우리는 이야기를 판매함으로써 메시지를 보다 효과적으로 전달할 수 있다. 신문 지면에 우리 단체의 이름을 싣는 것이 목표는 아니다. 우리가 진정으로 추구해야 할 것은 메시지를 청중의 마음속에 집어넣는 것이다.

나는 특파원에게 에이즈와 관련된 차별화된 이야기를 제시했다. 그리고 이 이야기를 더 긴박한 것으로 받아들일 수 있도록, 다음 주 교육 프로그램이 하이라이트가 될 것이라고 말해 주었다. 특파원은 내 제안에 대단히 만족해했다. 다음 수업 주제는 여성 근로자들에게 실제로 콘돔을 나누어 주고 풍선처럼 불어서 가지고 놀도록 하는 것이었다. 그들은 콘돔 풍선을 이리저리 흔들어 보고 옆 사람과 장난도 치면서 즐거워했다. 그는 이 장면을 고스란히 카메라에 담았다. 기사는 무겁고 골치 아픈 기존 기사들과는 달리, 많은 시청자들이 밝고 가벼운 느낌으로 태국의 에이즈 문제를 새롭게 바라볼 수 있도록 만들었다. 이 사례는 흥미로운 이야기를 어떻게 언론에 판매하고 이를 통해 청중에게 강한 메시지를 전달할 수 있는지 잘 보여 준다. 나와 기자 모두는 만족스러운 결과를 얻을 수 있었다.

물론 이 기사를 위해 나는 많은 시간을 투자해야만 했다. 하지만 다른 방법들과 비교해 보면 어떤가? 한 특파원의 관심사를 이해하고 이에 꼭 맞는 제안을 만드는 동안, 아마도 언론사 50군데에 다양한 보도자료를 보낼 수 있었을 것이다. 하지만 과연 그 자료들이 앞서 내가 CNN 특파원에게 제공한 이야기처럼 수많은 나라에 방송되는 기삿거리로 이어졌을까? 평범한 이야기를 여러 언론사에 무작정 제안하는 것보다 영향력 있는 언론사 하나에 집중하는 것이 실제로 더 쓸모 있을 때가 많다. 또한 일단 좋은 반응을 얻게 되면 다른 언론사들도 그 기사를 앞다퉈 보도한다. 실제로 많은 지역 언론사들이 CNN과 같은 굵직한 언론사가 다루는 기사에 주목한다.

대체로 공익단체들은 기자회견에 많은 노력을 기울인다. 반면 기자들과 관계를 구축하는 데에는 별로 정성을 들이지 않는다. 정작 중요한 것은 기자들과 긴밀한 관계를 맺는 일이다. 기자들 역시 우리만큼이나 탄탄한 협력관계를 필요로 한다. 돈독한 관계를 통해 기자들은 흥미로운 정보를 얻고 기사의 정확도를 높일 수 있기 때문이다.

하지 말아야 할 것들

9장에서는 '해야 할 것'들을 참으로 다양하게 살펴보았다. 그래서 결론에서는 '하지 말아야 할 것'들을 소개하면서 정리해 볼까 한다. 여기서 제시하는 '하지 말아야 할 것'들은 무슨 일이 있더라도 절대 하지 말자.

• "제가 보내드린 자료를 받으셨나요?" 이러한 질문을 던지기 위해 기자에게 전화를 걸지는 말자. 마감 시간에 쫓기는 기자들을 성가시게 하는 가장 확실한 방법이기 때문이다. 기자들이 관심을 기울일 만한 이야기가 아닌데도 계속해서 전화를 걸어 묻는 것은 시간 낭비에 불과하다.

• 특정 언론사나 기자에게 어울리지 않는 기사를 부탁하지 말자. 이러한 요청은 "자료를 받아보셨나요?"라는 질문 다음으로 기자들을 짜증나게 만든다. 우리가 해야 할 일은 먼저 언론사와 기자의 정체성을 정확하게 파악하고 그다음에 그들의 흥미를 돋울 만한 이야기를 제시하는 것이다. 바쁜 기자의 시간을 빼앗지 말자.

• 새로운 정보가 하나도 없거나, 일부러 정보를 숨기려는 자료를 제시하지 말자. 〈워싱턴포스트〉의 스타일 섹션에는 '올해의 과대광고'(Annals of Puffery)라는 코너가 있다. 이 코너는 그동안 받은 수많은 자료들 중 가장 어설프고 애매모호한 이야기들을 소개한다. 우리 자료가 이런 코너에 실린다면, 그야말로 최악의 시나리오다. 단도직입적으로 핵심 주제가 있는 이야깃거리만 제시하자. 애매모호하게 얼버무리는 자료는 부작용만 낳을 뿐이다.

• 이메일 남용은 금물. 기자들은 정보를 주고받는 수단으로 이메일을 가장 선호한다. 하지만 이메일을 사용할 때 각별히 조심해야 할 부분이 있다. 그것은 기자들이 해당 메일을 실제로 열어 볼 수 있도록, 흥미로운 제목을 만들어야 한다는 점이다. 엄청나게 많은 기자들의 주소가 무작위로 뒤섞여 있는 주소록을 가지고 스팸메일 보내듯 메일을 발송해서는 안 된다. 또한 메일의 내용은 짧고 간결해야 하며 가능하

면 첨부파일을 붙이지 않는 것이 좋다. 거의 모든 기자들은 첨부파일을 달가워하지 않는다. 파일을 다운받으려면 시간도 걸리고, 일부 프로그램은 잘 호환되지도 않기 때문이다. 인터넷 사정이 별로 좋지 못한 호텔에 묵는 기자가 여러분이 보낸 PDF 파일을 다운받으려고 진땀을 흘리는 모습을 떠올려 보라. 텍스트 형태로 메일을 작성하든가 아니면 붙여넣기 방식으로 보내자.

• 서두르지 말자. 기자들과 장기적인 협력관계를 유지하려면 무엇보다 지구력이 가장 중요하다. 처음 만난 기자가 단번에 우리 기사를 1면에 실어 주는 경우는 없다. 언론과의 관계는 점진적으로 이끌어 나가야 한다. 그리고 CRAM을 통해 주기적으로 메시지를 전달해 나가야 한다. 그러려면 비록 파트타임 자원봉사자라 하더라도 홍보 담당자를 반드시 따로 지정해 둘 필요가 있다. 지속적이고 개인적인 친분 없이 기자들과 특별한 관계를 맺을 수는 없다. 계속해서 연락을 주고받으면서 오랜 우정과 같은 관계를 만들어 나가야 한다.

로빈후드 법칙, 이렇게 활용하자

메시지를 전달하는 과정에서 반드시 필요한 작업

하나. 매체 결정하기

기자에게 전화를 걸기 전에 먼저 어떤 메시지를 어느 언론사를 통해 발표할 것인지 정해야 한다. 이것만큼은 지나치게 신중해도 좋다. 흔히 조직 내 홍보팀은 언론에 얼마만큼 노출되었느냐에 따라 고과가 매겨진다. 하지만 노출 횟수 자체는 조직의 이름을 알리는 것 말고는 아무런 의미가 없다. 우리가 현재 추진하는 캠페인이나 활동에는 별 도움이 되지 못한다. 즉, 메시지를 전달하는 과정에서 반드시 필요한 작업은 아니다. 대신 우리는 특정한 매체를 선택해 접근해야 한다. 독자, 시청자, 청취자에게 전달하고 싶은 메시지가 무엇이냐에 따라 신중하게 매체를 선택해야 한다. 또한 청중이 마음을 여는 순간을 정확하게 파악해야 한다. 그 순간이 매체 선택의 방향을 결정해 주기 때문이다. 그 이후에 어떻게 관계를 발전시키고 그들의 요청에 대응해야 좋을지 고민을 시작하도록 하자.

둘. 협력관계 강화하기

기자들에게 주기적으로 기삿거리를 제공할 때 우리는 언론과의 협력관계를 지속적으로 강화할 수 있다. 기자들은 항상 5가지 과제에 직면해 있다는 사실을 다시 한 번 상기하자. 우리는 그들이 과제를 해결할 수 있도록 도와주어야 한다. 이를 위해 그들이 다루는 기사의 방향과 언론사의 핵심 인물을 잘 파악하고 있어야 한다. 그리고 우리와 관련된 주제를 어느 기자가 담당하는지 알고 있어야 한다. 또한 그들이 〈뉴욕타임스〉의 과학부 기자든, 〈토피카 캐피털 저널〉(*Topeka Capital Journal*)의 선임 편집자든, 폭스 뉴스의 프로듀서든, 아니면 '리빙 온 어스'(*Living on Earth*)라는 프로그램의 특파원이든 간에, 우리는 그들의 개인적인 부분까지 이해해야 한다. 기자들은 성격이나 관심사, 우리에게 요구하는 것이 매우 다양하다. 게다가 각기 다른 독자, 애청자, 시청자들을 위해 기사를 만든다. 지구온난화나 캔자스 풋볼팀의 우승 소식에 대해서도 기자들은 저마다 다른 각도에서 바라본다. 그렇기 때문에 각 기자별로 스타일, 관심, 주요 활동분야에 대해 정리하고 이를 바탕으로 간략한 자료를 만들 필요가 있다. 이런 자료가 있으면 우리는 기자를 만날 때 그들의 분야와 관심 사항에 대해 자연스럽게 이야기를 나눌 수 있다. 피곤에 지친 기자도 누군가 자신의 기사를 즐겨 읽고 있다는 말을 들으면 기뻐하기 마련이다.

이러한 자료들을 계속 업데이트하는 것이 중요하다. 기자들과 통화할 때마다 그들이 궁금해하는 주제를 정리하고 다음번에 만날 때 이야기를 꺼내보자. 점심을 함께할 때마다 그들이 최근 어떤 기사를 취재하는지 물어보자. 그들이 현재 찾는 이슈에 유용한 정보를 제공하고, 이와 관련해 간단하게 설명하는 시간을 마련하는 것도 좋다. 또는 관련 자료나 배경 지식을 정리한 파일을 제공해 그들이 필요할 때마다 그 파일을 꺼내 볼 수 있도록 하자. 이러한 노력으로 우리는 협력관계를 꾸준히 발전시킬 수 있으며, 기자가 무엇을 필요로 하는지 파악해 나갈 수 있다. 그리고 그 과정에서 오랫동안 관계를 이어가는 노하우를 터득할 수 있다. 우리가 먼저 아무런 조건 없이 쓸모 있는 정보를 제공하면 긍정적인 관계를 지속적으로 형성해 나갈 수 있다.

셋. 이야기 늘어놓기

청중에게 메시지를 전달하기 위해 CRAM을 실천하듯 기자들에게 다가갈 때도 CRAM을 활용해야 한다. 홍보 담당자들은 CRAM을 '이야기 늘어놓기'(story pitching)라고 표현하기도 한다. 이야기를 들을 때 기자들은 보통 세 가지 질문을 던진다. 시기가 적절한가? 사회적인 의미가 있는가? 누가 관심을 가질까? 즉, 시기, 중요성, 관련성 중 하나라도 충족되지 않으면 기자들은 보통 뉴스화하지 않는다. 물론 그 결정 과정에는 다분히 주관적인 요소가 들어 있다. 데미 무어가 일본 레스토랑 체인인 '노부'에 들린 것이 〈US 위클리〉에는 충분한 뉴스거리가 될 수 있지만, 〈뉴욕타임스〉는 아예 거들떠보지도 않을 것이다. 우리 이야기를 어느 언론사가 뉴스거리라고 판단할 것인지 검토하는 작업이 필요하다. 기자들에게 제공할 특종기사가 없다면(대부분 그렇지만) 임의로 시기성, 중요성, 관련성을 만들어 낼 필요가 있다. 그 비법들을 잠시 소개한다.

독점적으로 제공한다. 언론사는 독점기사에 열광한다. 사건을 독점해 보도하면 그들의 이미지가 더욱 돋보이기 때문이다.

차별화한다. 새롭고 희귀하고 특별한 이야기는 뉴스로 이어질 가능성이 높다. 기자 시절 내 동료들은 이를 '깜짝 놀랄 만한 이야기'라고 표현했다. 이런 이야기가 바로 신문의 1면을 장식한다.

유명인과의 연관성을 강조한다. 스타에 열광하는 우리 사회에서는 유명인과 관련 있다면 시시한 이야기도 '깜짝 놀랄 만한 이야기'로 변신한다.

극단적인 면을 강조한다. '세계 최초', '가장 큰', '가장 작은', '가장 오래된' 등의 표현은 평범한 이야기를 '깜짝 놀랄 만한 이야기'로 바꾼다.

복잡한 이해관계를 부각시킨다. 사회적인 논쟁거리가 될 만한 이야기들은 뉴스로 이어질 가능성이 높다. 기자들은 이러한 이야기 속에서 주인공과 악당, 갈등, 해결책, 그리고 감동을 발견하고자 한다.

해결책까지 포함한다. 언론은 사회적 이슈가 몰고 올 부정적인 파장에 주목하는 경향이 있다. 그렇기 때문에 우리가 해결책까지 함께 제시할 수 있다면 이야기를 '긍정적인 뉴스'로 이어지게 할 수 있다.

인간적인 측면을 강조한다. 인간적이고 감동적인 이야기는 뉴스로 이어질 확률이 높다. 기자들은 이야기 속에서 인간적인 요소를 찾기 위해 노력한다.

지역화한다. 전국적인 차원의 이슈가 특정 지역에 미치는 영향은 지역 언론사들에게 좋은 뉴스거리가 된다.

큰 그림을 제시한다. 거시적인 비전을 제시할수록 다양한 언론사들의 관심을 자극할 수 있다.

넷. 대변인을 정하고 훈련시키기

이야기를 늘어놓은 성과가 있다면, 즉 기자가 전화를 걸어 관심을 보였다면 이제 우리의 과제는 멋지게 인터뷰하는 것이다. 이를 위해 우리는 미리 대변인을 정해 놓고 다양한 질문에 자연스럽게 대답할 수있게끔 훈련시켜야 한다. 언론과 직접적인 접촉을 담당하는 직원은 인터뷰를 통해 핵심 메시지를 효과적으로 전달할 수 있는 지식과 능력을 갖추어야 한다.

대변인으로 지목된 사람은 사전 준비를 철저히 하고 전달할 메시지가 무엇인지 정확하게 파악하며 정보를 선택적으로 통제할 수 있는 능력을 갖추어야 한다. 사전 준비를 통해 메시지를 정확하게 전달할 수있는 다양한 표현을 생각하고, 청중과 관련된 사안이나 메시지의 주제를 설명하는 흥미로운 이야기와 다양한 사례, 은유적인 표현들을 준비해 두자. 인터뷰를 진행하는 와중에 이러한 정보와 표현들을 즉석에서떠올리기란 결코 쉽지 않다. 우리는 다양한 인터뷰에 바로 대처할 수있도록 마음속에 도서관을 지어야 한다. 미리 인터뷰 스케줄을 잡아놓은 상황이라면 준비 작업은 그리 어렵지 않을 것이다. 하지만 친한기자가 마감 시간에 쫓겨 급하게 전화 인터뷰를 요청한다면 준비할 시간이 없다. 그러나 아무리 급박한 요청이더라도 최소한 5분 정도는 준비 시간으로 반드시 요청해야 한다. 기자에게 금방 전화하겠다고 하고일단 전화를 끊자. 그리고 인터뷰 주제와 관련해 강조해야 할 핵심 메시지를 적어 보자. 메시지를 효과적으로 전달할 수 있는 관련 사례,

통계 자료, 비유와 표현을 모두 모으자.

　다음으로 인터뷰를 진행하면서 잊지 말아야 할 것은 핵심 메시지를 반복해서 강조하는 것이다. 인터뷰를 하는 동안 우리는 핵심 메시지 한두 가지를 머릿속에 떠올리고 있어야 한다. 인터뷰를 시작할 때, 가장 먼저 쉽고 평이하게 '헤드라인'을 제시하자. 그리고 인터뷰를 진행하면서 반복해서 강조하자. 결코 어려운 전문용어나 현학적인 말로 포장하지는 말자. 가끔 기자가 핵심 메시지와 관련 없는 질문을 던져도 당황하지 말자. 물론 그 질문에도 대답은 해야겠지만 그렇다고 기자가 의도하는 방향으로 따라가서는 안 된다. 홍보 담당자들은 '자르고 연결하기'(blocking and bridging) 기법에 능숙하다. 이는 특정한 표현 몇 가지를 사용해서 애초의 주제로 자연스럽게 돌아가는 대화의 기술을 의미한다. 그 표현들 중 몇 가지를 소개한다.

• 여기서 기억해야 할 중요한 사실은 …

• 이 말의 진정한 의미는 …

• 좋은 지적입니다. 어쨌든 주제로 돌아가서 …

• 거시적인 관점으로 본다면 …

• 결론적으로 말해서 …

• 이와 관련된 이야기로…

인터뷰 도중 주제에서 벗어나고 있다면 이러한 표현을 사용해 다시 핵심 메시지로 돌아가자. 그리고 머릿속 도서관에서 생생한 이야기와 사례, 비유를 끄집어내자. 이처럼 자연스럽게 넘어가는 기술이 부족하다고 느껴진다면 가장 껄끄러운 예상 질문을 하나 떠올려 보고 위에서 소개한 몇 가지 표현들을 적용하는 연습을 하자.

주제를 벗어나지 않는다는 말은 인터뷰를 진행하는 내내 간결하고 분명하게 메시지를 전달하면서 우리가 애초에 생각한 방향을 지킨다는 의미이다. 예전에 기자로 활동할 때, 나는 더 많은 정보를 끌어내기 위해 '침묵 전략'을 사용했다. 침묵 전략이란 질문하고 아무런 이야기도 하지 않는 채 그저 기다리기만 하는 것이다. 그러면 사람들은 대부분 어색한 침묵을 메우려고 적극적으로 덤벼든다. 그러다 보면 애초에 생각했던 것보다 훨씬 많은 정보를 공개하게 된다. 우리가 인터뷰를 당하는 처지라면 이러한 전략에 각별히 주의해야 한다. 주제를 잃고 필요 없는 이야기들을 쏟아내서는 안 된다. 만약 그러한 분위기에 말려들고 있다는 느낌이 든다면 앞서 소개한 연결 표현을 사용해 다시 주제로 돌아가도록 하자.

한편 스스로 잘 알지 못하는 내용에 대해 추측성 대답을 하는 것은 금물이다. 질문에 대한 정확한 정보를 가지고 있지 않다면 솔직하게 이야기하고 나중에 답을 주겠다고 하자. 본인 스스로 만족스러운 인터뷰를 해야만 1면 기사를 기대할 수 있을 것이다. 그리고 후원자, 파트너, 직원, 경쟁자들에게 그 기사를 읽어 보도록 떳떳하게 권할 수 있다. 우리가 하는 모든 말은 기록으로 남을 수 있다. 만약 특정 기자와 장기적이고 신뢰할 만한 관계를 맺지 못하고 있는 상황이라면, 우리가 내뱉은 말이 부메랑이 되어 우리의 뒤통수를 칠 수 있다. 그래서 나는 인터뷰를 할 때마다 지금 하는 말이 활자화되어 신문에 실리는 상상을 한다. 이렇게 하면 인터뷰 내내 긴장을 놓지 않을 수 있다.

언론과 데이트를 즐기고
정치인과 카드놀이 하기

제임스 브라우닝

한 번에 한 가지 일에만 집중을 하는 스타일인 제임스 브라우닝(James Browning)은 아주 다양한 경력의 소유자다. 정치학과 작문을 전공한 그는 메릴랜드에 있는 코먼코즈 (Common Cause)의 이사로 활동했고 미국암학회의 로비스트로 일했다.

1992년 미국 대통령 선거 때에는 제리 브라운(Jerry Brown) 선거 본부에서 일했고, 이후 뉴욕에 머물며 언론과 출판 분야에서 일했다. 나중에는 NPO분야에 뛰어들어 '시각장애인과 실독증 환자들을 위한 레코딩 단체'(Recording for the Blind & Dyslexic)를 이끌었고, 학부생들을 대상으로 작문을 강의하기도 했다. 2001년, 정치판에 염증을 느끼고는 그동안 품어온 꿈에 도전했다. 그것은 정치자금을 받는 기존의 관행을 전면적으로 개혁하려는 시도였다. 이를 위해 브라우닝은 18살 때 인턴으로 근무한 코먼코즈라는 단체로 돌아갔다. 거기서 4년을 근무하고 미국암학회에 합류했다. 코먼코즈 시절 그는 '깨끗한 선거 문화'와 정치인들의 책임 의식을 강조하면서 다양한 정치 개혁안을 추진해 지역 언론에 자주 소개되었다. 그의 시도는 메릴랜드에서 슬롯머신 합법화를 주장하는 그룹들에 대한 FBI의 조사에도 많은 영향을 주었다(펜실베이니아와 웨스트버지니아 같은 인근 지역들에서는 이미 합법화되었다). 또한 슬롯머신과 관련된 유령 회사 수십 개와 이들을 묵인하는 기존 법률의 허점을 고발하기도 했다. 이번 인터뷰에서 브라우닝은 내가 좋아하는 마케팅 메타포인 '언론과 데이트를 하고 정치인과 카드놀이를 벌이는 기술'에 대해 이야기한다.

Q. 언론과의 협력관계가 데이트와 비슷한 이유는 무엇인가요?

A : 첫 데이트에서 청혼을 하는 사람은 없습니다. 대부분 계속된 만남을 통해 상대방에게 좋은 이미지를 주려고 노력하죠. 주변의 많은 단체들이 기자에게 전화를 걸고 음성 메시지를 남기는 모습을 보면 애처로운 마음이 들기도 합니다. 하지만 이러한 시도는 이별을 자초하는 행동입니다. 스토킹으로는 상대방의 마음을 열 수 없습니다. 서로 간의 공통적인 부분을 차근차근 넓혀 나가는 것만이 결혼에 골인하는 유일한 방법입니다.

가을에 수확하려면 봄에 씨앗을 뿌려야 합니다. 이와 마찬가지로 우리는 언론에 흥미로운 정보와 좋은 이야기들을 먼저 소개해야 합니다. 씨앗을 뿌렸다고 해서 바로 표시가 나지는 않습니다. 하지만 땅 속에서 조금씩 뿌리를 내리면서 싹을 틔우고 있을 겁니다. 가시적인 성과가 보이지 않는다고 해서 노력을 중단해서는 안 됩니다. 6개월이 지난 어느 날, 기자에게 갑자기 전화가 걸려 올 수도 있기 때문입니다. 그럴 때 저는 이렇게 이야기합니다. "그 이야기는 지난여름에 있었던 일이죠. 최근에는 어떻게 진행되고 있는지 잘 모르겠군요. 관심이 있으시다면 앞으로 계속해서 업데이트해 드리도록 할게요." 이렇게 통화함으로써 저는 기자의 바짓가랑이를 붙잡은 애처로운 사람이 아니라 오히려 그들에게 호의를 베푸는 사람으로 포지셔닝한 겁니다.

기자를 만나기 전에, 우리는 그들을 잘 알고 있어야 합니다. 저는 인터넷으로 그 기자가 쓴 한 달 동안의 기사를 모두 읽어 보면서 성향을 가늠합니다. 그리고 기자가 물어볼 만한 질문들을 미리 추측해서 더 흥미로운 방식으로 대답할 수 있도록 말을 만들어 둡니다. 슬롯머신 허가에 관한 안건이 메릴랜드 의회에 상정되었을 때, 저는 '끝장을 볼 때까지 밀어붙인다', '패가 별로 좋지 않다', '가능성이 없어 보이는 말에 모든 것을 건다'라는 표현들을 미리 머릿속에 넣어 두었습니다.

메릴랜드에는 보수 집단과 진보 집단이 공존하고 있습니다. 저는 기자들과 인터뷰를 하면서 이러한 측면을 적극 활용했어요. 당시 코먼코즈는 메릴랜드의 슬롯머신 합법화에 강력히 맞서고 있었습니다. 이를 위해 저는 보수 인사들과 협력해 종교 지도자, 도박 합법화에 반대하는 인물들을 계속해서 모아 나갔습니다. 다른 한편으로는 도박 산업이 범죄율을 높이고 마약 문제를 악화시키며 사회적 불평등을 심화한다는 연구 결과를 제시하면서 진보 진영의 관심도 함께 끌었습니다.

인터뷰를 진행하는 동안 기계적으로 대본을 읽고 있다는 인상을 주지 않기 위해 각별히 신경을 썼어요. 기자나 정치인은 사전에 치밀하게 준비된 메시지는 금방 알아챕니다. 그들은 이러한 메시지에 냉담한 반응을 보입니다. 거기에는 수많은 조작과 포장이 들어 있을 것이라고 생각하기 때문이죠. 헤밍웨이는 〈파리 리뷰〉(*Paris Review*)라는 잡지에 이런 말을 남겼습니다. "훌륭한 작가가 되기 위해서는 쓰레기를 발견해 내는 레이더를 갖추어야 한다." 기자와 정치인도 마찬가지로 이러한 능력이 있을 것입니다.

Q. 정치인과의 관계가 '크레이지 에잇'과 비슷한 이유는 무엇일까요?
A : 크레이지 에잇(자신이 가지고 있는 카드를 모두 내려놓으면 이기는 카드 게임. 바닥에 놓인 카드와 숫자, 또는 모양이 같으면 자신의 카드를 내려놓을 수 있다)에서 사람들은 돌아가면서 자신의 카드를 버립니다. 카드를 버리려면 바닥에 놓인 카드와 공통점이 있는 카드를 갖고 있어야 합니다. 이와 마찬가지로 정치인들에게 다가갈 때에도 공통적인 관심사를 먼저 발견해야 합니다. 이를 찾아내기 위해서 저는 공동의 적이나 경쟁자에 관한 이야기를 꺼냅니다. 이러한 방법을 통해 제가 비록 그들과 동등한 처지는 아닐지라도 그리고 특별히 좋은 정보를 가지고 있지 않다고 하더라도 그들과 나란히 서 있다는 인상을 줄 수 있습니다. 여러분도 만약 정치인들을 만나는 일을 하고 있다면 얼마나 다양한 정치인들이 있는지 잘 알 겁니다. 현학적인 표현이나 허세를 좋아하는 정치인도 있고, 이러한 스타일을 혐오하는 정치인도 있습니다. 그렇기 때문에 정치인에게 다가가기 위해서는 사전에 그의 스타일을 먼저 파악해야 합니다.

정치인과 협력관계를 형성해 나가는 것도 중요하지만, 더 중요한 것은 이기는 게임을 해야 한다는 것입니다. 이 말은 우호적 관계와 경쟁적 관계를 모두 가지고 있어야 한다는 뜻입니다. 정치인은 요청과 함께 협박을 받습니다. 로비스트들은 정치인에게 자신들의 요구사항을 지지하지 않으면 다음 선거에서 떨어지게 하겠다고 위협

합니다. 우리도 정치인의 관심을 끌려면 선거와 관련된 이야기를 꺼내야 합니다. 만약 동료 의원의 비리를 캐고 있는 언론사에 대해 언급한다면 정치인들은 더욱 귀를 기울이려고 할 것입니다. 그러한 조사를 환영하는 정치인은 아무도 없기 때문이죠.

Interview 2

언론의 주목받기

라파엘 벰포라드

10장에서도 다시 한 번 소개할 커뮤니케이션 전문가 라파엘 벰포라드(Raphael Bemporad)는 2000년 가을, '친절과 정의'(Kindness & Justice Challenge)라는 캠페인 홍보를 담당하고 있었다. 이 캠페인은 '두 섬씽'(Do Something)이라는 단체의 후원으로 매년 추진되고 있었다. 당시 벰포라드는 작은 비용으로 커다란 성과를 올릴 수 있는 좋은 아이디어를 하나 가지고 있었다. 매년 '마틴 루터 킹 데이'를 전후로 해서, 두 섬씽은 유치원부터 고등학교에 이르는 학생들을 대상으로 마틴 루터 킹 목사를 기념하며 2주일 동안 친절과 정의를 주제로 연극을 공연하도록 하고 있었다. 특히 2001년에 두 섬씽은 미국 전 지역에 있는 학교들을 참여시켰고, 전국 및 지역 언론의 관심을 자극해서 캠페인의 사회적 인지도를 한층 높여 보겠다는 야심찬 계획을 품고 있었다. 이를 위해 두 섬씽은 마틴 루터 킹 3세와 드라마 '멜로즈 플레이스'(*Melrose Place*)에 등장한 앤드류 슈(Andrew Shue)를 행사에 초대했다. 하지만 이러한 노력에도 불구하고 언론들은 그다지 큰 관심을 보이지 않았다.

Q. 두 섬씽은 어떻게 언론들의 이목을 집중시킬 수 있었습니까?
A : 캠페인 일정을 전반적으로 살펴보니 휴일에 많이 몰려 있더군요. 행사가 임박했는데도 언론들의 관심은 싸늘하기만 했습니다. 그래서 두 섬씽은 개회식을 기폭제로 삼기로 했습니다. 가능한 한 많은 학교들이 행사에 참여하도록 유도했습니다. 그 결과 1만 6천 개 학교 학생 400만 명의 참여 신청을 받을 수 있었습니다. 두 섬씽은 또한 참가를 신청한 교사 중에서 언론과 인터뷰를 희망하는 사람들의 인적 사항을 받아두었습니다.

다른 한편으로, 우리는 마틴 루터 킹 3세와 함께 전국의 교육분야 기자들과 컨퍼런스 콜을 마련했습니다. 그리고 마틴 루터 킹 3세가 쓴 글과 공공 서비스계획에 관한 자료를 200여 개의 아프리카계 미국 신문사에 보냈습니다. 상위 50위권에 드는 지역 라디오 방송국에도 행사 안내문을 발송하는 한편, 11월에는 칼럼니스트 앤 랜더스(Ann Landers)가 편지 교환 행사를 추진하면서 이번 행사가 교사들에게 주는 의미를 알려 나가는 노력을 했습니다.

행사 1주일 전, 마틴 루터 킹 3세와 앤드류 슈는 마틴 루터 킹을 포함한 영웅들의 얼굴을 벽화로 그려 대중에게 첫 공개한 뉴욕의 한 학교를 방문했습니다. 그리고 그 학교에서 학생들이 친절과 정의를 실천하겠다는 선서식을 거행했습니다. 이 행사에는 많은 지역 텔레비전 방송국들이 취재를 위해 몰려들었습니다. 선서식 다음으로 학생들은 함께 손을 잡고 '이겨 나갈 거예요'(We Shall Overcome)라는 노래를 합창했습니다. 이후 우리는 기자들이 학생들과 직접 이야기를 나눌 수 있는 자리도 마련했습니다.

뉴욕에 있는 대부분의 방송국들이 이 행사를 다루었고, 우리는 이를 널리 알리기 위해 다른 지역 방송국에도 녹화 테이프를 보냈습니다. 그리고 지역 행사를 전국적인 차원으로 끌어올리기 위해, '린덴 알슐러 앤 카플란'(Linden Alschuler and Kaplan)이라는 홍보 업체와 함께 상위 25개 방송국의 유명 편집자들에게 인터뷰를 희망한 교사들의 연락처를 알려 주었습니다.

Q. 언론사들의 반응은 어땠습니까?
A : 우리가 보낸 영상 자료는 64개 지역에서 110편의 프로그램을 통해 소개되었으며 천만 명 이상이 이를 시청했습니다. 게다가 그 프로그램들은 여러 지역 행사나 종교 행사가 몰려 있는 일요일이 아닌 주중에 방송되었습니다. 우리의 이야기는 특별하고 풍부한 볼거리를 담고 있고, 지역적인 특색이 있으면서도 다루기가 수월한 주제였기 때문에 언론사들로부터 좋은 반응을 얻을 수 있었습니다.

본격적인 행사가 모두 끝나고 몇 주가 지난 뒤, 두 섬씽은 웹사이트에 올라온 사연들을 대상으로 '주에서 가장 친절한 학교'와 '주에서 가장 친절한 학생'을 선정했습니다. 그리고 다양한 언론사들이 이를 기사화할 수 있도록 전 지역의 학교를 대상으로 관련 자료를 발송했습니다.

2만 달러의 예산으로 적절한 시기에 흥미로운 영상 자료를 제공함으로써, 우리는 신문과 잡지, 텔레비전, 라디오 등 다양한 채널을 통해 1억 5천만 명의 시청자에게 캠페인을 알릴 수 있었습니다.

청중

환경 마켓 경쟁자 파트너

메시지 이익교환 메시지 다듬기 메시지 전달하기

행동

Chapter 10

마케팅 캠페인을 시작하고 성과를 평가하라

Letting Your Arrow Fly
Execute Campaigns and Assess Their Worth

》》》→ 로빈후드 법칙 No.10 활용법 ←《《《

- 한 청중에게서 한 가지 행동을 이끌어내자.
- 자주, 지속적으로, 다양하게 메시지를 전달하자.
- 차별화해서 경쟁 우위를 지키고, 고유한 이미지를 강화하자. 그리고 갑자기 출현하는 기회를 놓치지 않도록 유연성을 높이자.
- 캠페인을 추진하기 전, 하는 동안, 하고 나서 테스트 작업을 실시하자.
- 내부적인 마케팅에 주목하자. 내부적인 마케팅을 위해 획기적인 변화가 필요하다.
- 주변 사람들에게도 마케팅 원칙을 적용해 보자. 이를 통해 개인적인 연결고리를 확인시켜 주자.

'말보로의 세상으로 오세요'

오랜 시간 동안 지속적이고 혁신적인 마케팅 캠페인의 상징이었던 '말보로맨'은 다른 기업들과는 차별화된 방식으로 소비자들의 사랑을 받았다. 말보로맨은 말보로를 세계에서 가장 유명한 담배 브랜드로 만들었다. 말보로맨이 세상에 모습을 드러낸 지 반세기가 지난 지금, 말보로맨은 마케팅 캠페인에서 자취를 감추었다. 하지만 빨간색과 흰색의 독특한 로고를 보는 순간, 우리는 말보로맨의 얼굴과 드넓게 펼쳐진 서부의 황야를 떠올리게 된다.

공공보건의 관점에서 볼 때 말보로맨은 비난받아 마땅하다. 그러나 마케팅 관점에서 보자면 그의 성공을 인정하고 배워야 한다.[1] 물론 카우보이모자만 씌운다고 해서 성공할 수는 없다. 우리는 말보로 마케팅의 전반적인 전략을 배워야 한다. 말보로는 마케팅 캠페인의 원칙을 강력하게 실천했다. 공익단체가 추진하는 마케팅 캠페인의 성공과 실패 역시 마케팅 원칙을 제대로 실천하느냐에 달려 있다.

 실패한 단체와 성공한 단체를 구분 짓는 것은 바로 마케팅 캠페인이다.

마케팅 캠페인을 통해 청중의 행동을 이끌어내기 위해서는 다양한 차원의 노력들을 모으고 조율하는 작업이 필요하다. 이러한 작업은 지금까지 다룬 여러 마케팅 법칙을 조합하고 화살촉을 다듬는 모든 노력을 포함한다. 말보로맨은 소비자들이 기꺼이 말보로 담배를 피우게 만든 필립모리스의 대표적인 마케팅 캠페인 아이콘이다. 하지만 필립모리스가 말보로맨 광고 하나만으로 성공을 거둔 것은 결코 아니다. 그들의 노력은 새로운 담배와 포장 디자인을 개발하고 혁신적인 가격 정책을 실시하는 것 등 다양한 시도들을 포괄한다.

말보로의 폭넓은 마케팅 노력은 '성공적인 마케팅 캠페인을 위한 7가지 원칙'을 그대로 반영한다. 10장에서는 말보로가 시도한 7가지 마케팅 원칙을 하나씩 다루면서 이를 통해 지금까지 살펴본 로빈후드 법칙과 화살촉을 정리한다. 또한 7가지 원칙에 관한 실제 사례들을 통해 제한된 자원을 가장 효과적으로 활용하는 마케팅 캠페인 전략을 살펴볼 것이다.

로빈후드 법칙 10
좋은 마케팅 캠페인은 한 명의 청중에게 딱 하나의 행동을 요청하는 데 집중한다.

말보로의 7가지 마케팅 원칙

1. 행동을 중심으로 캠페인을 설계하자

이 원칙은 1장의 내용과 일맥상통한다. 또한 나이키의 '저스트 두 잇'을 연상시킨다. 마케팅의 시작은 청중에게서 이끌어내고 싶은 행동을 구체적으로 정의하는 것이다. 그러고 나서 거꾸로 거슬러 올라가야 한다. 그래서 나는 로빈후드 화살촉 맨 끝부분에 '행동'을 놓아 둔 것이다. 마케팅 캠페인의 목표인 행동이 쉽고 매력적이고 즐겁게 보여야, 우리는 청중을 움직일 수 있다. 필립모리스가 추구한 행동은 대단히 간단하다. 그것은 소비자가 다른 브랜드가 아닌 말보로 담배를 선택하도록 만드는 것이다. 이를 위해 필립모리스는 마케팅 캠페인을 이용해 말보로를 선택하는 것이 물리적, 심리적으로 쉬우면서도 매력적인 일이라는 점을 강조했다. 카우보이가 등장하는 말보로의 초기 광고를 보면, 향 좋고 필터가 달려 있는 데다 가격까지 저렴한 말보로를 선택하는 것은 당연한 일이라고 이야기하는 것 같다.

2. 청중의 관점에서 CRAM을 실행한다

 좋은 마케팅 캠페인은 목표하는 청중의 관점에서 만들어진다.

2, 6, 7장에서 살펴본 것처럼, 청중과의 관계를 형성하기 위해서는 우

선 청중의 시각에서 바라보아야 한다. 청중의 시선으로 볼 때에만 우리는 매력적인 이익 교환과 기억에 오래 남을 강한 인상을 만들어 낼 수 있다.

그렇다면 말보로의 두 번째 마케팅 원칙을 자세히 들여다보자. 타임머신을 타고 1950년대의 미국으로 간다고 상상해 보자. 그 당시 미국인은 아무런 걱정 없이 담배를 만끽했다. 하지만 흡연이 건강에 좋지 않다는 소문이 점차 떠돌았다. 〈리더스 다이제스트〉(Reader's Digest)는 1942년과 1957년 2차례에 걸쳐 흡연으로 인한 피해자들을 거론하면서 흡연과 암의 연관성에 관한 기사를 집중 보도했다. 흡연자들은 조금씩 걱정이 되었다. 몸에 좋지 않다는 말은 익히 들어 알고는 있지만, 그래도 도저히 담배를 끊을 수는 없었다. 대신에 그들은 건강에 덜 해로운 담배가 없는지 관심을 기울이기 시작했다. 다른 회사의 담배로 바꾸어 보기도 하고 필터를 사용해 보기도 했다.

1950년대에 필립모리스는 미국의 주요 담배생산 업체 6곳 가운데 가장 작은 회사에 불과했다. 그들은 흡연자들의 걱정과 관심을 적극적으로 반영해서 필터가 달린 담배를 개발하기로 결정했다.[2] 필립모리스는 건강을 염려하는 남성 흡연자들이 관심을 기울일 만한 획기적인 신제품을 마켓에 내놓고 싶었다. 이를 위해 그들은 예전에 이미 시들해진 브랜드를 다시 한 번 살리는 전략을 세웠다. 그들은 이미 1920년대에 말보로를 출시한 적이 있다('말보로'는 필립모리스 공장이 있던 런던의 거리에서 따온 이름이다). 그때에는 '5월처럼 부드러운'(Mild as May)이라는 슬로건을 내걸고 '우아한 여성'들을 위한 순하고 고급스러운 이미지를 강조했다.

그러나 이번에는 남성을 청중으로 삼고, 그들의 요구에 따라 필터를 장착해 새롭게 선보였다. 하지만 '5월처럼 부드러운'이라는 기존의 이미지를 지우고 완전히 새로운 남성적 느낌을 전달하는 것은 결코 쉬운 일이 아니었다. 이를 위해 필립모리스는 당시 광고계의 전설인 레오 버넷(Leo Bunett)과 손을 잡았다. 버넷은 기존의 여성적 이미지를 치명적인 위험 요소라고 결론 내리고 가장 강렬한 남성적 상징을 만들어 내기 위해 카피라이터들과 작업했다. 그 결과 나온 것이 바로 '카우보이'였다. 버넷은 카우보이의 이미지에 '담배의 멋을 선사해 드립니다'(Delivers the goods on flavor)라는 슬로건을 달았다. 말보로맨은 이렇게 탄생했다. 아무런 사전 조사도 없이 불과 24시간 만에 모든 것이 이루어졌다. 정말 대단한 비즈니스 감각이라고밖에 할 수 없다.

1955년 필립모리스는 일단 텍사스를 시범 지역으로 선정하고 말보로맨 광고의 반응을 알아보는 작업에 들어갔다. 다행스럽게도 반응은 아주 좋았다. 곧장 미국 전역으로 광고를 확대했다. 그 가운데 카우보이 외에 문신을 한 거칠어 보이는 뱃사람과 자동차 수리공도 광고 모델로 등장시켰다. 그들은 광고에서 이렇게 외쳤다. "필터 때문에 담배의 맛을 포기하지는 마세요!" 광고가 널리 알려짐에 따라 말보로의 매출도 급속하게 증가했다. 1957년 〈리더스 다이제스트〉 기사에 따르면, 말보로의 매출은 1953년과 비교해 무려 3배나 성장했다.

필립모리스는 청중을 잘 알고 있었고, 이를 바탕으로 CRAM을 실시했다. 그들은 남성 흡연자들에게 따로 필터를 사용하지 않아도 담배의 풍미를 만끽할 수 있으며 남성성도 지킬 수 있다고 강조했다. 또한 카우보이 이미지를 통해 정서적인 차원에서 청중과 관계를 형성함으로써 메시지의 설득력을 높였다. 점점 복잡해지는 미국 사회에서 카우보이 이미지는 낭만적 남성의 시대, 즉 남자가 남자이고 담배가 담배이던 시절을 연상하게 했다. 카우보이의 이미지는 미국인들이 자랑스러워하던 자유, 개인주의, 넓은 평야, 그리고 아이러니하지만 신선한 공기에 대한 향수를 자극했다. 이처럼 카우보이는 미국인들의 집단 무의식 속에 자리 잡은 이미지였기 때문에 말보로의 메시지와 이미지는 오랫동안 미국인의 기억에 남을 수 있었다. 밀러가 퇴근 시간을 밀러타임이라고 이름 붙였듯이, 필립모리스는 서부의 이미지에 말보로라는 브랜드를 연결한 것이다. 즉, 필립모리스와 밀러는 새로운 아이디어를 창조한 것이 아니라 이미 청중의 마음속에 자리 잡은 기억에 자신들의 브랜드를 연결했을 뿐이다.

'켈로그 토니 호랑이'와 '졸리 그린 자이언츠'라는 캐릭터를 만든 것으로도 유명한 말보로맨 창시자 버넷은 카피라이터들에게 광고 카피를 만들기 전에 스스로를 소비자라고 생각해야 한다는 점을 강조했다. 그는 소비자를 이렇게 설득했다. "우리에게는 이러한 제품이 있습니다. 이 제품은 여러분에게 이러한 혜택을 줄 수 있습니다. 그리고 여러분은 이러한 방식으로 이를 얻을 수 있습니다." 하지만 말보로맨 마케팅 캠페인은 여기서 끝나지 않았다. 그들은 제품 디자인, 광고, 가격, 개성이 돋보이는 빨간색 로고, 포장 등 마케팅의 모든 영역에서 일관되고 지속적인 마케팅 전략을 구사했다.

3. 청중이 달아날 수 없도록 하자

성공한 마케팅 캠페인은 청중을 꼭 붙들어 매둔다. 필립모리스 또한 오랫동안 그리고 지속적으로 메시지를 전달했다. 그렇기 때문에 미국의 흡연자들은 그들의 메시지에서 벗어날 수 없었다.

> 마케팅 캠페인의 성공을 위해 메시지를 오랫동안 자주 그리고 다양한 형태로 전달해야 한다. 광고만 가지고서는 목적을 달성할 수 없다. 마케팅의 모든 수단을 집중적으로 동원해야 한다.

안타까운 이야기지만, 대부분의 공익단체는 예산이 넉넉하지 않다. 그러므로 일반 대중을 청중으로 삼을 수 없다. 물론 그래서도 안 된다. 최저의 예산으로 최고의 효과를 얻어야 하기 때문에 우리는 가능한 한 청중의 폭을 좁히고, 그들의 마음이 열리는 순간을 포착해서 우리의 메시지로부터 달아날 수 없도록 만들어야 한다. 2장에서 살펴본 청중에 대한 정의 그리고 8장에서 살펴본 마음이 열리는 순간을 다시 한 번 떠올려 보자. 말보로는 남성 흡연자들이 건강에 대해 걱정하는 순간을 노렸다. 그리고 광고는 물론 담배 가게에 이르기까지 다양한 채널을 통해 반복적으로 메시지를 전달했다.

반복은 마케팅의 핵심이다. 하지만 많은 마케터들이 이를 간과하고 있다. 지속적이고 반복적으로 북소리를 울려야 사람들이 쳐다본다. 가능한 한 모든 채널을 통해 반복적으로 메시지를 전달하려는 노력이 필요하다. '이만큼 메시지를 전달했으니 사람들이 이제 지겨워하지는 않을까?' 하고 걱정하지 말자. 현대인들은 엄청나게 다양한 메시지들의 폭격에 시달리고 있다. 때문에 특정 메시지가 너무나 친숙해서 지겹다고 느낄 가능성은 매우 희박하다.

 우리의 마케팅 캠페인이 좋은 반응을 얻고 있다면, 이를 지속해가면서 성과를 더욱 높일 수 있는 방법을 찾자.

4. 차별화된 경쟁 우위를 차지하자

우리의 마케팅 캠페인은 청중의 관심을 놓고 다른 캠페인들과 경쟁을 벌인다. 그 속에서 우리만의 경쟁 우위를 확보하고 차별화를 이루기 위해서는 4장에서 살펴본 경쟁의 원칙을 활용해야 한다.

 좋은 마케팅 캠페인은 차별화된 전략을 담고 있어야 한다.

말보로의 경쟁 우위는 '필터가 달린, 남성적인 담배'라는 점이다. 그들은 이러한 경쟁 우위를 강화하기 위해 카우보이 이미지를 내세웠다. 이를 통해 그들의 마케팅 캠페인은 경쟁 환경에서 차별화를 이루는 데 성공했다.

말보로맨의 경우처럼, 경쟁 우위를 확보하기 위해서는 경쟁자들을 따라갈 것이 아니라 청중의 관점에서 우리만의 차별성을 강조해야 한다. 마케터들은 언제나 '미투'(me too) 전략에 대한 유혹을 받는다. 랜스 암스트롱 재단이 노란색 '리브 스트롱'(Live Strong) 손목밴드를 출시했을 때, 수많은 공익단체들이 이를 따라 했다. 하지만 1등의 자리를 차지하지 못할 바에는 우리만의 영역을 굳건히 지키는 편이 낫다. 목장 속의 한 마리 소가 되어서는 경쟁에서 이길 수 없다. 소를 몰고 가는 목동이 되어야 한다. 물론 아무리 해도 1등이 될 가능성이 없다고 판단되면 마켓의 리더와 협력관계를 맺는 방법을 모색해야 할 것이다. 5장에서 확인했듯이 공익단체에게도 협력관계는 매우 중요하다. 전혀 어울릴 것 같지 않은 기업이나 단체가 때로는 우리와 가장 긴밀한 파트너가 될 수도 있다는 사실을 다시 한 번 명심하자.

5. 캠페인은 단체의 명분을 표현하고 브랜드를 확장할 수 있어야 한다

우리가 제안하는 제품이나 서비스의 경쟁 우위를 확보하기 위해 청중의 관점에서 마케팅 캠페인의 목표를 세워야 한다. 이를 통해 우리가 누구인지, 어떤 일을 하는 단체인지, 그리고 우리의 목표가 왜 중요한지를 청중에게 보여 줄 수 있다. 마케팅 캠페인은 우리의 명분을 진실되게 반영해야 한다.

 마케팅 캠페인은 브랜드를 상징적으로 드러낼 수 있어야 하며, 또한 이를 더욱 강화할 수 있어야 한다.

우리는 브랜드를 구축해서 어떤 메시지를 전달하고자 하는가? 이에 관해서는 10장 인터뷰에서 자세하게 이야기를 나누어 볼 것이다. 브랜드는 청중의 가슴속에 전달하고 싶은 우리의 핵심적인 메시지를 의미한다는 것이다. 이를 통해 청중은 우리를 구별해 낼 수 있다. 청중과의 모든 상호 관계는 기존의 브랜드를 강화할 수도 그리고 약화할 수도 있다. 브랜딩이 성공적이라면, 청중과의 관계를 장기적으로 이끌어 나가는 데 도움이 될 것이다. 필립모리스는 완전히 새로운 브랜드를 제시했다. '5월처럼 부드러운'이라는 여성스러운 이미지를 버리고 남성적 이상향을 그 자리에 집어넣어서 브랜드의 정체성을 새롭게 정의했고, 이를 통해 소비자의 가슴속에 새로운 메시지를 전달했다.

6. 캠페인에는 유연성이 있어야 한다

3장에서도 살펴보았듯 마케팅 캠페인은 항상 변화하는 마켓에 따라 유연하게 움직여야 한다. 우리는 마켓의 역동성에 민감하게 반응해야 한다. 유연성을 잃어버린 캠페인은 로빈후드 시대의 타이즈를 입고 현대의 센트럴파크를 뛰어다니는 생뚱맞은 로빈후드의 모습으로 전락하고 말 것이기 때문이다.

> 좋은 마케팅 캠페인은 잘 계획된 것이어야 하지만 동시에 변화에 유연해야 한다. 우리는 한쪽 눈은 나아갈 방향을 보면서 다른 한쪽으로는 현실을 살펴야 한다. 완벽한 계획이란 세상이 변하지 않을 때나 가능하다. 종종 옳은 것보다 준비되어 있는 것이 더 중요하다.

필립모리스는 소비자의 요구에 즉각 반응해 필터가 달린 담배를 출시했다. 정확한 시기에 정확한 제품을 출시함으로써 그들은 마켓 점유율을 크게 끌어올릴 수 있었다. 당시 〈리더스 다이제스트〉는 흡연과 관련된 문제를 제기했고, 미국의 흡연자들은 필터에 관심을 보이고 있었다. 필립모리스는 이를 정확하게 파악하고 이에 꼭 맞는 신제품을 내놓았다. 그리고 마켓의 변화에 따라 마케팅 캠페인도 지속적으로 변화해 나갔다.

> 마케팅 캠페인의 성공을 위해 철저하게 계획을 세우는 것도 중요하지만 그렇다고 해서 적절한 시기를 놓쳐서는 안 된다. 정성스럽게 화살촉을 다듬는 동안에도 우리 눈은 지평선을 향해 있어야 한다. 완벽한 계획을 세우기 위해 노력하는 동안 세상이 바뀌어 버린다면 아무런 쓸모가 없다. 때로는 완벽함보다 신속함이 더 중요하다.

7. 캠페인을 여러 번 평가하자

좋은 캠페인이 되려면 캠페인을 시작하기 전과 실시하는 동안 그리고 마치고 나서 테스트 작업을 실시해야 한다.

우선 사전 테스트 작업을 통해 마케팅 캠페인의 영향력을 한층 강화할 수 있다. 필립모리스는 말보로맨 광고를 본격적으로 내보내기에 앞서 일단 텍사스 지역에서 시범적으로 실시했다. 다음으로 일단 캠페인이 시작되면, 중간 평가를 통해 수정할 사항에 대해 테스트를 해야 한다. 이를 위해 캠페인의 진척 상황을 가늠해 볼 수 있는 피드백 시스템이 필요하다. 마지막으로 사후 테스트를 해서 어떠한 부분이 성공적이었는지 평가해 볼 수 있다. 성공 사례가 있다면 이를 널리 알리고, 실패가 있다면 거기서 교훈을 얻어 내야 할 것이다. 이러한 테스트 작업을 통해 우리는 계속해서 청중에 밀착해 있을 수 있다. 청중에게서 멀어지면 길을 잃어버리고 만다.

하지만 테스트 작업에는 각별한 주의가 요구된다. 우리는 종종 마케팅 캠페인의 어떠한 요소가 성과를 냈는지 알아보려는 목적으로 캠페인의 구성 요소들을 낱낱이 해부해 보려는 실수를 범한다. 우리는 이렇게 질문을 던진다. "대중매체, 텔레마케팅, 또는 전단지 중에서 가장 성공적이었던 것은 무엇인가?" 하지만 이러한 미시적인 접근방식은 부분을 따로 떼어냄으로써 전체적인 그림을 잃어버린다는 문제점을 안고 있다. 이는 사체를 해부하면서 이렇게 묻는 것과 같다. "이 사람은 무슨 장기 때문에 살 수 있었던 것일까?" 인간은 하나의 장기 때문에 숨을 쉬고 생각하고 움직일 수 있는 것이 아니다. 마케팅 캠페인을 평가할 때도 이러한 점에 유의해야 한다. 성공과 실패를 만들어낸 단 하나의 요인을 찾아내는 것은 아무런 의미가 없는 일이다.

테스트 작업을 위해 던져야 할 질문은 "생명을 유지하는 장기가 무엇인가?"가 아니라 "앞으로 생명을 계속해서 유지하려면 어떻게 해야 할까?"이다. 우리는 캠페인을 살아 숨 쉬는 생명체로 보아야 한다. 테스트 작업 역시 하나의 생명체를 더욱 건강하게 만들 수 있는 방향으로 진행되어야 한다. 그렇다면 우리는 이렇게 질문을 던져야 할 것이다. "수술이 필요한 부위는 없는가?" 혹은 "뼈가 부러진 곳은 없는가?"

테스트 작업은 동시에 우리들 자신에 대해서도 이루어져야 한다. 마케팅 캠페인을 추진하면서 우리는 얼마나 일관적으로 그리고 체계적으로 움직이고 있는가? 우리 단체는 언제나 준비되어 있는가? 조직에 활기가 넘치는가? 우리 모두 동일한 목표를 향해 나아가고 있는가? 우리 스스로가 건강하지 않다면 캠페인 또한 건강하게 유지할 수 없다는 점을 잊지 말자.

작은 규모의 캠페인 추진하기

이제 또 다른 사례를 통해 위의 7가지 마케팅 원칙들을 설명해 보도록 한다. 지금 소개할 이 책의 마지막 사례는 풀뿌리 시민단체를 기반으로 하고 있다는 점에서 독특하다. 나는 7가지 마케팅 원칙이 얼마나 다양하게 활용될 수 있는지 보여 주기 위해 특별히 이 사례를 골랐다. 여기에 등장하는 공익단체는 마치 담배를 팔듯이 시의회와 정부기관에 로비를 벌이고, 글로벌 광고 캠페인처럼 지역사회에서 운동을 펼치고 있다.

1990년대 노스캐롤라이나 채플 힐(Chapel Hill) 지역의 한 시민단체는 도시 개발 및 환경 정책에 대한 시의회의 정책에 강력히 반대하고 있었다. 이 단체는 대다수의 주민들이 큰 관심을 보이고 있음에도 개발과 녹지보전 사업에서 그들의 주장이 제대로 반영되지 않았다고 했다. 그들은 이를 위해 한 가지 목표를 세웠다. 그것은 환경보호 및 개발에 관한 그들의 주장에 지역 정치인들이 귀를 기울이도록, 다음 선거에서 환경보호에 뜻을 둔 시의원들을 공식적으로 지지하는 선거운동을 벌이겠다고 정치적 압력을 행사하는 것이었다. 그들의 이러한 마케팅 목표는 청중의 행동에 기반을 두고 있었다(1번 원칙).

단체의 리더이자 마켓 조사 전문가인 다이안 블룸(Diane Bloom)과 그녀의 동료들은 마케팅 캠페인의 구체적인 사항을 계획했다. 그것은 하나의 브랜드를 중심으로 비슷한 생각을 가진 지역 시민들을 끌어모으고, 환경문제에 대한 지역사회의 관심을 높이고, 다음 선거에 이 주제를 적극적으로 활용하는 것이었다. 그들의 핵심 아이디어는 환경보호를 주장하는 지역 주민들이 시의회에 개별적으로 건의를 하는 것보다 그들을 집결하게 하여 하나의 목소리로 만드는 편이 훨씬 효과적이라는 것이었다. 블룸은 이렇게 말했다. "가장 먼저 우리는 마케팅 슬로건을 고민했습니다. 처음에 나온 것은 '우리 마을을 되찾자'였지만 다소 과거지향적인 느낌을 준다는 지적이 제기되었습니다. 그러던 중 동료 한 명이 '디맨드 베터'(Demand Better, 좋아지도록 요구하세요)라는 문구를 내놓았습니다. 자동차 딜러로 일하는 그 동료는 예전에 고객 서비스 업무를 하면서 이 문구를 사용한 적이 있다고 하더군요. 우리는 그 슬로건을 만장일치로 결정하고 가장 핵심적인 브랜드로 삼기로 했습니다."[3] 이렇게 해서 그들의 브랜드 '좋아지도록 요구하세요'가 탄생했다.

뜻을 같이하는 시민들을 끌어모으고 지역 주민들에게 CRAM을 담은 메시지를 전달하기 위해(2번 원칙) 그들은 시민과 지역 언론들의 관심을 자극할 만한 행사를 추진하기로 했다. 그것은 '좋아지도록 요구하세요'라는 슬로건을 걸고 가두 행진을 벌이는 것이었다. 이 행진은 일요일에 우체국에서 출발해 시청까지 이어질 계획이었다. 100명이 넘는 지역 주민들이 참가를 신청한 이 행사의 홍보를 위해 그들은 지역 언론사에 행사 소식을 알렸다.

행사 당일 오후, 리더들은 우체국 계단에 올라서서 팻말을 들고 서 있는 참가자들을 향해 보다 합리적인 지역개발 정책을 시의회에 요구해야 한다고 연설했다. 참가자들은 '좋아지도록 요구하세요'의 로고가 들어간 배지를 달고 있었다. 이 행사에는 기발한 아이디어도 동원되었다. 대중가요를 개사해서 "푸른 들판은 어디로 사라졌나요?", "우리의 권리를 돌려주세요", "숲이 우거진 길을 걸어요"라며 노래를 불렀고, 파괴된 지역의 자연환경을 상징하는 관을 놓아두기도 했다. 행사 포스터에서는 개 한 마리가 다리를 축 늘어뜨리고 이렇게 말하고 있었다. "채플 힐이 완전 엉망이 되어가고 있군."(*Chapel Hill is going to the dogs.*) 마침내 시청에 도착한 행사 참가자들은 팻말이 잘 보이도록 설치해 놓고 시민들에게 음료수를 나누어 주었다. 행사 프로그램과 관련하여 블룸은 이렇게 말한다. "기발한 아이디어로 사람들의 이목을 집중시키고, 흥미로운 소도구를 이용하여 시민들의 관심을 이끌어내고 싶었죠." 이처럼 다양한 노력 덕분에 지역 텔레비전과 라디오 방송국 그리고 신문사들이 행사의 다채로운 볼거리를 취재하기 위해 몰려들었고, 이를 집중적으로 보도했다. 이 단체는 지역 메시지를 분명하게 전달해서 지역 주민들이 빠져나가지 못하도록 꼭 붙들어 매는 데 성공했다.

행사 다음 날, 참가자들은 다시 시의회로 몰려가 시청 공무원들이 그들의 팻말을 모두 폐기해 버린 것에 항의했다. 이는 또 하나의 뉴스거리로 이어졌다(3번 원칙). 결국 시의회는 시민들의 합법적인 권리를 무시했음을 인정하고, 시청에 현수막과 팻말 설치를 허가하는 새로운 조례를 통과시켰다.

이후 단체 멤버들이 모여 시의회의 환경 정책과 관련해 시의원, 시민, 언론에 일관된 메시지를 전달하기 위해 주제와 방향을 조율하기로 결정했다. 그리고 '좋아지도록 요구하세요' 배지 위에 'NO'라는 문구가 들어간 지역 로고를 부착하기로 합의했다. 그것은 '우리가 아는 채플 힐의 모습을 영원히 사라지게 만들 개발 정책에 결사반대'라는 의미였다. 이 단체는 환경문제에 관심이 많은 지역 주민들을 기반으로 행사를 추진해서 차별화된 이미지를 구축할 수 있었다(4번 원칙). 그리고 행사를 통해 '좋아지도록 요구하세요'라는 그들의 브랜드를 강화할 수 있었다(5번째 원칙). 또한 이후에도 지속적으로 일관된 메시지를 전달해서 캠페인에 많은 지역 주민들이 참여하는 것은 물론, 이미 지역 운동의 주류를 형성하고 있다는 인상을 얻을 수 있었다.

단체의 규모가 점차 확대되면서 그들은 시의회 정책에 대한 대안을 직접적으로 제안하기 시작했다. 그 과정에는 단체의 후원자들도 함께 참여했다. 이에 대해 블룸은 이렇게 말한다. "단지 반대를 위한 반대를 하자는 게 아닙니다. 물론 받아들이기 어려운 정책에 대해서는 분명하게 반대를 표명해야겠죠. 하지만 그럴 때마다 우리는 이를 대신할 수 있는 대안을 제시하고 있습니다." 이러한 접근방식은 시의원들에게도 도움을 준다. 낙선 운동을 벌이겠다는 구태의연한 협박 대신에 보다 신중하게 검토한 의견과 다양한 대안들을 제시함으로써, 시의원들은 여러 가능성을 고려해 볼 수 있었다. 일례로 그들은 지역개발 프로젝트를 검토하는 과정에 시민들이 참여하기 위해 거쳐야 하는 복잡한 절차를 없애버리자고 주장하면서 시민들이 쉽게 참여할 수 있는 초기 검토 회의를 그 대안으로 제시했다. 의회는 기꺼이 그들의 제안을 받아들였다.

정치적 상황에 따라 유연하고 민첩하게 대응하면서(6번 원칙), 그들은 지속적으로 시의회에 새로운 안건을 제출했다. 그리고 활동가들 간

긴밀한 관계를 유지하여 캠페인이 표명하는 바에서 벗어나지 않게 관리한다(7번 원칙). 이와 같은 모든 노력을 통해 그들은 중요한 정책을 시의회가 통과시키도록 만들었다. 그리고 환경 정책에 보다 적극적인 후보자들을 지지함으로써 정치적인 영향력을 크게 발휘했다.

내부 마케팅

'좋아지도록 요구하세요'의 성공 비결은 뜻이 맞는 시민들을 모으고 조율을 통해 핵심 메시지를 만들어 나가면서 캠페인을 했다는 데 있다. 이것은 청중, 협력업체, 언론과 같은 외부 사람들에 대한 마케팅만 중요한 것이 아니라, 단체 내부 사람들에게도 마케팅 작업이 필요하다는 사실을 보여 준다. 물론 하나의 마케팅 목표와 접근방식을 중심으로 조직 내의 모든 사람들이 뭉치기는 대단히 어렵다. 특히 대부분의 공익단체가 합의 방식으로 의사결정을 내린다는 특성 때문에 더욱 힘들다. 합의 문화는 마케팅의 관점에서는 자칫 독소가 될 수 있다. 마케팅 캠페인의 초점은 우리 단체가 아니라 청중이기 때문이다. 실제로 마케팅 캠페인에서 중요한 요소들은 모두 외부에 존재한다. 흔히 하는 말로 "손님은 왕이다"가 바로 여기에 해당된다. 그렇기 때문에 공익단체의 마케팅 캠페인은 내부적인 협의보다 청중이 요구하는 가치에 더욱 초점을 맞추어야 한다.

자체로 훌륭한 명분이라 할지라도 마케팅 관점에서는 큰 변화가 요구될 수 있다. 청중에게 초점을 맞춘다는 것은 사업방식의 변화를 의미한다. 그런 변화는 현재 일하는 사람을 불편하게 할 수 있는데, 그래서 우리는 이 책에서 다룬 마케팅 원칙을 주변 사람에게도 적용해야 한다.

우리는 주변 동료들에게 새로운 마케팅 방식이 옳은 것이니 따라야 한다고 우길 수 없다. 우리는 새로운 방식이 그들의 중요가치와 어떻게 일치하는지를 보여줘야 한다.

이를 위해 우선 내부 인사들이 마케팅 접근방식에 관심을 갖도록 유도하자. 다음으로 그들이 지속적으로 마케팅에 관심을 유지할 수 있도록 2가지 방식으로 접근하자. 첫째, 그들을 마케팅 업무로 끌어당겨라. 사람들은 직접체험을 통해 기존의 선입관을 바꿀 수 있다. 이사회 멤버에서 현장 직원에 이르기까지, 내부 인사 모두가 청중을 이해하고 그들과 관계를 맺는 과정에 참여하도록 하자. 그리고 마케팅 목표를 세우는 과정에 동참하게 하자. 캠페인의 진척 상황에 관한 정보도 주기적으로 공유하자. 또한 문제 해결을 위해 공개 토론을 하고, 변화가 필요한 이유에 대해서도 공론화를 하자. 이와 함께 브랜드를 강화해 나가는 노력에도 적극적으로 개입하게 하자.

둘째, 신뢰를 주고받자. 마케팅 캠페인의 중간 성과 그리고 최종 성과를 평가하기 위해 마케팅 목표를 세우는 시점에서 중간 목표도 함께 설정해 놓자. 성과를 함께 공유하면 내부적인 비판과 반발을 크게 줄일 수 있다. 그리고 목표를 수립하는 과정까지 함께 참여한다면 비판과 반발은 더욱 줄어들 것이다. 조그마한 성과라 하더라도 내부적으로 인정하고 여기에 기여한 구성원들을 칭찬하자. 내부 인사들이 함께 마케팅 업무를 추진하는 과정에서 기쁨을 느낄 수 있다면, 마케팅적인 접근방식을 더욱 긍정적으로 바라보게 될 것이다.

로빈후드 법칙, 이렇게 활용하자

마케팅 캠페인의 4가지 원칙

하나. 청중별 화살촉 다듬기

성공적인 마케팅 캠페인을 위해서는 1~9장의 법칙들을 모두 조합해서 마케팅 화살촉을 완성해야 한다. 이를 위해 각 청중별로 다음 항목에 대해 생각해 보자.

- 화살촉 맨 끝을 차지하는 구체적 행동

- 화살촉의 밑부분을 차지하는 청중의 가치

- 청중을 둘러싼 마켓, 마켓을 움직이는 힘, 경쟁자의 경쟁 우위, 협력관계

- 이익 교환, CRAM을 담은 메시지, 전반적인 메시지 전달 시스템, 그리고 선호하는 채널과 목표 언론

둘. 7가지 원칙을 가지고 마케팅 캠페인 테스트하기

각 청중별로 화살촉을 완성했다면, 마케팅 캠페인에 필요한 핵심 요소를 모두 갖춘 셈이다. 다음으로 할 일은 앞서 살펴본 7가지 마케팅 원칙을 가지고 캠페인을 테스트하는 것이다.

- 청중 범주별로 구체적이고 실현 가능한 행동을 정의해 놓았는가?

- 구체적으로 정의된 청중의 관점에서 CRAM을 담은 메시지를 마련해 놓았는가?

- 청중의 마음이 열리는 순간과 다양한 채널을 통해 메시지를 전달할 수 있는가?

- 마켓에서 차별화된 경쟁 우위를 확보하고 있는가?

- 우리의 브랜드를 강화할 수 있는가?

- 갑자기 나타나는 기회를 포착할 수 있을 만큼 유연성을 갖추고 있는가?

- 사전에 충분히 테스트했는가? 그리고 성과를 측정하기 위한 기준을 마련했는가?

셋. 치명적인 3가지 실수 피하기

실패한 마케팅 캠페인은 다음의 3가지 중 최소한 하나의 실수를 범하고 있다. 마케팅 캠페인을 추진하면서, 어떠한 일이 있더라도 다음과 같은 실수는 저지르지 않도록 각별히 유의하자.

첫째, 정보가 행동으로 이어진다는 착각이다. 이는 공익단체가 저지르는 가장 치명적이면서 보편적인 실수다. 그만큼 각별히 신경 쓰도록 하자.

"새로운 담배가 나왔으니 어서들 피워보세요." 필립모리스가 이렇게만 광고했다면 말보로는 세계적인 브랜드로 성장하지 못했을 것이다. 정보만 전달해서는 행동을 이끌어낼 수 없다는 진리를 잘 알고 있지만, 많은 공익단체가 실제로 캠페인을 진행하면서 이것을 쉽게 잊어버린다. 예를 들어, 책을 읽어 주는 것이 자녀에게 도움이 된다는 정보를 제공하면 부모들은 당연히 이를 실천할 것이라고 믿는다. 과일과 채소가 몸에 좋다고 말하면 사람들이 식습관을 몽땅 바꿀 것이라고 기대한다. 운동이 체중 조절에 도움이 된다고 하면 수많은 사람들이 당장이라도 달리기를 시작할 것이라고 생각한다. 또는 도움의 손길을 필요로 하는 사람들이 많다고 하면 시민들이 자발적으로 돈을 기부할 것이라고 기대한다.

하지만 정보 그 자체는 아무런 행동도 유발하지 못한다. 사람들이 실천을 하지 않는 것은 정보가 부족해서가 아니다. 또한 욕망이 모자라서도 아니다. 누구나 좋은 부모가 되고, 건강한 식습관을 실천하고, 인정 많은 기부자가 되고 싶어 한다. 공익단체의 주장을 들으면 누구나 자녀에게 책을 읽어 주고, 식습관을 바꾸고, 운동을 하고, 기부를 해야 한다고 느낀다. 하지만 문제는 지금까지 내 삶을 이루던 습관을 바꾸는 일이 굉장히 힘들어 보인다는 사실이다. 공익단체는 청중의 행동을 이끌어내기 위해 이 문제를 영원히 고려해야만 한다. 이를 위해 현재 상태를 그대로 유지하는 것보다 어떤 행동을 실천하면 더 많은 이익을 얻을 수 있다는, 개인적이면서도 매력적인 이유를 제시할 수 있어야 한다. 다음으로, 행동을 실천하는 것이 쉬워 보이도록 만들어야 한다. 마케팅 용어로 표현한다면 보상을 높이면서 가격은 낮추어야 한다. 이 책에서 제시하는 성공적인 마케팅 사례들 역시 단순한 정보 전달의 차원을 넘어서 매력적인 보상과 실천 가능한 행동을 기반으로 하였다.

말보로맨으로 돌아가 보자. 금연 단체들은 오랫동안 말보로맨을 조롱하는 광고를 내놓았다. 그 광고에서 말보로맨은 죽음을 앞둔 폐암 환자로 등장한다. 기발한 아이디어이기는 하다. 하지만 말보로맨이 수많은 사람들에게 담배를 피우게 한 만큼, 반대 광고들도 효과를 거두었는가? 아쉽게도 전혀 그렇지 못했다. 흡연자 대부분은 담배를 끊어야지 하면서도 계속해서 담배를 피운다. 설문조사에 의하면 흡연자 대부분이 담배를 끊고 싶어 한다. 문제는 금연이 너무나 힘들어 보인다는 사실이다. 매년 금연에 성공하는 흡연자 비율은 2.5퍼센트에 불과하다고 한다.

두 번째 실수로 넘어가 보자. 이는 우리가 청중이 아니라는 사실을 종종 잊어버린다는 점이다. 보상을 매력적으로 만들고, 행동을 실천하기 쉬워 보이도록 만드는 과정에서 우리는 종종 스스로의 만족에 머무르는 경향이 있다. 청중의 반응은 고려하지도 않은 채, 우리끼리 그냥 결정을 내린다. 하지만 우리 눈에 좋아 보인다고 해서 청중도 만족한다는 보장은 그 어디에도 없다. 우리는 언제나 스스로를 의심해야 한다. 그리고 청중의 의견에 주목해야 한다.

세 번째 실수는 마케팅 작업은 뒤로 미뤄도 된다고 생각하는 안이함이다. 많은 공익단체들이 문제가 벌어지고 나서야 마케팅으로 눈길을 돌린다. 전략을 세우는 과정에 많은 시간과 노력을 투자하면서도 정작 마케팅 작업은 서둘러 준비하지 않는다.

캠페인 초기 단계부터 마케팅적인 접근방식으로 시작하지 않으면 청중의 관심과는 동떨어진 공허한 메시지를 외치게 될 가능성이 농후하다. 그렇게 되면 청중에게서 행동을 이끌어낼 가능성도 떨어지게 된다. 그러므로 전반적인 사업 예산을 짜는 과정에서 마케팅 예산을 따로 편성해 두어야 한다. 예산이 넉넉하지 않다면 후원자나 주변의 도움을 물색하자. 그리고 마음이 열리는 바로 그 순간에 집중해서 예산의 효율성을 극대화하자. 하지만 마케팅 예산을 줄이는 것은 결국 캠페인의 영향력을 줄이는 일이라는 사실도 받아들여야만 한다.

넷. 성공의 순간은 짧다

이제는 전 세계의 공익단체들이 비즈니스적인 마케팅 기술을 단순히 부차적인 고려 대상이 아닌 필수 과제로 받아들이고 있다. 경영대학원에서도 공익단체들에게 이러한 측면을 강조한다. '미국 마케팅협회'(American Marketing Association)에서는 공익단체의 마케팅 역량을 높이기 위해 전문적인 기관까지 설립했다. 이러한 움직임은 공익단체의 미래에 밝은 전망을 던져준다. 청중과 행동 중심적인 접근방식을 통해 공익단체는 앞으로 더 높은 성과를 이루어 나갈 수 있을 것이다.

이제 우리는 더욱 밝은 미래를 바라보고 준비해야 한다. 이 시점에서 스스로에게 한번 물어보자. 성공적인 마케팅 캠페인을 통해 마켓의 수요가 크게 증가했을 때, 우리는 과연 그 상황에 대비할 준비가 되어 있는가? 갑자기 높아진 수요를 모두 충족시키고자 한다면 어떤 준비를 해야 하는가? 이처럼 우리는 기대보다 더 큰 성공의 경우에 대해서도 대비해야 한다. 만약 준비 작업이 제대로 이루어지지 않아 우리가 약속했던 제품이나 서비스를 제공하지 못한다면, 성공이 오히려 재앙이 되는 사태가 벌어질 수도 있다.

그리고 또 하나, 큰 성공을 거둘수록 더욱 신중해질 필요가 있다. 성공의 순간은 짧다는 점을 명심하고 그 소중한 시간에 모든 노력을 집중해야 한다. 우리가 요구하는 행동이 왜 중요한지에 대해 지속적으로 청중을 설득하고 성공 사례들을 보여 주는 노력을 멈추지 말자. 청중의 눈높이에서 그들을 설득하지 못한다면 그들에게서 어떤 행동도 이끌어낼 수 없다는 진리를 언제나 명심하자.

더 좋은 세상을 만들기 위해 노력하는 사람들 대부분은 소박한 삶에 만족을 느끼며 살아간다. 그들은 자신보다 남을 먼저 생각한다. 놀라운 일을 만들어 내는 원동력은 바로 그들의 이타적인 마음이다. 나 자신을 뛰어넘어 세상을 위해 달려가는 그들의 모습을 보면서, 사람들은 우리 사회가 더 좋아질 수 있다는 확신을 얻는다. 여러분 주위에서도 이러한 헌신적인 사람들과 그들의 성공 사례를 풍부하게 발견할 수 있을 것이다.

Interview

브랜딩 중심 시스템

라파엘 벰포라드

이번 인터뷰의 주인공인 라파엘 벰포라드(Raphael Bemporad)는 마케팅 전략가다. 그는 학부 시절 철학을 전공하면서 세상을 이해하려 했듯이, 현재는 브랜드 구축 작업을 통해 공익단체의 정체성을 깨달아 가고 있다. 그는 이렇게 강조한다. "사람들은 대부분 커뮤니케이션을 태양이라 생각하고, 브랜드는 그 주위를 도는 행성이라 여깁니다. 하지만 이는 잘못된 생각입니다. 우리는 브랜드를 태양의 위치로 돌려놓아야 합니다. 그래야만 차별화를 이룩하고, 관계를 형성하고, 청중의 충성도를 높이고, 행동을 이끌어낼 수 있습니다." 현재 그가 운영하는 회사 '벰포라드 바라노스키 마케팅 그룹'(Bemporad Baranowski Marketing Group)은 다양한 기업과 단체를 대상으로 거시적인 차원에서 브랜드를 구축하고 발전해 나가기 위한 컨설팅 서비스를 제공한다.

처음으로 사회에 발을 들여놓을 당시, 벰포라드는 텍사스 주지사인 앤 리처드(Ann Richard) 선거 캠프에서 커뮤니케이션 업무를 담당했다. 이후 텍사스 정치계에서 몇 년 동안 경력을 쌓은 뒤, 그는 두 섬씽이라는 NPO에 합류해 그곳에서도 커뮤니케이션 업무를 담당했다. 그 후 현재의 기업을 공동으로 설립했다.

공동 설립자인 미치 바라노스키(Mitch Baranowski)는 텍사스대학에서 유토피안 문학을 연구하는 한 교수 밑에서 벰포라드와 함께 조교 생활을 한 동료이다. 이상 사회를 꿈꾼 그 교수는 아마도 두 제자에게 더 좋은 세상을 만들기 위한 비전을 심어 준 것 같다. 하지만 이 두 사람의 접근방식은 지극히 현실적이고 실용적이다. 물론 그들 역시 이상 사회를 추구하지만, 청중이 처한 현실에 강력한 기반을 두고 있다.

Q. 현실적으로 브랜드 구축이란 다소 애매모호한 마케팅 개념입니다. 실제로 어떤 방식으로 브랜드를 구축하고 관리하는지요?

A: 결국 우리가 추구하는 바는 청중의 마음속에 한 자리를 차지하는 것입니다. 그것은 많은 행운과 노력이 따라야만 가능합니다. 이를 위해 우리는 우리가 누구인지를 분명하게 드러내면서 스스로를 차별화해야 합니다. 그리고 청중의 욕망과 필요성을 충족시키고 행동을 이끌어낼 수 있도록 메시지를 전달해야 합니다.

공익단체를 대상으로 컨설팅 작업을 할 때, 우리는 한 가지 아이디어를 실현하기 위해 여러 단계를 만들어 냅니다. 공익단체의 임원들이 자신의 목표를 구체적으로 표현하게끔 유도하기 위해 그들이 서로 어떤 공통점을 지녔는지 물어보고, 그들이 누구인지 또 어떤 목표를 지녔는지를 있는 그대로 묘사할 수 있는 동사와 형용사를 이용해 말해 보라고 합니다. 또한 행동을 이끌어내고자 하는 핵심 청중을 분석하고 보상과 행동, 즉 이익 교환에 관한 질문을 던집니다. 청중에게 메시지를 전달하는 과정에서 나타나는 여러 가지 한계와 경쟁 상황 그리고 이익 교환을 실현할 수 있는 구체적인 방법에 대해서도 이야기를 나눕니다. 만약 단체의 예산이 부족한 경우라면 이메일 설문이나 서베이몽키와 같은 온라인 사이트를 통해 작업을 마무리합니다. 덧붙여 다음과 같은 질문을 던지기도 합니다. "여러분의 목표를 한 문장 또는 한 단어로 표현할 수 있습니까?", "차별화를 이뤘습니까?", "여러분의 활동은 자신과 다른 이들에게 어떠한 영향을 주고 있습니까?", "다른 사람들이 여러분의 단체에 대해 오해하는 부분이 있습니까? 있다면 이를 어떻게 해결할 계획입니까?"

답을 모두 조합해 우리는 그 단체만의 고유한 정체성을 생각합니다. 그리고 문제점, 기회, 단체의 이념, 프로젝트, 믿음, 중요성, 업무 프로세스 등을 있는 그대로 설명할 수 있는 간결한 브랜드를 만드는 한편 브랜드에 담긴 감성적, 이성적인 의미를 따져보고 브랜드를 강화할 수 있는 시스템을 만들어 냅니다. 마지막으로 이 모든 것들을 한 문장으로 설명할 수 있는 다양한 태그라인을 만듭니다.

Q. 그렇다면 당신이 말하는 브랜드 구축이란 단순히 이름이나 로고를 만드는 작업이 아니라 마케팅 화살촉을 구성하는 모든 요소를 아우르는 개념이군요?

A : 그렇습니다. 브랜드는 마케팅 화살촉을 이루는 재료입니다. 아주 단단한 게 특징이죠.

Q. 브랜드 구축에는 현실적으로 어떤 장점이 있습니까?

A : 예전에 '뉴 아메리칸 드림 센터'(Center for a New American Dream)라는 단체의 브랜드 구축 작업을 맡은 적이 있습니다. 당시 이 단체는 캠페인을 통해 인생의 행복은 양이 아니라 질에 달려 있다는 사고의 전환을 강조하고 있었습니다. 이를 위해 인생을 합리적으로 설계하고, 현명하게 소비하며, 공동체 활동을 이끌어갈 수 있도록 도와주는 다양한 교육 프로그램을 실시하고 있었습니다. 이들은 미국인이 공통적으로 지니고 있는 '많을수록 좋다'라는 미신을 버리라고 말하면서 스트레스, 부채, 파산 등 오늘날 대량 소비사회가 몰고 온 사회적 병폐를 고발했습니다. 많은 사람들이 그들의 주장에 공감하기는 했지만 이 센터가 전달하고자 하는 대부분의 메시지는 즐겁고 긍정적인 것이라기보다 걱정과 스트레스 같은 부정적인 것들에 치우쳐 있었습니다. 우리는 우선 메시지를 기존의 부정적인 틀에서 벗어나게 해야 한다고 결론 내렸습니다. 그리고 이를 위해 비교적 활발하게 활동하는 직원들을 대상으로 그들이 실시하는 프로그램이 사람들에게 어떤 혜택을 가져다주는지 물어보았습니다. 그들은 자녀와 함께 시간을 보내고, 마켓 시스템을 합리적으로 개선하고, 지역 환경을 아름답게 가꾸고, 사랑하는 사람들과 즐거운 시간을 보내는 것과 같이, 우리 삶에서 소중한 것들을 더 많이 누릴 수 있도록 도와주는 것이라고 대답했습니다. 우리는 그들의 답변을 기반으로 '소비사회의 병폐'라는 표현을 '인생에서 소중한 것을 얻는 방법'으로 바꾸었습니다. 'Enough!'(이제 그만!)라는 기존의 뉴스레터 제목도 'In Balance'(조화로운)로 고쳤습니다. 로고 역시 'American'(미국인)이라는 단어 대신 'I'(나)를 더 돋보이게 수정했습니다. 이는 '새로운 아메리칸 드림'을 꿈꾸는 사람은 바로 '나 자신'이라는 점을 시각적으로 강조한 것입니다. 이렇게 그들의 메시지를 보다 긍정적이고 활력이 넘치는 것으로 바꿔 놓았습니다.

결론적으로 우리의 모든 작업은 '노'에서 '예스'로, '그만'에서 '시작'으로, 그리고 '덜'에서 '더'로 메시지의 느낌을 바꾸는 것이었습니다. 노력의 결과, 센터 가입자 수는 3만 명에서 7만 5천 명으로 2배 이상 증가했습니다. 우리는 이 자료를 후원자에게 제시했고, 곧바로 지원 약속을 받아낼 수 있었습니다. 이후 이 센터는 하이브리드 자동차 캠페인을 위한 슬로건을 결정하기 위해 홈페이지에서 콘테스트를 실시하면서 일등 상품으로는 토요타의 프리우스를 내걸었습니다. 여기에는 총 3만 5천 개의 작품이 응모를 했고, 30만 명 이상이 투표에 참여하는 놀라운 성과를 기록했습니다.

위 사례처럼 우리는 기존의 브랜드 이미지를 새롭게 전환해서 브랜드 때문에 발생했던 문제점들을 한꺼번에 없애버릴 수 있습니다. 이 센터는 대단히 훌륭한 교육 프로그램을 갖추고 있었지만, 메시지를 전달하는 과정에서 많은 어려움을 겪고 있었습니다. '소중한 것을 더 많이'라는 새롭게 수정된 메시지는 예전에 비해 더욱 강력하고 긍정적이며, 뚜렷하면서도 매력적인 방식으로 그들의 목표를 청중에게 전달할 수 있었습니다. 이 사례에서 우리가 추구한 브랜드 구축 작업은 그들의 목표를 바꾸는 것이 아니라, 더욱 분명하고 효과적으로 목표를 전달할 수 있도록 개선하는 것이었습니다. 이를 통해 이들은 메시지 전달 시스템을 더욱 강화할 수 있었습니다. 이것이 바로 브랜드 구축의 실질적인 장점입니다. 여기서 한 가지 짚고 넘어갈 것은, 새롭게 구축된 브랜드 이미지를 계속해서 유지하기 위해서는 실천이 뒤따라야 한다는 점입니다. 브랜드가 제시하는 목표를 우리가 실천으로 옮기지 못한다면 아무리 튼튼하게 구축된 브랜드라 하더라도 금방 무너지고 말 것이기 때문입니다.

Q. 공익단체를 위한 브랜드 구축의 원칙이 있다면?
A : 첫째, 단어의 원칙입니다. 단체를 차별화할 수 있는 하나의 단어를 청중의 마음속에서 발견해 내야 합니다. 그리고 그 단어는 우리만이 가질 수 있는 간단하고 분명한 것이어야 합니다.

둘째, 초점의 원칙입니다. 대상의 범위가 넓어질수록 브랜드의 힘은 줄어들기 마련입니다. 우리만의 경쟁 우위를 확인하고 그 고유한 가치에 브랜드 작업을 집중하십시오.

셋째, 리더십의 원칙입니다. 승리를 위해서 우리는 특정분야에서 리더가 되어야 합니다. 여러분이 활동하는 분야에서 리더가 되기 위해서는 어떻게 해야 합니까? 그리고 여러분이 리더십을 발휘할 수 있는 분야는 어디입니까?

넷째, 진실의 원칙입니다. 지금 여러분의 브랜드는 여러분이 누구인지 그리고 무엇을 하는지 정확하게 표현하고 있습니까? 그리고 청중이나 여러분이 도와주는 사람들과 연관성이 있습니까? 진실을 담은 브랜드는 신뢰의 기반입니다.

다섯째, 일관성의 원칙입니다. 유행은 오고 가더라도 브랜드는 그대로 남아 있습니다. 하나의 브랜드를 통해 지속적이고 반복적으로 그리고 분명하게 메시지를 전달하지 못하면 그 브랜드는 청중의 마음속에 자리 잡을 수 없습니다.

지금도 다양한 공익단체에서 열심히 일하고 있을 많은 분들께 가장 먼저 감사의 마음을 전하고 싶다. 나는 항상 그들에게서 영감을 얻고 그들의 흥미로운 이야기와 뜨거운 열정에 감동한다. 이 책은 어떤 방식으로든 그들을 돕고 싶다는 마음에서 시작되었다. 《로빈후드 마케팅》을 통해 목표를 향해 더욱 힘차게 달려 나갈 에너지를 얻으면 좋겠다. 그들이 성공할수록 이 세계는 분명 더 살기 좋은 공간이 될 것이므로.

책을 쓴다는 것은 허영을 누리는 것과 동시에 겸손을 배우는 작업이다. 책을 시작하기 위해서는 스스로 어떤 분야의 전문가임을 자처해야 하기에 허영을 누리는 셈이며, 글을 쓰면서는 어느 것 하나 제대로 알지 못하다는 진실에 직면하기에 겸손을 느낄 수밖에 없다. 그동안 충분한 허영을 누릴 수 있도록 격려해 주고 또한 많은 가르침을 통해 겸손함을 일깨워 준 모든 분께 감사를 드린다.

그중에서도 공익사업의 개척자인 샤린 서튼과 빌 노벨리에게 보다 특별한 감사의 마음을 전하고 싶다. 예전에 두 사람과 함께 일하면서 지혜롭고 혁신적이며 도전적인 사고방식에 강한 인상을 받았다. 그 경험은 내 가치관에 곧바로 영향을 주었다. 그들과 함께한 시간이 없었다면 이 책을 시작할 엄두조차 내지 못했을 것이다. 그리고 책을 쓰는 내내 소중한 아이디어와 아낌없는 조언을 준 켄 웨버, 리즈 헤이드 톰슨, 팅커 레디, 캐런 그레몽, 이리나 네그레예바, 폴 말리, 다이안 메이어에게도 고마움을 표한다.

많은 분들이 기꺼이 인터뷰에 응해 주었다. 켄 웨버, 빌 스트라트만, 잭 피요크, 제임스 브라우닝, 레슬리 맥쿼이그, 마크 데사워, 크리스텐 그림, 캐시 라이언, 다이안 블룸, 데이비드 라 피아나, 장 포메란츠, 폴 블룸, 브라이언 크리그, 드웨인 프록터, 짐 토웨이, 앤디 굿맨, 라파엘 벰포라드…. 지식을 공유하고 원고를 검토하고 인용을 흔쾌히 허락해 준 이들에게 감사한다.

이분들이 책의 품격을 높여 주었다면, 내용을 일관성 있고 명료하게 전개하도록 이끌어 준 분들도 있다. 엘리자베스 코헨 브라우닝과 도로시 허스트, 두 사람은 격려의 메시지와 함께 편집을 맡아 주었다. 나의 글쓰기 스승인 낸시 틸리 또한 많은 도움을 주었다.

노린 왈드와 내 에이전트인 몰리 글릭은 책을 출판하는 일이 곧 공익활동이라는 사실을 깨닫게 해주었다. 이 책이 마침내 세상에 모습을 드러낼 수 있었던 것은 바로 이들의 노력 덕분이다. 반면 책을 펴내는 것보다 글 쓰는 것이 더 중요하다는 사실을 가르쳐 준 사람도 있는데, 바로 작가인 앤 라못이다. 개인적으로는 모르지만, 《버드 바이 버드》(Bird by Bird)라는 책의 페이지 귀퉁이가 무수히 접혀 있는 것을 보면, 그녀의 책이 내 글과 인생에 얼마나 큰 영향을 미쳤는지 알 수 있다.

내 작업을 끝까지 공익활동의 일부로 지켜봐 준 고마운 이들도 많다. 특히 오빠 맷에게 고마운 마음을 전한다. 오빠는 이 책은 물론 인생에도 많은 도움을 주었다. 그리고 어릴 적 다른 사람의 말에 항상 귀기울여야 한다는 사실을 가르쳐 주시고, 이번에는 내 원고까지 꼼꼼히 읽어 주신 아버지께 감사드린다. 부모로서뿐만 아니라 공익단체를 지지하는 시민으로서 인격 형성에 지대한 영향을 미친 어머니도 빼놓을 수 없다. 새로운 세상에 비로소 눈뜰 수 있게 해준 어머니는 세상을 바꾸는 것은 생각이 아니라 행동임을 늘 강조하셨다. 중요한 순간에 격려와 지원을 아끼지 않은 테리 안드레센, 어맨다 안드레센, 존 모리스, 마가렛 카젝카스, 마이클 몰로니 키츠, 카티야 스트라스먼, 탐 왈쉬, 레베카 바게트, 레슬리 맥쿼이그, 루드밀라 쉴기나에게도 감사를 드린다.

마지막으로 내 딸, 소피아와 케이트에게 고맙다는 말을 남기고 싶다. 아이들은 내 키보드 소리에 밤잠을 설치면서도, 힘겹게 글 쓰는 엄마의 모습을 오랫동안 묵묵히 지켜봐 주었다. 그 시절이 먼 훗날 소중한 기억으로 남으면 좋겠다.

캐티야 안드레센

주

들어가는 글: 마케팅은 공익단체의 필수 과제일까?

1. Marmor, P. K., *Legends: The Robin Hood Pages,* http://www.legends.dm.net/robinhood(2005년 6월).
2. INDEPENDENT SECTOR 'Giving and Volunteering in the United States 2001' (Washington, D.C.: INDEPENDENT SECTOR, 2002).
3. INDEPENDENT SECTOR 'Employment in the Nonprofit Sector' (Washington, D.C.: INDEPENDENT SECTOR, 2004).
4. Wiebe, G. D.(1952), "Merchandising Commodities and Citizenship on Television", *Public Opinion Quarterly*, 15: 679–691.
5. Kotler, P. and Zaltman, G.(1971), "Social Marketing: An Approach to Planned Social Change", *Journal of Marketing*, 35(7): 3–12.

chapter 1. 행동을 이끌어라

1. http://www.nike.com/nikebiz/nikebiz.jhtm1?page=4. 참조.
2. 'Just do it' 캠페인에 대한 자료는 the Center for Applied Research에 나와 있다. http://www.cfar.com/Doeumcnts/nikecmp.pdf(2005년 6월).
3. Aronson, *The Social Animal*; R. B. Cialdini, *Influence: Science and Practice*.
4. Cialdini, *Influence*, pp. 65–67.

chapter 2. 우리의 가치가 아닌, 청중의 가치에 주목하라

1. Aronson, *The Social Animal*; Cialdini, *Influence*.
2. Aronson, *The Social Animal*, p. 305.
3. Mitchell, P. K. et al.(2000), Social Marketing Lite, Washington, D.C.: Academy for Educational Development.

4. Dorsey, D., "Positive Deviant", *Fast Company*, Dec. 2000, p. 284.

5. Weinreich, N.(1999), *Hands-On Social Marketing: A Step-by-Step Guide*, Thousand Oaks, Calif.:Sage.

6. 보고 이해하는 과정에서 나타나는 변형적인 속성에 대한 논의는 *The Twenty-Fifth Anniversary Meeting of the Chicago Institute for Psychoanalysis*에 게재된 Heinz Kohut 의 1959년 논문 'Introspection, Empathy, and Psychoanalysis'를 참조. 이 문단에 서 정신과 의사가 환자들에게서 정보를 이끌어내는 방법에 대한 설명은 Jeffry J. Andresen(M.D., Dallas) 교수와의 인터뷰에서 나온 것이다.

chapter 4. 경쟁 우위를 확보하라

1. 골드토우의 사례는 다음 참조. Gold Toe case study in *America's Greatest Brands 2004* American Brands Council, http://www.superbrands.org/usa.

2. INDEPENDENT SECTOR and Urban Institute(2002), 'The New Nonprofit Almanac and Desk Reference', San Francisco: Jossey-Bass.

3. La Piana, D.(2005), *Play to Win: The Nonprofit Guide to Competitive Strategy*, SanFrancisco: Jossey-Bass, p. 22.

4. Chris Bassford는 그의 웹사이트(Clausewitz.com)에서 클라우제비츠의 전쟁 관련 주요 작품들을 포함한 다양한 저작들을 대상으로, 문맥과 뉘앙스를 깊이 있는 시각으로 분석하고 있다.

5. Kotler, *Marketing Management*, p. 225.

6. Kotler, *Marketing Management*.

7. Kotler, *Marketing Management*.

8. Ries, A. and Ries, L.(2004), *The Origin of Brands*, New York: HarperBusiness, pp. 172, 188.

chapter 5. 협력관계를 구축하라

1. Breed, A. G., "Krispy Kreme. The Rise, Fall, Rise, and Fall of a Southern Icon", *Detroit News*, Jan. 22, 2005. http://www.detnews.com/2005/bus iness/0501/22/business-66936.htm.

2. Grant, L., "Krispy Kreme Holes Up at Wal-Mart", *USA Today*, Sept. 16, 2003, http://www.usatoday.com/money/industries/food/2003-09-16-krispy_x.htm.

3. 위의 글에서 인용.

4. 크리스피 크림과 월마트 제휴에 관한 자료는 Retail Wire 사이트를 참조하고 있다. http:

//www.retailwire.com/Discussions/Sngl_Discussion.cfm/105 42#poll.

5. Austin, J. E.(2000), *The Collaboration Challenge: How Nonprofits and Businesses Succeed Through Strategic Alliances*, San Francisco: Jossey-Bass는 기업들과 협력을 맺고자 하는 공익단체들이 참고할 만한 중요한 자료다.

6. 이 논의는 위의 책에 실려 있는 스타벅스와 CARE에 관한 광범위한 논의에서 나온 것이다.

7. Paul Bloom과의 인터뷰. 2005년 4월 22일.

8. 위의 글에서 인용.

chapter 6. 목표에 앞서 현실을 직시하자

1. Prince, R. A. and File, K. M.(1994), *The Seven Faces of Philanthropy*, San Francisco: Jossey-Bass, 이 장에서 논의하는 기부를 위한 다양한 동기부여 요소들은 주요 기부자들을 특징짓는 7가지 유형으로 구분할 수 있다. 이 책은 인류애적인 가치를 추구하는 공익단체들에 특히 유용하다.

2. Aronson, *The Social Animal*, p. 66.

3. Personal interview with Dwayne Proctor, June 9, 2005.

chapter 8. 사람들이 모인 곳으로 메시지를 들고 가라

1. John Kingdon(2002)은 다음의 책에서 이 원칙을 자세하게 다루고 있다. *Agendas, Alternatives, and Public Policies*, New York: Longman.

2. Smith, M.(2004), *Wolves Eat Dogs*, New York: Simon & Schuster.

chapter 10. 마케팅 캠페인을 시작하고 성과를 평가하라

1. 말보로 캠페인에 등장한 두 남자는 폐암으로 사망했다. 미국에서 카우보이의 수는 계속 줄어들었다. 그럼에도 말보로 카우보이는 지금도 그들을 환영하는 세상에서 대중에게 계속 올가미를 던지고 있다.

2. 말보로맨에 관한 세부 사항을 담고 있는 자료들은 많다. National Public Radio, "Present at the Creation: The Marlboro Man" Oct. 21, 2002, http://www.npr.org/programs/morning/features/patc/marlboroman; Kluger, R.(1996), *Ashes to Ashes: America's Hundred-Year Cigarette War, the Public Health, and the Unabashed Triumph of Philip Morris*, New York: Knopf, and James A. Shaw's Website, http://users.wclynx.com/theshaws/adsmarlboro.html.

3. 2005년 5월 28일 Diane Bloom과의 인터뷰. 이 장에서 인용한 블룸에 관한 모든 내용은 이 인터뷰에서 나온 것이다.